Joe Fischler

Der Tote im Schnitzelparadies

Ein Fall für Arno Bussi

Kiepenheuer & Witsch

Verlag Kiepenheuer & Witsch, FSC® N001512

4. Auflage 2020

© 2019, Verlag Kiepenheuer & Witsch, Köln
Alle Rechte vorbehalten. Kein Teil des Werkes darf in
irgendeiner Form (durch Fotografie, Mikrofilm oder ein
anderes Verfahren) ohne schriftliche Genehmigung des Verlages
reproduziert oder unter Verwendung elektronischer Systeme
verarbeitet, vervielfältigt oder verbreitet werden.
Umschlaggestaltung: Sabine Kwauka, unter Verwendung von
Shutterstockmotiven sowie © iStock.com/MatusDuda
Karte auf der Umschlaginnenseite: Oliver Wetterauer
Gesetzt aus der Dante MT
Satz: Buch-Werkstatt GmbH, Bad Aibling
Druck und Bindung: CPI books GmbH, Leck
ISBN 978-3-462-05151-3

Sein Name ist Bussi. Arno Bussi.

Aber *Herr Polizist* ist ihm lieber. Oder *Arno*. Je nachdem, wie man eben mit ihm steht. Nur nicht Bussi. Bussi ist ganz schlecht.

Wobei er kein Unguter ist, der Arno. Im Gegenteil. Ein Herz von einem Menschen und ein Glücksfall obendrein! Wer so einen als Polizisten im Ort hat, kann sich gleich dreimal beim Schicksal bedanken. Warum? Kommt gleich.

Aber das mit der Polizei und ihm ist halt so eine Sache. Er hätt ja richtig Karriere machen können, am Bundeskriminalamt in Wien. Wäre ihm nicht der waschechte Herr Innenminister in die Quere gekommen. Besser gesagt, dessen Gattin. Die hat zuerst ein Auge auf den Arno geworfen, anschließend das zweite, und das dritte war dann als Überwachungskamera im Rauchmelder über dem Ehebett versteckt. Wobei: Mit ein bissl gutem Willen hätt man diese Geschichte ja auch als eine selten dumme, quasi unvermeidbare Verkettung unglücklicher Umstände sehen können, für die er fast rein gar nichts kann. Aber erzähl das wer dem Chef. Jedenfalls hat der Arno gar nicht so schnell schauen können, wie sich seine Polizeikarriere in Luft aufzulösen begonnen hat.

Jaja, der Arno und die Frauen. Nicht, dass jetzt wer auf die Idee kommt, er sei ein Gigolo. Überhaupt nicht. Er träumt halt von der einen großen Liebe und hat auf der Suche nach ihr schon mehrmals sein Herz verloren. Trotzdem hofft er weiterhin auf sein Glück. Er kennt einfach nichts Schöneres als das weibliche Geschlecht, und ging's nach ihm, bräucht's viel mehr Frauen auf der Welt, während er auf die meisten Männer locker verzichten könnt.

Was noch? Ach ja: Wer ihm über den Weg läuft, könnte meinen, er schaut aus wie der Traumprinz aus Tausendundeiner Nacht. Groß, volle schwarze Haare, dunkle Augen, und kaum blinzelt die Sonne einmal herunter, glaubt man schon, dass er drei Wochen auf Tahiti war. Beneidenswert. Dieses Südländische hat er übrigens in den Genen. Sein Opa Salvatore war ein waschechter Gondoliere in Venedig. Und ein Sänger vor dem Herrn! Da sind die Touristinnen reihenweise ins Schwärmen verfallen, wenn er sein *Nessun Dorma* durch die Lagunen geschmettert hat. Mindestens eine von ihnen hat dann ein noch viel spezielleres Souvenir vom Salvatore mit nach Hause genommen. Und die Gene sind ein Hund, dieses Souvenir ist Arnos Mama und backt seit dreißig Jahren die besten Pizzas in Tirol.

Aber jetzt zur Schnitzelgeschichte, die passiert ist, als der Arno seinen ersten *Spezialauftrag* vom Innenminister Qualtinger persönlich bekommen hat. Da hat's ihn quasi ansatzlos aus der Weltstadt heraus- und ins hinterste Tal hineinkatapultiert ...

Erster Tag

1

Die wildesten Geschichten beginnen ja meistens völlig harmlos. Genau wie in diesem Fall auch …

Da steht der Arno verschlafen am offenen Küchenfenster, schaut über halb Wien hinaus und denkt an nichts Böses. Im Gegenteil. Er freut sich des Lebens. Ganz besonders darüber, dass er vor zwei Wochen diese kleine, feine Dachwohnung am Alsergrund gemietet hat. Obwohl er sich die kaum leisten kann. Aber so ein Ausblick, der hat halt schon Klasse.

Die Sommerluft flirrt über den Dächern. Ein paar Tauben flattern um die Türme der Votivkirche, stürzen sich in die Tiefe hinunter und verschwinden hinter einer Häuserfassade. Der Arno schaut am Stephansdom vorbei in die Ferne, wo er die ersten Hügel des Wienerwalds zu erkennen glaubt. *Gewaltig!*, denkt er ganz verzückt, und mit dem blauen Himmel und einer passenden Hintergrundmusik dazu wär's jetzt fast schon zum Tränleinverdrücken.

Damit man das verstehen kann, muss man wissen: Wo er bis vor einem Jahr gelebt hat, in Tirol nämlich, steht ihm spätestens hinterm nächsten Eck auch der nächste Berg vor der Nase. Wenn er dort einmal den Weitblick braucht, muss er wohl oder übel auf den nächsten Gipfel klettern. Und wenn er im Schweiße seines Angesichts hinaufgekrallt ist, blasengeplagt und erschöpft, was sieht er dann? Berge, Berge und nochmals Berge. Schmale Berge, breite Berge, spitze Berge, flache Berge, Riesenberge und Bergzwerge, Schattenberge, Glitzerberge, Glatzenberge und Waldberge. Grün und grau und schwarz und weiß buhlen sie um Aufmerksamkeit und merken dabei überhaupt nicht, was sie am allerallerbesten können: kolossal im Weg herumstehen.

Der Arno seufzt. Er weiß, er wird sich an diesem Ausblick hier niemals sattsehen können. Er wird Tag für Tag aufs selbe Häusermeer schauen und doch immer wieder etwas Neues entdecken.

Und noch etwas freut ihn: dass er jetzt nicht mehr tagtäglich von Niederhollabrunn in die Großstadt hereinpendeln muss. Was das oft Zeit gekostet hat, das kann sich ja kein Mensch vorstellen. Aber damit ist jetzt Schluss. Vom Alsergrund aus ist er in null Komma nix zu Fuß im Zentrum, hat die grünen Oasen genauso direkt vor seiner Nase wie die unzähligen Beisln, Theater und Einkaufsmöglichkeiten, und auch ins Bundeskriminalamt, wo er jetzt schon seit elfeinhalb Monaten arbeitet, braucht er keine halbe Stunde mehr. Ja, gut hat er's erwischt, der Arno. Glaubt er jedenfalls …

Er schlürft die Crema von seinem doppelten Espresso herunter, wie er's immer tut, bevor er den ersten richtigen Schluck nimmt. Als die Röstaromen an seine Geschmacksknospen andocken, schließt er die Augen, denkt an nichts, genießt nur, freut sich und horcht. Das Rauschen der Millionenstadt, die schon seit Stunden nicht mehr schläft, stresst ihn nicht, im Gegenteil, die Geräuschkulisse entspannt ihn sogar. Ein Baukran surrt. Woanders schwillt die Sirene eines Rettungswagens an, ganz in der Nähe toben Kinder auf der Straße. Ja, das Leben pulsiert. Wer will, pulsiert mit. Und wer nicht will, der macht einfach das Fenster zu.

Er schluckt, öffnet die Augen wieder, stellt die Tasse ab, dreht sich in den Raum hinein und …

»Uiuiui!«, fährt's aus ihm raus, als er auf die Küchenuhr schaut. Zwanzig vor acht. Ganz gewaltig vertrödelt hat er sich mit seiner Frohlockerei! Und der Herr Major hasst nichts auf dieser Welt so sehr wie Unpünktlichkeit. Aber noch kann er's schaffen. Also rennt er ins Schlafzimmer, versucht dort, mit beiden Beinen gleichzeitig in die Jeans zu springen, und taucht mit dem Gesicht voraus in die Matratze ein. »Aua!«, schimpft er und reibt sich die Nase. *Eile mit Weile,* sagt seine innere Stimme blödsinnigerweise. Er hat ja gar keine Weile mehr. Also rollt er sich aus dem Bett, springt in die Luft und reißt am höchsten Punkt der Flugkurve, jetzt quasi schwerelos, den Hosenbund hinauf. Nach der polternden Landung die Socken nicht vergessen, hinein in die Schuhe, und als er sich das Hemd zuknöpft, wetzt er schon die sechs Stockwerke zum Ausgang hinunter.

»Griaß eana, Herr Poliziiist!«, grüßt die alte Loringer, die ihm mindestens einmal täglich im Stiegenhaus auflauert. Langsam glaubt er, sie steht ein bissl auf ihn. »Na, Sie haben's aber wieder eilig! Ist grad ein Kasten umgfalln bei Ihnen droben, weil's so g'scheppert hat, oder was?«

»Grüß Gott, Frau Loringer! Jaja, leider! Äh, nein, wieso?«, ruft er zurück und ist schon draußen aus dem Haus.

Wenn der Arno eines kann, dann kann er rennen. Da drehen sich selbst in Wien die Köpfe nach ihm um, wenn er an den Fußgängern vorbeifliegt wie der sprichwörtliche Pfitschipfeil. Er sprintet die Liechtensteinstraße entlang, schafft die Fußgängerampel an der Kreuzung Althanstraße nicht mehr so ganz bei Grün, ignoriert ein hupendes Auto, das ihn fast auf die Haube legt, weiter, immer weiter, immer schneller, der Fahrtwind, also Laufwind, rauscht nur so in seinen Ohren, und am Liechtenwerder Platz muss er einen Laternenpfahl zur Hilfe nehmen, damit er das Eck noch schafft. Er rennt, als wäre der Leibhaftige hinter ihm her. Und so schafft er's tatsächlich noch vor acht in seine Dienststelle.

»Guten Morgen!«, hechelt er zum Gruß, ganz stolz auf seine sportliche Meisterleistung.

Schweigen. Ein ziemlich lautes Schweigen. Arnos Blick wandert durch den Raum. Wie üblich sind schon alle da: die Frau Reiter, der Herr Pospisil, die Frau Novak und *Herr Major*, der Chef. Sie sagen nichts, schauen ihn nur an wie ein Gespenst. Dann drehen sie sich wieder zu ihren Bildschirmen. Von Arnos heftigem Schnaufen abgesehen könnt man jetzt fast eine Stecknadel fallen hören. Und da beschleicht ihn zum ersten Mal an diesem Tag ein ganz ein ungutes Gefühl.

Er schaut auf die Uhr an der Wand, die in diesem Moment auf Punkt acht springt. *Was ist denn?*, möcht er sich fast empören, doch er bleibt still und geht zu seinem Platz.

»Herrräh ... Bussi?«, grätscht ihm der Chef verbal in den Laufweg.

Er erstarrt. Das ungute Gefühl verstärkt sich, ist jetzt in etwa so, als hätte ihn der Lehrer beim Schwänzen erwischt und würde ihn vor allen anderen abkanzeln wollen, quasi ein Exempel statuieren. Dabei ist er doch pünktlich gewesen, haarscharf, aber trotzdem! Er dreht seinen Kopf. »Ja, Herr Major?«

»Kommen Sie einmal her.«

Eieiei!, denkt der Arno und folgt. Mit gesenktem Kopf stellt er sich vor den Schreibtisch, der so platziert ist, dass der Chef seinen Mitarbeitern auch schön auf die Bildschirme gaffen kann.

»Herrräh … Bussi, Sie möchten zu Oberst Wiesinger kommen.«

Der Arno erschrickt. Zum obersten Direktor soll er? *Er?* »Was … Wieso?«, stammelt er daher.

»Es geht wohl um Ihr … Versetzungsgesuch«, murmelt der Abteilungsleiter in den Schreibtisch hinein und würdigt ihn keines Blickes. Der Herr Pospisil räuspert sich im Hintergrund, die Frau Novak auch, wobei sie sich wie ein Papagei anhört. Ganz offensichtlich hat sich's schon herumgesprochen, dass der Arno aus dieser Abteilung wegwill.

»Mhm?«, murmelt er und schaut gleich noch viel schuldbewusster, während die Neugier, vor allem aber die Hoffnung wächst. Wird er tatsächlich endlich versetzt?

»Na dann, gehen Sie halt, Herrräh … Bussi. Gehen Sie!«

Also geht der Arno halt.

Er ist nicht unglücklich darüber, dass er möglicherweise zum allerletzten Mal in diesem Raum hat gewesen sein müssen. Niemand hat ein letztes Wort für ihn übrig. Nicht die Frau Reiter, nicht der Herr Pospisil, nicht die Frau Novak und auch der Herr Major bleibt still. Aber das ist dem Arno egal. Mehr noch: Als er die Tür hinter sich schließt, grinst er übers ganze Gesicht. Ein Jahr, ein ganzes Jahr seines Lebens lang hat er bei diesen Sesselklebern in der Abteilung PKS – Polizeiliche Kriminalstatistik – arbeiten müssen, hat sich mit Excel-Tabellen und endlosen Listen herumgeplagt, statt Polizist sein zu dürfen. Aber damals ist ihm einfach jeder Job recht gewesen. Hauptsache, weg aus Tirol und hier in der großen Stadt, im angesehenen Bundeskriminalamt, den Fuß in die Tür bekommen. Und genau das wird sich jetzt endlich, endlich auszahlen. Er sieht sich schon im dunklen Anzug mit Sonnenbrille durch ganz Europa jetten. Heute Wien, morgen London, übermorgen Paris, internationalen Verbrecherbanden auf den Fersen – ein großartiger, großartiger Tag ist das, findet der Arno.

Jaja.

»Ich soll mich beim Herrn Direktor melden«, sagt er mit stolzgeschwellter Brust, als er in dessen Vorzimmer schreitet wie der römische Feldherr ins Kolosseum.

»Ach ja ... der Herr Bussi, oder?«, antwortet die Sekretärin spitz und drückt mit ihren superlangen French Nails auf dem Telefonapparat herum. »Er ist da. ... Der Herr Bussi. ... In Ordnung. ... Bitte schöööön!«, sagt sie dann, steht auf, streicht ihr Kostüm zurecht und öffnet die gepolsterte Tür.

Der Arno tritt ein und wird von einem Geruchspotpourri aus Lederpolitur, Aftershave und Putzmittel empfangen. Vom Wiesinger sieht er nur den Kopf, der Rest ist irgendwie im Ledersessel hinter dem dunklen Schreibtisch versunken. Die Sekretärin macht die Tür zu.

Eine Weile passiert überhaupt nichts. Nur die Kuckucksuhr an der Wand tickt. Der Oberst stiert in seinen Bildschirm. Alle paar Sekunden klickt er mit der Maus, anschließend macht er ein schmatzendes Geräusch, gefolgt von einer elendslangen Pause, dann der nächste Mausklick. Jaja, der Jüngste ist er wirklich nicht mehr, der Herr Direktor. Das soll jetzt überhaupt nicht heißen, dass Alter und PC-Bedienung einander ausschließen müssen. Es gibt ja viele Menschen über sechzig, die das ausgezeichnet können. Man denke nur an Bill Gates. Aber so ein Talent ist dem Herrn Direktor wirklich nicht in die Wiege gelegt. Gerade wirkt er wie ein Waldkauz, der jeden Moment vom Ast kippen könnte. Sicher liegt's auch an seinen Augen, die ein bissl zu eng zusammenstehen und stets weit aufgerissen sind. Dazu noch das grau melierte volle Haar, Ton in Ton mit dem Bart, der kaum etwas vom Gesicht übrig lässt, und fertig ist die Mensch gewordene Kauzigkeit.

»Kuckuck!«, kräht die Uhr an der Wand und lässt Arnos Herz fast stehen bleiben. Der Wiesinger reagiert gar nicht. Jaja, Vögel unter sich.

Jetzt will er's aber endlich wissen, der Arno. Schließlich kann man mit ihm jetzt nicht mehr umspringen wie mit jedem x-beliebigen Statistiker. Zeit ist kostbar. Heute Wien, morgen London, übermorgen Paris! Er macht zwei demonstrative Schritte auf den Schreibtisch zu, wird aber immer noch ignoriert. Also räuspert er sich: »Guten Morgen, Herr Direktor. Ich soll mich bei Ihnen melden.« *Bond, James Bond,* schickt die innere Stimme nach.

Statt einer Antwort bekommt er nur ein Blatt Papier zugeschoben. Er nimmt es, dreht es, liest es:

*Sehr geehrter Herr Gruppeninspektor Bussi, in Beantwortung
Ihres Versetzungsgesuchs vom 21. Mai d. J. dürfen wir
Ihnen <u>per sofort</u> Abgängigkeitssache AP17/91729 zur
alleinverantwortlichen Betreuung übertragen. Die
Zuweisung zu dieser bedeutsamen Sonderermittlung erfolgt
in Würdigung Ihrer herausragenden Verdienste um die
organisationsübergreifende Kommunikation wie auch Ihrer
ortsspezifischen Kenntnisse. Des Weiteren freuen wir uns,
Ihnen geschätzte Dienstwache Hinterkitzlingen in Tirol
für die Zeit der Bearbeitung der Abgängigkeitssache zur
Verfügung stellen zu können. Mit vorzüglicher Hochachtung,
im Auftrag des Innenministers, Amtsrat Vasic.*

Spätestens als er *Hinterkitzlingen* gelesen hat, sind dem Arno sämtliche Gesichtszüge gleichzeitig in entgegengesetzte Richtungen abgedampft. Er glaubt, er muss sich irgendwo hinsetzen. Kann er aber nicht. Hinterkitzlingen in Tirol. Ein Ort, über den man sich sogar in Tirol noch lustig macht, vor lauter weit entfernt vom hintersten A... der Welt. Und da soll er jetzt ... was? Er liest's noch einmal. *Abgängigkeitssache* ... er soll also jemanden suchen?

Er starrt und liest und starrt und bleibt an den *ortsspezifischen Kenntnissen* hängen. Was für ortsspezifische Kenntnisse soll er denn bitte schön haben? Glaubt das Innenministerium vielleicht, ganz Tirol sei ein Dorf, in dem jeder alles und jeden kennt? Und was meinen sie überhaupt mit diesen *herausragenden Verdiensten um die organisationsübergreifende ...*

Der Qualtinger!, kapiert er endlich. *Herausragende Verdienste um die organisationsübergreifende Kommunikation. ... Im Auftrag des Innenministers.* Logisch! Das ist eine Retourkutsche, eine ganz eine hundsgemeine, und zwar dafür, dass der Arno mit der Qualtingerin quasi ... *herausragend* und ... *übergreifend* ... *kommuniziert* hat!

Er schaut auf und erschrickt, weil ihn der Waldkauz jetzt anstarrt wie seine Beutemaus.

»Was sagen Sie, Bussi?«

»Ja, ich ... äh ... Hinterkitzlingen?«

»Hinterkitzlingen«, bestätigt der Direktor und schmatzt genüsslich. »Gratulation!«

»Wieso?«, hadert der Arno, statt auch nur einen Moment lang auf die Beglückwünschung einzugehen.

»Aber das wollten Sie doch immer? ... Bussi?«

»Äh ...«

»Seien Sie doch froh! Willkommen im aktiven Dienst.«

»Aber ...« *Heute Wien, morgen London, übermorgen Paris?*, wimmert er in sich hinein, so kläglich, dass nur mehr das Mimimi fehlt.

»Jetzt stammeln Sie doch nicht herum, Bussi.«

Er darf nicht aufgeben. Möglicherweise kann er diesem Wahnsinn noch entwischen, mit einer rhetorischen Parade vielleicht, obwohl er in der Beziehung ein ähnliches Talent hat wie der Wiesinger auf seinem Computer. Er überlegt fieberhaft, wie er dem Direktor klarmachen kann, dass sich Hinterkitzlingen und aktiver Dienst quasi gegenseitig ausschließen. Da kann er ja gleich in der Kriminalstatistik bleiben, dann wär er wenigstens weiterhin in Wien und müsste nicht in den hintersten aller hintersten ...

»Scheinbar haben Sie da jemanden im Innenministerium schwer beeindruckt, Bussi«, provoziert ihn der Wiesinger weiter. Dabei weiß der doch ganz genau, dass diese Hinterkitzlingen-Sache alles ist, aber kein Karriereschritt. Er war ja selbst in der Villa vom Innenminister anwesend, als der Arno mit dessen Frau auf frischer Tat ertappt worden ist, wie sie quasi *herausragend* ... und *übergreifend* ... soll heißen, wie sie fast rein gar nichts miteinander angestellt haben, blau wie die Schlümpfe noch dazu.

»Aber ich hab geglaubt, die Sache sei erledigt?«, sagt er, um die unrühmliche Geschichte direkt anzusprechen.

»Bussi, Bussi«, antwortet der Wiesinger in einer Art, dass nur mehr das *Tststs!* fehlt. »Da kennen Sie den Friedolin aber schlecht.«

Friedolin. Da hat er's. Innenminister Friedolin Qualtinger. Und der Wiesinger macht sich auch noch über ihn lustig!

»Und jetzt?«, fragt der Arno und beißt seine Zähne zusammen, weil er genauso gut schreien und gleichzeitig losweinen könnt, vor lauter Gemeinheit, die ihm da gerade widerfährt.

Der Waldkauz bläst die Luft aus, greift hinter sich und streckt ihm eine dünne Fallakte entgegen. »Jetzt heißt's raus ins Feld, Bussi!«

»Aber ... die Statistiken?«, greift er nach dem allerallerletzten Strohhalm und merkt selbst, wie armselig er sich gerade anhört.

Der Direktor grinst nur. »Anreise nach eigenem Ermessen. Dienstantritt in Uniform, Hinterkitzlingen, morgen früh, Punkt acht Uhr. Alles Gute, Bussi. Und ...«

»Ja?«

»Glückwunsch noch mal!«

Mit hängenden Schultern verlässt der Arno die Direktion. Die Sekretärin sagt etwas, aber er bekommt's nicht mehr mit. Er fühlt sich, als wär er von Kopf bis Fuß in Watte eingepackt. Besser gesagt in Stahlwolle, mit einem winzig kleinen Schaufenster vorne dran. Jaja, der berühmte Tunnelblick, der einen schnurstracks ins Verderben rennen lässt, immer dem nächsten Lemming nach. Sein Gesicht ist heiß, unterm Hemd beginnt's gleich zu dampfen, und seine Hände fühlen sich merkwürdig taub an. Er schleicht durch die Gänge wie der sprichwörtliche arme Tropf und besteigt den Aufzug, der ihn ins Erdgeschoß bringt. Draußen auf dem Josef-Holaubek-Platz bleibt er stehen und liest sich den Einsatzbefehl noch einmal durch. Und noch einmal. Aber es wird und wird nicht besser.

Nicht Wien, nicht London und auch Paris nicht.
Tirol.
Ausgerechnet Tirol!

2

Jetzt heißt's ja so schön, die Zeit heilt alle Wunden, und wenn du glaubst, es geht nicht mehr, kommt von irgendwo ein Lichtlein her. So ein Schmarrn. Arnos Laune ist und bleibt im Keller, und weder die Zeit noch irgendein blödes Lichtlein könnten auch nur ein winziges bissl dran ändern.

Er sitzt seit Stunden auf seiner hellblauen Dreihunderter-Vespa und braust quer durchs ganze Land. Das Wetter ist herrlich, die Landschaft beeindruckend, die Straßen frei, aber der Arno ist immer noch am Boden zerstört. Dabei gibt's ja normalerweise gar kein besseres Anti-Krisenmittel als seinen Roller. Wenn alles nichts mehr hilft, wenn die ganze Welt über ihm einzustürzen droht, dann setzt er sich drauf und ein paar Kurven später sind normalerweise alle Sorgen vergessen. Also hat er sich gedacht: Wenn der Wiesinger ihm schon die *Anreise nach eigenem Ermessen* gestattet, dann wird er die 600 Kilometer nach Tirol eben verdammt noch einmal mit der Vespa fahren, und zwar ohne einen einzigen Autobahnkilometer. Mehr Krisenbewältigung geht ja gar nicht. Wie gesagt, hat er gedacht.

Und in Wahrheit ist's dann so gewesen:

Zwischen Hinterbrühl und Heiligenkreuz im Wienerwald hat er sein Schicksal noch nicht wahrhaben wollen.

Ein böser Traum sei das, sonst nichts. Eine Verwechslung. Ein kleines Scherzerl vom Herrn Innenminister, alle lachen herzlich und morgen darf er wieder heim. Aber je mehr er sich an diese Vorstellung zu klammern versucht hat, desto klarer ist ihm geworden, was Sache ist, und zwar das hinterste Tiroler Kaff, heute, morgen, übermorgen. Vielleicht sogar für immer. Für ... *immer?* Starr vor Entsetzen hätt er bei Alland fast eine schwarze Katze überfahren, und kurz nach Hafnerberg wär ihm die einzige Haarnadelkurve weit und breit beinahe zum Verhängnis geworden. Blanke Wut in Kaumberg, der Helm ist ihm richtig zu eng geworden, als er losgebrüllt hat, wieder und immer wieder, bis ihm in Rainfeld die Tränen kamen. Tankstopp und Taschentücher kaufen in Scheibmühl. Blindwütiger Zorn zwischen Kirchberg an der Pielach und Lunz am See, blanke Angst in Admont, wieder nachtanken in Trautenfels. Ehrfurcht beim Anblick des Grimming im Dachsteingebirge, dazu so ein komisches Gefühl, so ähnlich wie ... ja, fast wie Freude. Eindeutig die Folge schwerer Dehydrierung, also in Schladming eine Riesenflasche Mineralwasser gekauft und hinuntergestürzt. Bis St. Johann im Pongau ist ihm dann vor lauter Kohlensäure im Bauch ordentlich schlecht gewesen, immerhin – so hat sich's doch gleich viel besser aushalten lassen alles. Pinkelpause auf Schloss Mittersill, depressive Verstimmung beim Überfahren der Tiroler Landesgrenze, Kitzbühel, Kirchberg, Westendorf und der ganze Singsang, einmal noch auftanken in Wörgl und dieselbe Gefühlsachterbahn wieder von vorn.

Jaja, der Arno und Tirol, das ist keine große Liebesgeschichte. Seit er in Wien lebt, ist er nur zwei-, dreimal hier gewesen, und das eigentlich auch nur, um seine Mama zu besuchen. Dass er in die Stadt gezogen ist, liegt nämlich nicht ausschließlich an der ersehnten Polizeikarriere, der bergfreien Landschaft und der viel gerühmten Lebensqualität Wiens. Es gibt da noch einen viel spezielleren Grund, und der heißt Florine. Aber dazu später.

Etliche Stunden nach seinem Aufbruch fährt der Arno von der Landesstraße ins Kitzlingtal ab. Er legt sich in die ersten Bergkurven hinein, so schräg, dass schon der Hauptständer am Asphalt kratzt, gibt Gas und bremst kurz darauf die nächste Kurve an. Die Vespa schnurrt, wohin sie soll, und bald hat er den Taleingang hinter sich gelassen. Unter anderen Umständen würde ihm das ja wirklich einen gewaltigen Spaß machen. Aber unter anderen Umständen würde er auch beim Tal hinein- und auf der anderen Seite über den Großen Kitzling gleich wieder hinausfahren.

Er ist schon früher ein paarmal hier gewesen, bei gemeinsamen Ausfahrten mit dem Vespaklub. Die Straße führt entlang des Kitzlingbachs taleinwärts. Es riecht nach feuchtem Waldboden. Sonnige Teilstücke wechseln sich mit schattigen Abschnitten, in denen die Fahrbahn so rutschig ist, als hätte sie jemand mit Schmierseife eingerieben und nur schlampig wieder abgespritzt. Aber überhaupt kein Problem für den Arno und seine Vespa, die zusammen schon viele Tausend Kilometer auf dem Buckel haben. Da kann kommen, was will, die beiden finden immer einen Ausweg. Links, rechts, wieder links, wieder rechts, dann geradeaus durch den ersten Ort: Vorderkitzlingen. Vereinzelt Menschen, nur ganz wenige Fahrzeuge. Aber mehr Details bekommt der Arno nicht mit, weil: Er hat schon wieder schwer den Tunnelblick. Das Grauen liegt jetzt direkt voraus. Nach einer langen, freien

Strecke, in der er sich duckt und die Vespa noch einmal richtig fliegen lässt, kommt der Ort, in dem er schon morgen seine Strafe antreten soll.

Hinterkitzlingen.

Vorm Ortsschild bremst er auf fünfzig herunter und richtet sich auf. Rechts oben liegt ein Bauernhof, rundherum sieht man viele kleine, weiße Punkte – eine Schafherde, die die Felder abgrast. Der Hof und seine Nebengebäude wirken für eine Tiroler Landwirtschaft fast schon überdimensioniert.

Er schaut nach vorn. Baumreihen umgeben die Ortseinfahrt auf beiden Seiten. Fast wirkt's, als wolle sich die Gemeinde vor neugierigen Blicken verstecken, und bestimmt hat sie auch allen Grund dazu. Die ersten Häuser tauchen auf, zuerst nur einzelne, dann wird die Bebauung langsam dichter. Es sind alte, schwere Kästen, die nicht nur den Tiroler Winter, sondern garantiert auch jede andere Katastrophe aushalten können. Riesige Satteldächer, die Obergeschoße mit dunklem Holz verkleidet, so wie's halt im letzten Jahrtausend arg in Mode gewesen ist. Kein einziger Neubau. Kein Fertighaus und nichts vom Architekten. *Jaja, die Landflucht*, denkt der Arno, und wenn man ihn fragt, hat die junge Generation auch jeden Grund zu fliehen. Damit das Alte und Schwere nicht gar so viel aufs Auge drückt, hängen an den Balkonen Holzkisten mit Blumen in allen Farben. Man kann sich halt alles irgendwie schöndekorieren.

Der Arno kennt das alles. Auch die getrockneten Maiskolben, die er an einem Bauernhaus entdeckt. Der Blumenschmuck scheint hier fast aus dem Gebäude herauszuquellen. Als hätte im Inneren eine Pflanzendetonation stattgefunden, die die Mauern zerrissen hat. Vorm Haus steht eine Holzbank, auf die man sich nur noch den bärtigen, Pfeife rauchenden Altbauern denken muss. Alte Feldgeräte und hölzerne Handkarren sind an der Seite ausgestellt, womit das Haus fast wie ein Freiluftmuseum wirkt.

Der Arno fährt weiter und entdeckt eine weitere Spezialität seiner alten Heimat: die geballte Heiligkeit. Kreuze hier, Kreuze dort, an den Häusern, unter einem großen Baum in einem abgezäunten, unbebauten Grundstück und natürlich auch auf dem riesigen, nadelspitz zulaufenden Turm der Kirche.

Wie schon gesagt, er kennt das alles. Ein Dorf wie jedes andere in Tirol. Eines wie das, in dem er bis vor einem Jahr noch Dienst getan hat. Eines, in dem Viehtriebe, Blasmusik und katholische Prozessionen so fix dazugehören wie die Festspiele zu Salzburg. Hier ein Hydrant, dort eine Anschlagtafel mit Werbung für irgendein Platzkonzert. Überall verwitterte Lattenzäune.

Alle Häuser im Ort stehen auf der höheren Talseite, aus Arnos Fahrtrichtung rechts gesehen. Ein Holzschild weist zum Gemeindeamt hinüber, und deshalb weiß der Arno jetzt, dass die Polizeiwache nicht mehr weit sein kann. Er hat nämlich schon in Wien danach gegoogelt. Da soll eine Sackgasse kommen, links hinunter, mit einer eigenen Brücke über den Bach ... und wie er sich daran erinnert, hat er sie auch schon entdeckt und biegt ab.

Die Wache schaut kein bissl weniger deprimierend aus als auf dem Satellitenfoto im Internet. Mehr Siebziger-Plattenbau-Baracke als sonst was. Ein kleines, fleckig weißes, frei stehendes Gebäude unterhalb des Ortszentrums, angebaute Garage mit Parkplatz und Feldern drumherum. Das obere Stockwerk hat in etwa die Hälfte der Fläche des Erdgeschoßes. Ein Flachdach schließt die Haus gewordene Tristesse nach oben hin ab.

Er seufzt, setzt den Blinker, als würde es irgendjemanden in diesem gottverdammten Tal interessieren, fährt über die schmale Brücke und hält zwanzig Meter weiter, am Ende der Sackgasse, auf dem kleinen Parkplatz an.

Als er absteigt und die Vespa auf den Hauptständer schiebt, merkt er erst, wie gerädert er ist. Die letzte Pause liegt Stunden zurück. Der Rucksack, in dem er nur das Notwendigste für ein paar Tage mithat, scheuert schon die ganze Zeit an seinen Schultern. Wie er sein Kreuz durchstreckt, kracht's laut im Gebälk, und seine vier Buchstaben sind ihm schon vor einer ganzen Weile eingeschlafen.

Er setzt seinen Helm ab und hängt ihn über den Gasgriff. Bevor er sich überlegt, wie's denn jetzt weitergehen könnte, gähnt er erst einmal ausgiebig, reibt sich das Gesicht und …

»Bussi?«

Als er seinen Namen hört, stellt's ihm gleich die Nackenhaare auf. Er taucht aus seinen Händen auf. »Ja?«

Ein junger Kollege in Uniform steht am Eingang. »Wissen'S, wie lang ich schon auf Sie warte? Es hat geheißen, Sie kommen am Nachmittag. Jetzt ist schon bald halb neun am Abend!«, schimpft er und wirft einen geringschätzigen Blick auf Arnos Vespa. »Sie sind jetzt aber nicht *damit* von Wien bis hierher gefahren, oder?«

»Doch!«, antwortet der Arno und geht an diesem Empfangspfosten vorbei ins Innere der Wache, wo ihm ein seltener Mief den Atem raubt.

»Ich hab ja keine Ahnung, was jemand in dieser hundsalten Bude noch verloren hat«, erklärt der Empfangspfosten, »die ist ja schon vor zehn Jahren stillgelegt worden. Aber die in Wien werden's schon wissen. Ich soll Ihnen alles zeigen und die Schlüssel aushändigen. Können wir das bitte ruckzuck erledigen? Ich muss jetzt echt nach Imst zurück.«

Schauschau, Imst!, denkt der Arno. Gut eine Stunde mit dem Auto. Wenn dort der nächstgelegene Polizeiposten sein sollte, dann habe die Ehre, wenn im Kitzlingtal einmal etwas passiert. Aber so ist's halt in den Nullerjahren Mode gewesen: Alle entlegenen Posten schließen und Steuergelder sparen, weil ja eh nichts passiert im Heiligen Land. Jaja. Tirol mag in der Volksmeinung so heilig sein, wie es will, mit seinen ganzen Kirchen, Kreuzen und Traditionen, aber alle Heiligen zusammengenommen haben es bisher nicht geschafft, das Böse auszurotten. Und selbiges taucht ja meistens genau dort auf, wo man es am wenigsten erwartet. Das scheint die hohe Politik eine Zeit lang vergessen zu haben. Aber was will der Arno jetzt dran ändern.

Das uniformierte Bürscherl hält jetzt sein Handy ans Ohr und verwandelt sich wie auf Knopfdruck in ein sanftes Lämmlein. »Hallo Schatzi! Ich wär dann jetzt fertig ... Ja, Schatzi! ... Ich weiß schon, Schatzi. ... Aber Schatzi! ... Schatzi, holst mich bitte trotzdem schnell ab, bitte? ... Schatzi!«

Bevor der Arno fragen kann, was dem geschätzten Schatzi denn so quersitzt, hat der andere seine Fassung schon wiedergefunden und winkt ihn hinter sich her. In Windeseile bekommt der Arno eine Gebäudeführung, vom Wachzimmer über die Arrestzelle in den ersten Stock, wo eine kleine

Dienstwohnung im Siebzigerjahre-Stil auf ihn wartet – vergilbte Vorhänge, Linoleumboden und ein riesiger Aschenbecher auf dem Sperrholztisch. Und: Tapeten. Ta-pe-ten. Psychodelische Bahnen, psychodelisch tapeziert. Die Fenster sind aufgerissen, es zieht wie in einem Vogelhaus, aber die Luft ist trotzdem zum Schneiden.

»Die Dienstwaffe plus Munition soll ich Ihnen aushändigen. Sie kennen sich aus?«

Der Arno nickt. Glock 17, eine andere haben die uniformierten Polizisten in Österreich ja nicht. Die, die er da bekommt, ist schon abgewetzt und voller Kratzer.

»Hier brauch ich eine Unterschrift. ... Uniform in Ihrer Größe finden Sie im Magazin. Wenn was Technisches ist: alles im Keller. Hier sind noch die Schlüssel zum Einsatzwagen. Ich hab ihn in die Garage gestellt.«

»Einsatzwagen?«

»Ja, es hat geheißen, wir sollen Ihnen einen zur Verfügung stellen. Aber wir ... äh ... haben jetzt nicht unbedingt einen besonders mo...«

»Hm? Einen besonders ›mo‹ was?«

»Nix, nix. Das Garagentor klemmt ein bissl. Also dann, alles Gute, Herr Bussi!«

»Und Sie?«, versucht der Arno, den jungen Mann zu bremsen.

»Meine Freundin holt mich gleich ab.«

»Dann sehen wir uns morgen?«

»Wir? ... Uns?«, staunt der junge Mann, schüttelt den Kopf und ist auf und davon.

Zweiter Tag

3

Jetzt heißt's ja, nirgendswo auf der Welt sei es stiller als in der Wüste. Wer das behauptet, der kann noch nie in Hinterkitzlingen gewesen sein.

Da ist der Arno gestern todmüde auf die modrige Matratze gefallen, keine Stunde nach seiner Ankunft, völlig überzeugt, sofort einschlafen zu können. Aber dann. Dann kam die große Hinterkitzlinger Stille über ihn. Da war nichts. Rein gar nichts. Nicht einmal den Bach hat er durchs offene Fenster gehört. Null, niente, nada. Kein Hintergrundrauschen, keine Autos, keine Menschen, keine Vögel, keine Blätter im Wind, und auch im Haus selbst war's mucksmäuschenstill. Ein komplettes Geräuschvakuum. Der Arno hat sich sogar räuspern müssen, um sicherzugehen, dass er nicht plötzlich taub geworden ist.

Man könnt ja meinen, wunderbar, der zivilisierte Mensch ist ja eh schon so ein furchtbar lärmgeplagtes Wesen, da ist diese Stille doch ein ganz seltenes Geschenk. Na, viel Spaß damit, wenn man wie der Arno den ganzen Tag lang das Gedröhne des Vespamotors im Ohr gehabt hat und noch dazu den Kopf voller Sorgen. Dann kann so ein Geräuschvakuum ganz schnell zur Folter ausarten.

Und genau so ist's dann auch gekommen. Plötzlich hat er das Blut in seinen Ohren pulsieren gehört, zuerst nur ein bissl, dann lauter, immer lauter, Po-Poch, Po-Poch, *Po-Poch!*, schließlich dröhnend wie Urwaldtrommeln – und da hat er gewusst, dass Hinterkitzlingen und er auch noch ein ernsthaftes akustisches Problem miteinander bekommen werden, wenn er nicht sofort etwas dagegen tut. Zuerst hat er nur mit den Füßen an der Matratze gerieben und die Decke hin- und herbewegt, um Geräusche zu produzieren, aber mach das einmal die ganze Nacht und schlaf dabei. Viel Glück.

Doch der Arno, nicht blöd, hat sein Handy gezückt. Weil auf YouTube, da gibt's nicht nur Schlaumeier, Urheberrechtsklau und Katzenvideos, sondern auch richtig sinnvolle Sachen. Wie zum Beispiel Hintergrundgeräusche. Eines seiner liebsten ist eine achtstündige Zugfahrt quer durch Sibirien. Man hört das Abrollen der Räder auf den Gleisen, den Fahrtwind, das typische Rattern dazwischen, To-Tock, To-Tock, To-Tock – und hin und wieder ächzt Metall. Normalerweise deckt er damit störendere Lärmquellen zu, zum Beispiel wenn die Nachbarn feiern oder Kreissägenmopeds ihre Runden drehen. Gestern hat er's gebraucht, damit er vor lauter Hinterkitzlinger Totenstille nicht eingeht wie das Pflänzlein ohne Wasser. Und ja, der Pawlow'sche Hund ist echt ein Hund. Kaum dass es losging mit der Zugfahrt durch Sibirien, sind dem Arno auch schon die Lider schwer geworden. Und so ist die Ermittlungsakte, die er noch schnell einmal zur Hand genommen hatte, keine zehn Minuten später kreuz und quer über den Fußboden verteilt gewesen ...

Als der Arno erwacht, ist einiges anders als beim Einschlafen. Keine sibirischen Zuggeräusche mehr. Jetzt rauscht's, und zwar gewaltig. Irgendwo tropft etwas. Als er seine Augenlider auseinanderzwängt und den Kopf hebt, sieht er, wie ein Windstoß den Vorhang bläht und Regen ins Zimmer hereinträgt. Viel kälter ist's als gestern noch beim Einschlafen. Dabei hat's doch geheißen, das Wetter soll ... ja, was hat's denn eigentlich geheißen? Da fällt ihm ein, dass er ganz ohne den Wetterbericht zu beachten nach Tirol losgefahren ist.

Er springt aus dem Bett und schließt das Fenster. Etwas klebt an seinem Fuß – ein Foto aus der Akte, vom Mann, nach dem er suchen soll. Er streift es weg.

Draußen ist alles grau in grau. Der Regen macht dieses Kaff noch viel deprimierender als gestern. Er ballt seine Hände zu Fäusten und bläst Atemluft hinein, reibt sich die Oberarme, dann versucht er, die Zentralheizung aufzudrehen. Aber der Griff ist wie festgeschweißt. Selbst wenn er sich drehen würde, müsste der Arno wohl erst die Heizungsanlage im Keller in Gang bringen, und rein handwerklich, da ist er ähnlich geschickt wie der Wiesinger an seinem PC. Es kann halt nicht immer jeder alles können. Also lässt er's bleiben, sammelt die Akten zur *Abgängigkeitssache AP17/91729* zusammen und geht ins Wachzimmer hinunter, wo er gestern eine Kaffeemaschine gesehen hat.

Jetzt ist's ja leider so: Ein Haus, das nicht bewohnt wird, ist wie ein Mensch, der nur im Bett herumliegt und frisst. Irgendwann wiegt er fünfhundert Kilo, dann kommt die Feuerwehr mit großem Tatütata und holt ihn mit dem Kran aus dem Obergeschoß, die Nachbarn lachen, der Dorfreporter macht sein Foto und der Chirurg, der ihm das Band um den Magen herumoperieren soll, zuckt nur mehr mit den Schultern.

Na ja, so ähnlich jedenfalls. Weil: Wie der Arno die Kaffeemaschine mit Wasser befüllen will, spuckt der Wasserhahn minutenlang nur braune Soße aus. Schließlich geht's halbwegs. Als Nächstes schnuppert er an den Kaffeebohnen, die noch im Gerät sind, aber da riecht gar nichts mehr nach Kaffee. Es könnten genauso gut dunkel angemalte Stangenbohnensamen sein. Er schaut die Kästen durch und findet natürlich keine frische Packung. *Egal,* denkt er, drückt vorfreudig den Schalter und hört zu, wie das Innenleben des Vollautomaten zum Leben erwacht, sich dehnt und streckt, ächzt – und kracht. Worauf sämtliche Lichter gleichzeitig zu blinken beginnen. Er öffnet die Wartungsklappe und kann die Teile, die ihm entgegenfallen, gar nicht alle gleichzeitig auffangen.

Kaffeemaschinen-Harakiri.

»Mistding!«, schimpft er und überlegt. Er braucht Koffein. Die alten Bohnen in den Mund zu werfen und drauf rumzukauen, ist keine Lösung. *Irgendwo im Ort wird's wohl ein Frühstück geben,* denkt er und geht ins Magazin, um die Uniform anzuziehen, so wie's der Wiesinger ihm befohlen hat. Er reißt die Cellophanpackungen auf, steigt in die Hose, streift das Hemd über, knöpft es zu, bindet sich die Krawatte um – alles wie Fahrradfahren. Genau wie mit der Dienstwaffe, die er ja als Statistiker nicht gebraucht hat, obwohl manchmal – na ja. Er prüft, lädt, repetiert und steckt sie schussbereit ins Holster, ganz nach Vorschrift.

Und wie er sich so im Ganzkörperspiegel betrachtet, kann er's fast nicht glauben, dass seit seinem letzten Einsatz als uniformierter Beamter schon ein ganzes Jahr vergangen sein soll. Damals, als er nach der sechsmonatigen Weiterbildung zum dienstführenden Beamten freiwillig in Tirol geblieben ist, in dieser kleinen Polizeiinspektion am Achensee, um seiner Florine nahe sein zu können. Jaja, *seiner* Florine, hat er damals gedacht. Schwerer Irrtum …

Da hämmert jemand von draußen gegen die Eingangstür.

»Um Gottes willen!«, brüllt eine Frau mit der Inbrunst einer Opernsängerin und dem Klang einer Kreissäge. »Ist da jemand? Bussi? Herr Inspektor Bussi, sind Sie da? Hal-looo!«, scheppert sie.

Der Arno würd sich am liebsten tot stellen. Wobei ihn die Dienstwaffe auf noch viel dümmere Gedanken bringt. Zweimal *Bussi* in aller Herrgottsfrühe – das wär doch einmal ein Milderungsgrund. Aber woher weiß die Kreissäge überhaupt schon, dass er hier ist, und noch dazu, wie er heißt?

»Herr Bussi! Hallo! Hallohallo-ho?«

Er bläst die Luft aus und zählt. *Eins, zwei, drei …*

Oben auf der Straße rollt eine Gruppe Motorräder vorbei. Zweizylinder-V-Motoren, ziemlich sicher Harleys, der Arno hört so etwas. Als er bei zehn angekommen ist, geht er zur Tür, sperrt sie auf und macht sein freundlichstes Gesicht, das ihm ohne Koffein möglich ist. »Guten Morgen. Wie kann ich Ihnen hel…«

Der Anblick des Störenfrieds würgt ihn mitten im Satz ab.

Weil: Begegnung der dritten Art. Neongrüne Lockenwickler, blonde Haare mit dunklem Ansatz, blitzblaue Augen, knallrotes Gesicht, rosa Bademantel, barfuß in Flipflops. Lila Zehennägel.

»Herr Inspektor, Gott sei Dank. Sie müssen sofort mitkommen. Es ist *so* schrecklich!«

Für einen Moment steht er dermaßen neben sich, dass er's nicht schafft, sich vom Anblick der Füße loszureißen. *Schrecklich, ja genau!*, denkt er, aber er wüsst jetzt auch nicht, wie er ihr helfen soll, schließlich ist er ja nicht Guido Maria Kretschmer und sie nicht bei *Shopping Queen*. Jeder Laut, den sie macht, verursacht ein ungutes Gefühl in seinen Ohren. Wie mit den Fingernägeln, die eine Tafel entlangkratzen, oder Gummihandschuhen auf einem Luftballon. Jedenfalls laufen ihm die Schauer nur so bei den Ohren heraus und den Buckel hinunter.

»Herr Inspektor Bussi!«

Endlich schafft er es, ihr ins Gesicht zu schauen. »Äh, ja?«

»Was ist mit Ihnen? Geht es Ihnen nicht gut?«

»Doch, äh …« *Wie kann man nur so im Dorf herumlaufen?*, wundert er sich.

»Inspektor Bussi, jetzt kommen Sie schon mit! Schnell!«, befiehlt sie, dreht sich um und wetzt los.

Er zögert. Was soll hier, am Allerwertesten der Welt, schon groß passiert sein? Ist die Kuh umgefallen? Der Traktor im Graben gelandet? Aber was nützt's. Er wird sich ihr Problem wohl oder übel anschauen müssen und erst später damit beginnen können, nach dem verschwundenen Kerl zu suchen. Was seinen Aufenthalt in diesem Tal natürlich unnötig in die Länge zieht. Er seufzt, schlüpft schnell in die Jacke, greift nach der Schirmmütze und rennt nach draußen.

Kaum zu glauben, aber wahr: Er kennt die Kreissäge. Resi Schupfgruber. Das ist die mit dem Schnitzelparadies. Wenn's einen Menschen im Kitzlingtal gibt, den man kennen könnte, dann sie. Wobei: In den Niederlanden ist sie noch viel, viel berühmter als in Österreich und Deutschland. Das hat mit einer holländischen Kochshow zu tun, die vor einigen Jahren aus ihrem Schnitzellokal übertragen worden ist. Resis Art, nennen wir sie einmal resch, ist in den Niederlanden gleich so gut angekommen, dass Endemol, immerhin der zweitgrößte TV-Produzent auf der Welt, sie für einige weitere Auftritte verpflichtet hat. Die Resi, nicht blöd, spricht zwar kein Wort Holländisch, aber mit ihren Händen und Füßen und ein paar auswendig gelernten Floskeln hat sie die Herzen da droben im Sturm erobert. Und seither haben die Niederländer nicht nur die Schnitzel, sondern auch einen seltenen Narren an der Resi gefressen.

Jaja, die Resi, der Exportschlager der heimischen Gastronomie, das hätt sich so auch keiner gedacht. Wobei, ihre Wiener Schnitzel sind schon echt gewaltig. Nicht nur, was die Portionen betrifft. Außen knusprig, innen saftig, und dazu der beste selbst gemachte Kartoffelsalat zwischen München und Verona, ach, auf der ganzen Welt wahrscheinlich. Ein Gedicht! Aber die Resi und ihre Kochkünste sind längst nicht alles. Das Schnitzelparadies hat noch eine ganz andere Attraktion zu bieten. Und was für eine ... aber dazu später.

»Jetzt kommen'S, Inspektor Bussi!«, kräht die Resi, und er geht schneller.

Das Wetter ist noch schlechter geworden. Nebelfetzen kriechen das Tal herauf. Die Felswände sind vom Regen dunkel. Und laut Wetterbericht, den der Arno zwischendurch auf seinem Handy aufgerufen hat, soll es noch viel schlimmer kommen. Dabei ist jetzt schon alles nass: die Häuser, die Wiesen, die Berge, die Straßen, die Schupfgruber Resi und gleich auch er selbst.

Er denkt an die Aufgabe, der er sich bald stellen wird müssen. Eine regelrechte Mission Impossible ist das. Er weiß ja nicht einmal, wo er damit beginnen soll, nach dem verschwundenen Nachbarsbürgermeister zu suchen. Laut Akte hat man vor zwei Tagen jeden Winkel des Kitzlingtals nach ihm durchkämmt. Die riesige Suchaktion mit Hubschrauber, Spürhunden und Hunderten von Helfern hat aber nichts gebracht. Da wird jetzt ausgerechnet der Herr Polizist vom Bundeskriminalamt draufkommen, wo der Kerl steckt. Genau.

Aber natürlich rechnet überhaupt niemand in Wien mit seinem Erfolg. Im Gegenteil. Dem Qualtinger und seinem Spezl, dem Wiesinger, wär's bestimmt am liebsten, der Arno würde bis ans Ende seiner Tage hier verrotten …

»Kommen'S schon!«, bellt die Frau über die Schulter.

Er wundert sich über das Tempo, das die Schnitzelwirtin in ihren Flipflops schafft, joggt ein paar Schritte und stülpt den Kragen seiner Uniformjacke hoch. Sie gehen mitten auf der Straße, weil: erstens gibt's keinen Gehsteig und zweitens links und rechts nur Matsch. Es wär gescheiter gewesen, das Polizeiauto zu nehmen, das ihm die Kollegen aus Imst zur Verfügung gestellt haben. Aber jetzt ist's auch schon zu spät. Die Resi stampft in ein Schlagloch, dass es nur so spritzt, sie stolpert und flucht, rennt weiter, er ihr nach, ums Schlagloch herum.

Er weiß schon, warum er in die große Stadt gezogen ist. Dort gäb's das alles nicht. Dort könnt er sich jetzt irgendwo unterstellen. Einen Regenschirm besorgen, mit der U-Bahn fahren oder gleich ein Taxi rufen – und sich auf dem Weg noch einen heißen Kaffee besorgen. Er könnte mit Gleichgesinnten über das Wetter lamentieren, sich von einem Straßenclown aufmuntern lassen und über die Neurosen manches Passanten staunen. Asphalt, Marmor und Metall statt Dreck, Pflanzen und Getier. Jaja, Städte sind halt um den Menschen herum gebaut, während man auf dem Land immer nur ein Fremdkörper bleibt. Niemals mehr wäre er freiwillig in ein Kaff wie Hinterkitzlingen gekommen. Niemals!

Er schüttelt den Kopf, als könnte er damit die trüben Gedanken vertreiben. Eigentlich passen die gar nicht zu ihm. Aber ohne Koffein ist der Arno eben nicht der Arno. Er muss schauen, dass er schnellstens einen Espressokocher für die Wache auftreibt. Und frische Bohnen. Und …

»Aaah, die Resi!«, hört er eine Männerstimme und schaut auf.

Der Parkplatz vor Resis Schnitzelparadies ist trotz der Uhrzeit und des miesen Wetters erstaunlich voll. Eine Gruppe Harley-Davidson-Fahrer – sicher die, die vorhin an der Wache vorbeigerollt sind – wartet vor dem Lokal. Den Nummernschildern nach handelt sich's, *Surprise, Surprise!*, um Holländer. Zwei Männer, einer mit polierter Glatze, der andere scheinschwanger, hämmern gegen die Eingangstür.

»Ja, ja, ich komm ja schon!«, brüllt die Resi nach vorne.

Weitere Motorradfahrer drehen sich um und johlen so ausgelassen los, wie man es sonst nur von Faschingsumzügen oder Fußballspielen kennt. Ihr Atem kondensiert zu kleinen Wolken und ihre Maschinen dampfen wie eine Bisonherde in den verschneiten Rocky Mountains.

»Rrräsi! Challi Challo!«, erschallt's im Dialekt.

»Jööö, die Rrräsi!«

»Rä-si! Rä-si! Rä-si!«

Und immer wieder dazwischen: das Wort Schnitzel. *Schnitzel!* Um halb neun in der Früh! Dem Arno würd's glatt den Magen umdrehen. Gleich heben sie die Resi wahrscheinlich noch auf ihre Schultern und veranstalten einen Triumphzug, so frenetisch wie sie tun.

»Ihr Herzen, ihr müsst's bitte ein bisschen warten. Ich hab noch geschlossen«, vertröstet sie die Bande und windet sich durch, als wär's das Leichteste auf der Welt. Der Arno gibt sein Bestes, ihr zu folgen, schiebt einen Lederjackenrücken nach dem anderen zur Seite, da landet ein Ellenbogen in seinen Rippen. Ob Absicht oder nicht, weh tut's auf jeden Fall. Während die Wirtin schon im Eingang steht und die Meute im Zaum hält, steckt er mitten in Holländern fest.

Jetzt reicht's!, denkt er, brüllt »Polizei!«, als könnten sie's nicht eh schon sehen, und wühlt sich mit der linken Hand durch die Menge, die rechte an der Dienstwaffe, nicht weil er schießen will, sondern um zu verhindern, dass irgendeiner dieser Clowns noch auf dumme Gedanken kommt und sie ihm herauszieht. »Zurücktreten! Lassen Sie mich durch! Polizei!«

Keiner tritt zurück, keiner lässt ihn durch. Als hätten sie ihn gar nicht gehört! Womit ihm die Gesamtsituation gleich noch viel mehr auf die Nerven geht. Manch ein Holländer ist ja schon hinter dem Lenkrad seines Autos schwer zu ertragen, aber als Möchtegern-Hells-Angel, noch dazu ausgehungert, wird er unausstehlich. Klischee hin oder her, das Klischee da muss weg.

»Schnit-zel-bak-ken! Schnit-zel-bak-ken!«, skandiert der Mob.

»Jetzt lasst's den Inspektor Bussi halt endlich durch!«, befiehlt die Resi. »Außerdem brat ich meine Schnitzel und back sie nicht, damit das klar ist. Ich werd euch später frische Schnitzel braten! Jetzt kommen'S schon, los, Inspektor Bussi!«

»Bussi?«

»Inspektor Bussi?«

»Bussi, sagst du?«

»Jööö, Bussi! Bussi ... wie Kussi, ja?«

»Bussi Bussi! A-ha ha haaa! Jo jo, Bussi, Bussi!«, kommt's von allen Seiten.

Einer dieser superlustigen Gelegenheitskomiker streckt ihm seinen bärtigen Kussmund entgegen. Der Arno schiebt das Gesicht weg und drängt sich mit aller Kraft zwischen den Leuten durch. Er hört hier ein »He!«, dort ein »Ho!« und merkt zu spät, wie ihm jemand die Schirmmütze vom Kopf zieht. Er versucht noch, sie sich wiederzuholen, aber da ist sie schon drei Stationen weiter. Egal. Hauptsache, er kommt jetzt endlich in diese verdammte ...

»Pfuh!«, stöhnt er, nachdem er fast noch in Resis Armen gelandet wäre. Dann muss er der Wirtin helfen, die Tür von innen mit aller Kraft zuzuziehen ...

Und geschafft. Keuchend stehen sie im Inneren des Schnitzelparadieses, als wären sie gerade einer Horde wild gewordener Kühe entkommen. *Womit hab ich das nur verdient?*, bedauert der Arno sein Schicksal. Warum kann er nicht einfach in Wien sein, seine Statistiken pflegen und das Stadtleben genießen? Wieso hat er unbedingt dieses blöde Versetzungsgesuch schreiben müssen? Wieso ...

»Pfuh!«, echot die Resi und lächelt ihn an.

»Also, was wollten'S mir jetzt so unbedingt zeigen, Frau Schupfgruber?«

Ihr Gesicht verfinstert sich schlagartig – als hätte sie den Grund der Aufregung im Männertumult ganz vergessen gehabt. »Kommen'S einmal mit«, sagt sie so eisig, dass ihm gleich noch kälter wird.

Instinktiv macht er sich groß, Brust raus, Schultern breit, fährt sich durchs zerzauste Haar und folgt der Wirtin den Gang entlang, durch eine Tür, auf der *Privat* steht, in die Küche und weiter in den düsteren Vorratsraum, wo sich mehrere Regale und Tiefkühltruhen befinden.

»Da drinnen!«, sagt sie und deutet auf eine der Truhen, öffnet sie aber nicht.

Also muss er wohl. Der Arno tritt an die riesige Truhe heran, hebt den Deckel, hört das Zischen vom Druckausgleich und spürt die kalte Luft an seinen Fingern. Licht dringt durch den Schlitz. Es riecht nach Tiefkühlware, Schnitzelfleisch wahrscheinlich. Aber er weiß, dass da noch mehr sein muss. Gleich wird er's erfahren ...

»Jetzt machen'S schon!«, bellt die Resi ihn so laut von hinten an, dass er vor lauter Schreck den Deckel wieder fallen lässt.

»Himmel, Herrschaftszeiten!«, flucht sie, bugsiert ihn mit

ihren kräftigen Oberarmen zur Seite und reißt die Truhe auf.

Er macht zwei Schritte zurück, als könnt ihm der Inhalt an die Gurgel springen.

»Da, jetzt schauen Sie sich das an, Inspektor Bussi!«, schimpft sie, als wär er schuld. Aber woran eigentlich?

Er schaut und schaut. Zuerst sieht er überhaupt nichts, weil die kalte Luft zu Nebel kondensiert und das Licht der Truhenlampe blendet, vor allem aber, weil sich die Resi drüberbeugt, mit bloßen Händen in der randvollen Truhe herumwühlt und einen Fleischpack nach dem anderen auf den Boden wirft, dass es nur so kracht. Er macht sich schon Hoffnungen, dass sie bloß übergeschnappt ist und er nur einen Krankenwagen zu rufen braucht – da zieht sie einen noch viel größeren Sack heraus und hält ihn direkt vor sein Gesicht.

4

Ein Kopf.

Ein Menschenkopf, das sieht der Arno sofort. Nicht, weil ihn das Ding anstarren würde, von Antlitz zu Antlitz quasi, und schon gar nicht, weil er jetzt die Zenzi, den Franz, den Fritz, die Amalia oder wen auch immer erkennen könnt, sondern allein aufgrund der äußeren Form des Plastiksacks. Nase, Ohren und Mund lassen sich erahnen. Der Inhalt ist dunkel, fast schwarz. Gefrorenes Blut wahrscheinlich.

»Legen Sie das sofort wieder hin!«, ruft er mit sich überschlagender Stimme. Unwillkürlich macht er einen Schritt zurück und zwingt sich zum Nachdenken.

Beweismittel! Fingerabdrücke!, fällt ihm gleich als Erstes ein. Sollten sich jemals welche auf dem Plastiksack befunden haben, hat die Wirtin sie wahrscheinlich gerade erfolgreich vernichtet.

»Haben Sie hier kein besseres Licht?«, fragt er und ist fast froh, dass sie verneint. Aber es hilft ja nichts. »Dann brauch ich eine Lampe, möglichst hell. Und fassen'S nichts mehr an! Verstanden?«

»Na, Inspektor Bussi, das dürfte aber ganz schwer werden, wenn ich gleich den Herd anmache und nicht an meine Vorräte komm«, protestiert sie. »Was tu ich denn mit den ganzen hungrigen Mäulern vorm Haus? Vielleicht im Regen stehen lassen?«

Am liebsten würde er einfach *Ja, genau das!* sagen, verkneift sich's aber. »Wir brauchen mehr Licht, Frau Schupfgruber. Schnell, bitte.«

»Ja, ja, schon gut«, antwortet sie und trottet davon.

Jetzt hat die Wirklichkeit ja selten etwas mit Fernsehkrimis zu tun, wo man quasi von einem Toten über den nächsten stolpert. Am Achensee zum Beispiel, wo der Arno sechs Jahre lang als einfacher Polizist gearbeitet hat, ist er überhaupt nur vier- oder fünfmal als erster Beamter am Fundort einer Leiche gewesen. Wobei Fundort ist jetzt auch übertrieben ausgedrückt, weil: Meistens sterben die Leute ja bei ihnen daheim im Bett. Da muss man sie nicht lang suchen. Und so gut wie immer ist Mutter Natur die Täterin. Okay, einmal war sie's nicht. Einmal, ein einziges Mal, haben sie einen Mord gehabt, da hat sich der Chef dann sofort aufgepudelt wie Derrick, quasi *Arno, fahr den Wagen vor.* Dabei war der Fall damals eigentlich gar keiner, da hätt sich jeder Krimiautor schiefgelacht, weil: So platte Plots kann eigentlich nur das Leben schreiben.

Aber jetzt? Leiche ja, Gewaltverbrechen ja, Fall ja. Und der Arno allein im Kitzlingtal. Theoretisch weiß er natürlich, wie's geht. Aber Theorie und Praxis, das sind zwei völlig verschiedene Paar Schuhe.

Er muss versuchen, systematisch vorzugehen. Erster Schritt: so viele Eindrücke wie möglich sammeln. Für den Kopf in der Vorratskammer braucht er Licht. Also verschafft er sich zuerst einmal ein Bild von der Küche, die er sich nie im Leben so groß vorgestellt hätte. Lange Edelstahltische, unterbrochen von einer ganzen Batterie Gasbrenner. Spülbecken, in denen man ein Babyschwimmen veranstalten könnte, und die größten Pfannen, die er je gesehen hat. Gewaltige Messer, die mit Magneten an der Wand angebracht sind. Alles wirkt wie für Riesen gemacht. Aber logisch: Für Riesenschnitzel braucht's halt auch eine Riesenküche.

Der obere Bereich einer Außenwand ist komplett verglast. Man kann nur den Himmel durch den Fensterstreifen sehen, gerade jetzt aber vor allem Wasser. Schwere Tropfen, die gegen das Glas klatschen. Das Blechdach rauscht, die Regenrinne gluckert ...

Unwichtig.

Der Arno geht zum Schneidetisch. Die Edelstahloberfläche ist picobello poliert. Vielleicht sogar zu sauber. Überall riecht's nach Butterschmalz, völlig klar, der Geruch setzt sich fest. Aber sonst nichts. Keine Spritzer, keine Flüssigkeiten und schon gar keine Leichenteile, die offen herumliegen und seine Arbeit leichter machen würden. Ist der Körper hier zerlegt worden? Und wo steckt dann der Rest? In den anderen Truhen? Oder irgendwo hier in der Küche? Er zieht seinen rechten Hemdsärmel nach vorn und nimmt ihn zwischen Daumen und Zeigefinger, um damit eine Schublade aufzumachen.

Schneidbretter aus Plastik, auch die klinisch rein. Sonst nichts.

»Pff ...«, fährt's aus ihm heraus. Eigentlich völlig unlogisch, den Kopf in einem Beutel einzufrieren und dann den Rest irgendwo anders hineinzustecken wie Mr. Bean sein Beef Tartar. Ohne Kaffee kann er einfach nicht klar denken. Er spürt zwar das Adrenalin durch seine Venen rauschen, doch ohne Koffein ist auch das beste Adrenalin nichts wert.

Weil die Wirtin immer noch auf sich warten lässt, sucht er die anderen Kästen und Schubläden ab, wobei er sich bemüht, so wenig wie möglich anzufassen. Er findet nichts, das nicht in eine Küche gehören würde. XXL-Kochutensilien und Vorratsdosen, Töpfe, Deckel und diverser Krimskrams. Alles blitzsauber an seinem Platz. Und genau diese Sauberkeit wundert ihn irgendwie.

»So, ich hoffe nur, das Ding funktioniert noch«, sagt die Resi, als sie lautstark hereinpoltert und einen Deckenfluter hinter sich herschleift, von dem es dicke Staubflusen schneit.

»Haben Sie irgendwo Plastikhandschuhe, Frau Schupfgruber?« Die Kollegen von der Spurensicherung werden ihn lynchen, wenn es hier drin nur noch Spuren von ihm und der Resi zu finden gibt. Geschickter wär's ja, alles zu versperren und die Profis machen zu lassen. Aber dann reitet ihn doch die Neugier.

»Selbstverständlich«, antwortet sie, lässt den Deckenfluter stehen, wischt sich die Hände am rosa Bademantel ab und bückt sich. Ihr voluminöses Hinterteil blinkt ihm derart entgegen, dass er gar nicht weiß, wohin er zuerst wegschauen soll. Sie kramt in einer der unteren Schubladen herum, dann gibt sie ihm ein Paar schwarzer Einweghandschuhe, wie er sie schon lange sucht, aber noch nie hat finden können. Er zieht sie an und bedeutet der Wirtin, es ihm nachzumachen.

Schließlich gehen sie gemeinsam zur Tiefkühltruhe. Die Resi steckt den Flusenstrahler an und dreht ihn auf. Es wird hell. Viel zu hell, denn sofort ist klar, dass da tatsächlich ein Menschenkopf liegt.

»Sie müssen bitte entschuldigen, wie schmutzig die Lam…«, bricht die Resi ihren Satz ab, bestimmt, weil auch sie's gerade erkennt. »Schrecklich«, sagt sie noch, dann ist sie still.

Zu still?

Der Arno fürchtet schon, gleich unter ihrer Last begraben zu werden. »Geht's Ihnen gut?«, fragt er, dreht sich halb um und schaut in ihr ganz und gar nicht mehr rosiges, dank Make-up trotzdem farbenfrohes Gesicht. Die Wirtin nickt tapfer und bleibt ruhig.

»Vielleicht sollten Sie sich besser hinsetzen«, meint er und wendet sich wieder der Packung zu. Jetzt lassen sich mehr Einzelheiten erkennen. Ein Mann, völlig klar. Die Haut und die Stoppelhaare des armen Kerls blutverschmiert, die Augenlider geschlossen. Der Arno glaubt, einen Stoppelbart zu erkennen. Aber ohne den Plastiksack aufzuschlagen, wird er nicht weiterkommen. Vorsichtig sucht er das offene Ende des Beutels, hebt es an, zieht es auseinander und stülpt die Ränder nach unten, so weit es geht, was heißt, bis knapp unter die Nase.

Ein großer Kerl muss das gewesen sein. Einen richtigen Hauklotz hat der aufgehabt. Seine Frisur ist so kurz, dass man eine Narbe an der Kopfhaut sehen kann.

Das dürfte die Identifizierung leichter machen, denkt er und gibt den Blick frei. »Kennen Sie ihn?«, fragt er die Resi, die immer noch steht, obwohl er ihr ja ausdrücklich geraten hat, sich … egal.

Sie antwortet nicht. Er hört sie schwer atmen, ihr Brustkorb pumpt schnell und schneller. Dann legt sie eine Hand an den Mund und lässt sich an der Vorderseite einer Truhe auf den Boden hinunterrutschen.

»Kommen'S, ich bring Sie hinaus«, sagt er, fasst unter ihre Achseln und versucht, die Schupfgruber Resi zu bewegen, aber keine Chance. Sie vergräbt ihren Kopf mit den neongrünen Lockenwicklern zwischen den Knien. Noch wimmert sie nur, aber er befürchtet, sie könnte gleich Rotz und Wasser heulen und damit weitere Spuren vernichten.

»Los jetzt!«, drängt er. Aber der Arno ist ja kein Unmensch, also legt er sanfter nach: »Sie müssen sich hinlegen, Frau Schupfgruber. Kommen Sie.«

Wieder beugt er sich zu ihr hinunter und berührt sie an der Schulter, aber die Resi tut gar nichts mehr. Plötzlich dämmert ihm etwas. »Sie kennen ihn, Frau Schupfgruber?«

Sie schnieft und nickt.

»Wer ist es?«

»...«

»Frau Schupfgruber? Wenn Sie wissen, wem der Kopf gehört, dann müssen'S mir das jetzt sagen!«

Die Schnitzelwirtin bringt kein Wort heraus. Sie schnieft so heftig durch die Finger ihrer rechten Hand, dass er ihr ein Taschentuch geben möchte, aber er hat keines.

Sie tut ihm leid. Und ein bissl tut er sich auch selber leid, weil er schon ahnt, was auf ihn zukommt. Es heißt ja, Mordermittlungen dauern immer dreimal länger als man glaubt. Dafür geht es umso schneller, sich zu blamieren. Aber den Gefallen wird er dem Qualtinger und dem Wiesinger bestimmt nicht tun.

Er dimmt die Lampe runter, legt seine Hand erneut auf Resis Schulter und wartet, will ihr die Chance geben, den ersten Schock zu verdauen, während er schon an die nächsten Schritte denkt: *Fundort sichern. Landeskriminalamt verständigen. Auf Spurensicherung und Verstärkung warten. Erhebungen einleiten.*

Vor allem aber: *Keinen Mist bauen!*

Zwei Minuten darauf keucht die Resi immer noch, wird aber langsam ruhiger. Seltsam friedlich ist es jetzt. Die Pflicht muss warten, alles kann warten, da ist nur der Regen, Resis Atem, sein Atem, sonst ni…

»Ja, was ist denn hier los? *Um Gottes willen!*«, kreischt jemand in Arnos Rücken, direkt ins Mark hinein, wie in der wildesten Geisterbahn, die man sich nur vorstellen kann. Wenn Menschen vor Schreck tot umfallen, dann genau jetzt.

Nach dem ersten Adrenalinstoß packt ihn die Wut, er schießt hoch, hebt die Fäuste und dreht sich um – aber der Anblick, der sich ihm bietet, entwaffnet ihn sofort.

Da steht sie. Die Granate von Kellnerin, die genauso zu den Attraktionen von Resis Schnitzelparadies gehört wie die Schnitzel, vielleicht sogar noch über den Schnitzeln liegt. Die paar Male, die der Arno mit dem Vespaklub hier eingekehrt ist, hat er seinen Blick nicht von ihr reißen können, und die anderen genauso wenig.

Diese Augen … dem Arno wird's ganz lyrisch zumute …

Wie ein Sonnenaufgang in den Bergen leuchten sie über den pastellgetünchten, hohen Wangen, umrahmt von Sommersprossen, die selbst Rubens zur Verzweiflung getrieben hätten …

Jaja, die Eva, die haut nicht nur den Arno um. Das muss man schon einmal klipp und klar sagen: eine bildhübsche Frau. Volle Lippen, pechschwarze Haare und eine Figur, die man sich kaum zu erträumen vermag. Und wie sie tut, was sie tut! Mit welcher Anmut sie Schnitzel und Bierkrüge stemmt, wie souverän sie auf blöde Anmache reagiert, wie sie jedem Gast das Gefühl gibt, etwas Besonderes zu sein. Ja, diese Frau ist so attraktiv, sexy, aufgeweckt, anziehend, freundlich, frech, warmherzig und liebenswert, dass einem die Adjektive in null Komma nichts ausgehen, und dann sitzt man an seinem Tisch, nagt an seinem Schnitzel herum und leidet an verbaler Ladehemmung.

Genau wie der Arno jetzt.

»Hallo?«, versucht sie, ihm auf die Sprünge zu helfen, aber nichts. Also schaut sie hinunter zur Resi. »Mama? Mama, was ist denn passiert? Wer ist das in dem Sack? *Mama?*«

»Der Mario«, antwortet die.

5

Also so ein toter Kopf im Haus ist schon ein echter Stimmungskiller. Da soll einmal wer versuchen, einen eleganten Satz zu sagen, wenn er mit zwei geschockten Frauen am Tisch sitzt und auf den Rückruf von der Spurensicherung wartet. Alles Gute dafür.

Der Arno hat *den Mario,* besser gesagt dessen oberes Ende, wieder in die Kühltruhe gepackt. Wo der Rest der Leiche steckt, tät ihn schon interessieren, aber herumgewühlt haben sie eh schon viel zu viel. Also hat er sich mit der Resi und ihrer Tochter in die Gaststube gesetzt. Die Eva wirkt gefasst, sitzt mit gefalteten Händen da, so anmutig, dass man's in Stein hauen möcht, wenn man's nur könnt. Eine so eine seltene Grazilität! Neben ihr die Resi … als wär sie nicht schon optische Zumutung genug, hat sie jetzt statt des rosa Bademantels einen viel zu engen, glänzend grünen Trainingsanzug mit pinken Bommeln an, Marke Presswurst. Die blitzblauen Augen, die eilig nachgeschminkten Wangen, der dunkle Lippenstift: Also wenn das hier ein Film wäre, dann müsste man an der Stelle dringend die Farbe herausdrehen. Na ja, Geschmack hat man halt, oder man hat ihn eben nicht …

Aber zurück zum Toten. *Der Mario* ist Mario Unterberger, der vermisste Bürgermeister des Nachbarorts. Ja, genau der, den der Arno mit seinem Spezialauftrag hätte finden sollen. Jetzt könnt er spitzfindig werden und sagen, gesagt, getan, Mission erfüllt und ab die Post, raus aus diesem Jammertal. Aber er ist ja der einzige Polizist weit und breit. Und rein kriminalistisch gesehen ist so ein abgetrennter Kopf schon etwas, das ordentlich aufgeklärt gehört. Also nichts mit schnellem Ende seiner Mission.

Er denkt an die paar Eckdaten aus der Akte zurück, die er im Kopf hat behalten können. Mario Unterberger war der Bürgermeister von Vorderkitzlingen. Noch dazu Hotelier. Ein einflussreicher Mann. Womit man ohne langes Nachdenken auf mögliche Motive kommt. Politische Rivalität. Geld. Familienfehden, die in engen Tälern wie diesem ja quasi vorprogrammiert sind.

Aber vielleicht muss er gar nicht so weit schauen. Vielleicht sitzt der Mörder ja gerade mit ihm am Tisch, weil: Die einfachsten Lösungen sind ja meistens die besten ...

Er will schon zu einer Frage ansetzen, da heult draußen der Wind auf und etwas fällt um. Der Arno schaut durchs Fenster, kann aber nicht erkennen, was es war. *Wer wohnt bitte freiwillig in einem solchen Tal?*, denkt er, als er sieht, dass es jetzt regnet, was das Zeug hält. Am Rand der Landesstraße hat sich ein Bächlein gebildet, das über die abschüssige Einfahrt auf den Parkplatz fließt, wo bereits ein kleiner See steht. Es ist düster wie nach Sonnenuntergang, obwohl bald Mittag ist. Der Arno hat den Schupfgruber-Damen verboten, Licht anzumachen, weil die holländischen Motorradfahrer immer noch hereinwollen und nicht sehen sollen, wo sie gerade sitzen. Die Biker stehen wie eine Schafherde unter der großen Kastanie im Gastgarten. Alle paar Minuten kommt einer, klopft an die Tür, wartet, zuckt mit den Schultern und geht zu den anderen Schafen zurück.

Der Arno schaut zwischen den Schupfgruber-Damen hin und her und stellt sich dieselbe Frage bestimmt schon zum zehnten Mal: Wie um alles in der Welt hat die Resi eine Tochter wie die Eva zustande bringen können? Die beiden Frauen klingen unterschiedlich, sind unterschiedlich groß, unterschiedlich sympathisch, vor allem aber unterschiedlich attraktiv, ganz unabhängig vom Alter. Hier der Sumo-Ringer, der gern eine Primaballerina wär – gemein, aber wahr –, dort die Frau von Weltformat, bei der einfach eines zum anderen passt. Selbst mit dem besten Willen kann er keinerlei Verbindung zwischen den beiden erkennen.

»Wie geht's jetzt weiter?«, fragt die Eva in die Stille hinein.

Er räuspert sich, bevor er die Wirtin fragt: »Frau Schupfgruber, wie und wann genau haben Sie den Kopf gefunden?«

Die Resi starrt ihn an, vielleicht auch durch ihn hindurch, weil das Erste, was sie vorm Hinsetzen getan hat, war, ihnen allen einen ordentlichen Whisky einzuschenken. Kaffee hätte er gebraucht, Kaffee und nicht Whisky, aber weder die Situation noch seine Erziehung hatten es ihm erlaubt, nach Dingen zu fragen, die ihm nicht angeboten wurden. Während sich die Wirtin jetzt schon zum vierten Mal nachschenkt, stehen Arnos und Evas Gläser immer noch unberührt auf dem Tisch. Obwohl der sechzehn Jahre alte *Lagavulin Islay Single Malt Whisky* verführerisch duftet. Aber natürlich darf er sich kein Schlückerl genehmigen.

»Was können Sie mir dazu sagen, Frau Schupfgruber?«

»Es ist so schrecklich«, lallt sie.

»Bitte. Sehen Sie nicht, wie geschockt meine Mutter ist?«, übernimmt die Eva. »Können Sie sie nicht später befragen?«

Ihre Blicke treffen sich, verschmelzen ... und fort sind all seine Gedanken. Diese Augen. Diese wundervollen Kastanienaugen, die sich ja niemand ausdenken kann. Ach, wie schön wär's jetzt, in sie zu tauchen, in ihnen zu versinken wie ...

»Herr Bussi!«, reißt sie ihn brutal aus seiner Verzückung heraus.

»Arno, bitte«, sagt er schnell. »Nennen Sie mich Arno. Können Sie mir vielleicht etwas Genaueres über diesen Mario Unterberger erzählen?«

»Nichts. Ich meine, Sie wissen ja, dass er der Bürgermeister von Vorderkitzlingen ist. Also ... war.«

»Haben Sie ihn gekannt ... Eva?« Wie leicht ihm der Name über die Lippen geht! Eva, Eva, Eva ... Er könnt den ganzen Tag nichts anderes mehr sagen als Eva.

»Natürlich. Hier bei uns kennt jeder jeden. Und ihn erst recht. Er war ja eine Art Promi, der Herr Starhotelier.«

»Starhotelier?«, wiederholt er und speichert gedanklich ab, wie komisch sie das Wort betont hat.

»Nicht schwierig, Starhotelier zu sein, wenn man das einzige Hotel im Tal führt, oder?«, meint sie.

Ihm scheint, dass da noch etwas anderes mitschwingt. Etwas Persönliches vielleicht? »Welche Beziehung haben Sie zum Unterberger gehabt?«, fragt er deshalb ins Blaue hinein.

»Welche *Beziehung?* Wie darf ich denn das verstehen?«

»Hatten Sie öfters Kontakt? Geschäftlich oder privat?«

»Überhaupt nicht!«, stößt jetzt die Frau Mama aus der

Versenkung hervor, eine Spur zu energisch für seinen Geschmack.

»Und wie ist sein Kopf dann in Ihre Vorratskammer gekommen?«, fragt er sie im Reflex.

»Was meinen Sie? Wollen Sie uns etwas unterstellen?«, übernimmt die Tochter wieder.

Er hebt die Hände. »Ich muss die Wahrheit herausfinden, nichts anderes, Frau Schupfgruber. Überlegen Sie sich doch, wie das jetzt für Sie und Ihre Mutter ausschaut. Je schneller wir die Sache klarstellen, desto besser für alle. Also, was hat sich da abgespielt?«

Die Eva runzelt die Stirn, aber selbst das schaut bei ihr irgendwie gut aus. Dann schüttelt sie den Kopf: »Ich habe nicht die geringste Ahnung. Du, Mama?«

»…«

»Eine Vermutung vielleicht?«, setzt er nach.

»Das … das muss einfach ein schrecklicher Unfall gewesen sein«, meint die Resi.

Der Arno verbietet sich zu überlegen, wie denn ein solcher *Unfall* ausschauen könnte, bei dem ein Kopf säuberlich in Plastik verpackt in der Tiefkühltruhe eines Schnitzellokals landet, und fragt stattdessen: »Noch einmal: Wie und wann genau haben Sie die Leiche gefunden?«

»Können wir das nicht später fortsetzen, Herr Bu… Arno?«, versucht die Eva wieder, ihre Mutter in Schutz zu nehmen.

»Ich fürchte, nein. Bald wird hier der ganz große Zirkus los sein. Je mehr wir bis dahin wissen, desto schneller haben Sie es hinter sich.«

Sie nickt und schaut zur Resi. »Mama, geht's dir wieder? Kannst du vielleicht noch etwas dazu …?«

»Die Helga hat ihn gefunden, nicht ich. Beim Putzen in der Früh. Und dann hat sie geschrien wie am Spieß.« Sie hickst, nimmt einen kräftigen Schluck, danach geht's weiter mit Reden. »Ich hab nachgschaut und das ... das Ding gefunden. Dann hab ich alles in die Truhe zurückgeschm... missen und bin gleich zu Ihnen, Herr Insp... pektor.«

»Aha. Und wer ist diese Helga?«

»Helga Kreuzv... veitl.«

Er zückt sein Notizbuch und beginnt zu schreiben. »Kreuz-Feitl, sagen Sie?«

»Kreuzveitl«, berichtigt die Eva. »Mit V wie ... äh ...«

Als sich der Arno das *V wie ...* und die Eva dazu vorstellt, bricht ihm glatt die Spitze seines Bleistifts ab. Er versucht, die Situation zu überspielen, aber natürlich keine Chance, und einen Spitzer hat er auch nicht.

»Hier«, sagt die Eva und reicht ihm einen Kuli. Wieder treffen sich ihre Blicke, wieder könnte er glatt in ihnen ... und durch sie hindurch in ewige ... aber er weicht aus und schaut auf seine Notiz zurück.

»Kreuz ... veitl«, begleitet er sich selbst beim Schreiben, so konzentriert, dass nur mehr die Zungenspitze im Mundwinkel fehlt. »Ist die Frau Kreuzveitl Ihre Angestellte? Wissen Sie, wo sie jetzt ist?«

»Nein, sie hilft nur aus«, erklärt die Eva. »Seit unsere Putzerin gekündigt hat. Eigentlich ist die Helga ja Haushälterin beim Pfarrer.«

»Ach, deshalb ist hier alles so sauber!«, platzt's ihm heraus.

»Was soll denn *das* jetzt heißen?«, empört sich die Resi und haut mit der Faust auf den Tisch, dass es nur so klirrt und kracht. »Hat das vielleicht was mit dem lieben Gott zu tun, wie reinlich man ist, oder was?«

»Äh, ich mein ...«, stammelt er, »... Ihre ist die sauberste Küche, die ich je gesehen hab. Ist die ... immer so?«

»Na, das will ich aber meinen!« Mit einem Mal wirkt die Resi zehnmal so klar, und der Schluckauf ist auch verschwunden. »Was halten'S denn von mir? In meiner Küche können'S Ihr Schnitzel vom Boden essen, da kann die Lebensmittelpolizei kommen und ihren Bakterienabstrich holen, sooft sie will, Inspektor *Bussi!*«, und es klingt, als wolle sie ihm seinen Namen direkt vor die Füße spucken.

Als er sich gerade rechtfertigen will, von wegen er habe ja nur gemeint und so, trommelt einer der Holländer draußen gegen ein Fenster. Hat er die Resi etwa schimpfen gehört? Der Biker macht mit den Händen ein riesiges Schauglas um sein Gesicht herum, erkennt sie und klopft gleich wieder, noch fester.

Die Wirtin springt auf.

»Hinsetzen!«, bellt der Arno in einem Tonfall, dass es ihn selber überrascht. »Dieser Betrieb ist gesperrt, und wir bewegen uns nicht von der Stelle, bis die Spurensicherung kommt. Verstanden?«

Er rechnet schon damit, eine mit Resis Schnitzelhänden betoniert zu bekommen, dass die Sterne nur so fliegen, aber nichts. Sie kuscht und sinkt langsam wieder auf ihren Stuhl zurück. Ob jetzt der Alkohol oder seine Autorität dafür verantwortlich sind, kann er nicht sagen, im Moment ist er einfach nur froh, wenn sie tut, was er sagt. Auch der Eva hat es glatt die Sprache verschlagen. Sie starrt ein Loch durch den Tisch, als würde sie alles wollen, außer auffallen.

Wieder klopft der Motorradler ans Fenster, dann kommt noch ein zweiter dazu und macht's dem Kollegen nach, was wiederum zwei neue anlockt. Wie eine Affenbande hämmern sie schließlich gegen die Scheiben. Der Arno bekommt schon Angst, dass gleich die Scherben fliegen.

Die lassen sich nicht verscheuchen, denkt er und fragt: »Können wir woandershin?«

Die Eva richtet sich noch gerader auf, als sie eh schon sitzt, klopft sich demonstrativ auf die Schenkel und nickt. »Ja. Gehen wir nach oben in meine Wohnung. Auf, Mama, mitkommen«, sagt sie und hilft der Resi hoch, die sich noch eilig die Whiskyflasche greift.

Der Arno folgt den beiden Frauen ins Treppenhaus und weiß gar nicht, wo er hinschauen soll, weil dieses bezaubernde Wesen von Tochter direkt vor ihm die Stiege hochsteigt, ihr fabelhaftes Hinterteil keinen halben Meter von seinem Gesicht entfernt.

Ihr hochverehrter Allerwertester steckt in einer samtschwarzen Sommerhose, die sich ganz hervorragend an die Rundungen schmiegt, es wackelt links, es wackelt rechts, wieder links, wieder rechts, dazu baumelt das zum Rossschwanz gebundene Haar im Takt, dass ihm vom Zuschauen ganz schwindlig wird. Und weil der Teufel nicht schläft, hakt er am oberen Ende einer Stufe ein, stolpert, kann einen Sturz aber gerade noch verhindern, indem er beidbeinig auf die nächste Kante hinaufspringt, was ziemlich arg ausschaut und auch genauso klingt.

»Tun Sie sich nicht weh, Herr Arno!«, rät die Eva und hat dabei einen Ausdruck in der Stimme, dass ihm ganz warm ums Herz wird. Wie schafft sie das nur? Aber wahrscheinlich klingt alles gut, was sie sagt, sogar *Hämorrhoidencreme* oder *Talgdrüse*. Da hat er bei ihr sozusagen die Scheuklappen auf den Ohren.

Je weiter sie hinaufsteigen, desto lauter wird das Regenrauschen unterm Blechdach. Jetzt dröhnt's schon fast.

Sie betreten Evas Wohnung. Sofort fällt ihm der Geruch auf. Einfach betörend. Schwer zu sagen, was genau es ist, Parfum, frische Wäsche oder einfach die Eva. Im Eingangsbereich stehen Schuhe. Praktisch flache, sportlich stabile und elegante, sogar zwei, drei hochhackige sind darunter. Wofür sie die wohl braucht, in dieser Einöde? An der Garderobe hängen Mäntel und Regenschirme in dezenten Pastelltönen. Da passt eines zum anderen. Vielleicht eher auf die Champs-Élysées als hierher ins Kitzlingtal, aber gut. Instinktiv sucht er nach Fotos, die die Eva mit anderen Männern zeigen, findet aber keines, weder auf Wänden noch Ablageflächen – ist sie etwa ungebunden? Das wär ja ein ganz ein seltener Wink des Schicksals ...

»Gehen wir in die Küche«, sagt sie. »Da sieht man auf den Hof.«

Er überlegt schon, zu fragen, ob er sich die Schuhe ausziehen soll, lässt's aber bleiben.

»Kaffee?«, fragt sie.

»Ja, danke, gerne ... Bitte! Danke!«, stammelt er. Endlich!

»Ich hab leider nur koffeinfreien.«

Oder auch nicht.

»Soll ich Ihnen einen holen?«

»Was?«

»Kaffee! Aus dem Lokal unten!«

»Nein nein, danke, keine Umstände bitte.« *Danke, keine Umstände bitte!,* äfft er sich selbst in Gedanken nach. Verflixte Höflichkeit. Aber für seine Erziehung kann man ja bekanntlich nichts.

Er tritt ans Fenster, schaut hinunter und merkt, wie sein Magen knurrend gegen den Koffeinentzug protestiert. Die Biker stehen immer noch Seite an Seite und klopfen gegen die Scheiben des Gastlokals. Jetzt schreien sie auch noch, diese Esel. »Rä-Si! Rä-Si! Räsi, gib dein Schnitzel her!«

Irgendwann geben sie schon auf, denkt er, holt sein Handy heraus und wählt das Landeskriminalamt an.

»Landeskriminalamt Tirol, grüß Gott?«

»Ja, Arno Bussi, Hinterkitzlingen. Ich hab vorhin schon mit der Spurensicherung sprechen wollen. Sie haben mir gesagt, dass mich jemand zurückrufen wird.«

»Jaaa?«

»Ja, und nichts ist passiert halt. Kein Rückruf!«

»Wie kann ich Ihnen helfen?«

Ein ganz ein Heller, denkt er. »Geben Sie mir einfach die Spusi. Dringend.«

»Aha, ich verstehe. Ja. Einen Moment bitte ... äh, wen darf ich noch mal melden, bitte?«

Er runzelt die Stirn. »Arno Bussi. Sonderermittler in Hinterkitzlingen.«

»Einen Moment bitte.«

Während er in der Warteschleife hängt, dreht er sich um, setzt sich halb auf die Fensterbank und schaut zur Eva, die sich gerade nach der koffeinfreien Kaffeedose streckt. Dabei rutscht ihre knallrote Bluse nach oben und offenbart nicht nur ihre wunderbare Taille, sondern auch ein ... ja, kann denn das sein? Ist das etwa ein Tattoo?

»Landeskriminalamt, grüß Gott?«

Er ist so erstaunt über Evas kleines süßes Geheimnis, dass er glatt zu sprechen vergisst.

»Landeskrrriminalamt, grrrüß Gott?«, kommt es lauter.

»Ja, äh ... wieder Hinterkitzlingen. Sie wollten mich grad zu den Kollegen der Spusi weiterverbinden. Und jetzt bin ich wieder bei Ihnen.«

»Ich verstehe. Und?«

»Und ich muss jetzt sofort mit der Spurensicherung sprechen. Wir haben eine Leiche gefunden und müssen von einem Mord ausgehen. Wir brauchen sofort Unterstützung.« Er wundert sich, warum er eigentlich in der Mehrzahl spricht. *Wir* müssen, *wir* brauchen, wenn doch nur *er* muss und *er* braucht. Er, die One-Man-Show am A... der Welt.

»Das sagen Sie dann bitte den Kollegen, mein Herr. Ich bin hier nur in der Vermittlung. Ich verbinde. Einen Moment bitte.«

Wieder die Warteschleife. Er wartet und wartet und wartet weiter, im Hintergrund dröhnt die Kaffeemaschine und klirrt Geschirr.

»Landeskrrriminalamt, grrrüß Gott?«

»Bussi hier. Jetzt hören'S mit dem Blödsinn auf und verbinden Sie mich endlich mit den Kollegen!«

»Bussi?«

»Ja, Kruzifix noch einmal! Hinterkitzlingen!«

»Es gibt keinen Grund, laut zu werden, mein Herr. Wie kann ich Ihnen helfen?«

Jetzt reicht's ihm. »Wir haben doch jetzt schon dreimal

miteinander gesprochen! Das gibt's doch nicht, dass ich Ihnen das Satzerl noch einmal aufsagen muss, oder? Ja, spinnt's ihr eigentlich alle, oder was?«

Auf der anderen Seite bleibt's still. Hat er den Affen jetzt etwa beleidigt? »Hallo?«, sagt er leiser.

»Sie sind nicht der Einzige, der hier anruft. Sie müssen bitte mit den Kollegen sprechen. Ich bin hier nur in der Vermittlung. Mit wem darf ich Sie also verbinden?«

Jetzt würd er sein Gerät am liebsten gegen die nächste Wand pfeffern, aber es kann ja schließlich auch nichts für diesen Vollpfosten. Irgendwie muss er sich trotzdem Luft verschaffen. »Ach, wissen'S was? Mit niemandem!«, entfährt's ihm.

»Werter Herr, Scherzanrufe sind strafbar. Ich habe mir Ihre Nummer notiert und rate Ihnen dringend, sich nicht auch noch der Beamtenbeleidigung schuldig zu machen.«

Die neunmalkluge Belehrung ermutigt ihn erst recht. »Sie ... Sie fleischgewordener Telefonroboter!«, schimpft er.

Aufgelegt.

Er schnaubt, schüttelt den Kopf und starrt ungläubig auf sein Smartphone. Dann wischt er drauf herum, startet den Internetbrowser und versucht, die Durchwahl der Abteilung *Leib und Leben* beim Tiroler Landeskriminalamt zu finden. Aber das Netz ist schlecht, ein Stricherl nur, und das Internet kommt über GPRS. Eine ganze Minute dauert's, bis die Kopfzeile geladen ist, und danach geht rein gar nichts mehr. Er schluckt den nächsten Fluch hinunter, setzt sich zur Resi und legt das Smartphone auf den Tisch.

Der koffeinfreie Kaffee, den die Eva ihm serviert, hebt seine Laune leider nicht. Das ist ungefähr so wie mit dem alkoholfreien Bier. Da kann man hundertmal draufschreiben von wegen isotonisch und Vitamine und Spurenelemente und schlag mich tot, aber so einfach lässt sich dem Pawlow sein Hund jetzt auch wieder nicht ins Bockshorn jagen. Am Ende fehlt der Spaßmacher, und das ist dann wie ein Zirkus ohne Clown.

Die Eva hat inzwischen ein Grinsen im Gesicht, das gar nicht zu dem passt, was passiert ist. Macht sie sich vielleicht gerade über ihn lustig? Wegen seiner Schimpferei am Telefon, oder was? Am liebsten würde er sie nach dem Grund ihrer Heiterkeit fragen, zwingt sich aber, auf den Fall zurückzukommen. »Also. Sie haben mir unten gesagt, dass diese Helga …«

»Kreuzveitl«, hilft die Eva und wirkt gleich noch viel amüsierter.

»Ja, genau, äh … dass die Frau Kreuzveitl die Leiche gefunden und laut geschrien hat. Was ist dann genau passiert?«, fragt er die Wirtin, die zunächst einen kräftigen Schuss Whisky in ihren Kaffee gießt und dann die Flasche in seine Richtung hält.

Er schüttelt den Kopf gleich in doppelter Bedeutung. Erstens, weil er immer noch nicht darf, und zweitens, weil's einfach zum Heulen ist. Sechzehn Jahre alter Lagavulin im Fake-Kaffee. Das ist doch pervers!

»Also, was ist dann passiert? Nach dem Fund?«, drängt er.

Die Resi hickst plötzlich wieder, nimmt einen Schluck, stellt die Tasse hin und hickst gleich noch einmal, bevor sie antwortet: »Ich war gerade im Badezi… immer. Da hab ich sie kreischen gehört wie am Spieß. Ich hab sofort gedacht, jetzt ist der … der Helga was passiert, hab alles stehen und liegen gela... assen und bin zu ihr hinunter. Unten ist sie mir dann entge... gegen gestürmt, an mir vorbei und bei der Tür raus, so schne... ell, dass ich kein Wort mehr sagen hab können ...«

»Und dann haben Sie selbst den Kopf entdeckt.«

»Ich ... ja, also i... ich hab nachgeschaut, wo ihr Putzzeug steht, und die Vo... orratskammer war offen. Sie wollt sicher gerade die Truhe mit dem ... dem Kopf enteisen, weil ein Teil schon au... ausgeräumt war.«

»Also haben Sie reingeschaut.«

»Ja ... es ist ja ... so schrecklich!«

»Haben Sie gleich erkannt, dass es der Kopf von Mario Unterberger ist?«

»Nein. Erst, als Sie die Pa... packung geöffnet haben, Herr Bu... ussi!«

Wieder grinst die Eva, süß, aber völlig unangebracht. Da reicht's ihm mit der Grinserei. »Was ist?«, fragt er sie streng.

»Ach, gar nichts. Verzeihen Sie bitte, Herr ... *Arno*.«

Jetzt geht ihm natürlich das berühmte Lichterl auf. *Bussi*, haha. Der Running Gag seines Lebens. *Bussi, Bussi, Bussi.* Vom Kindergarten über die Polizeischule bis zum Bundeskriminalamt hat sich die ganze Welt über seinen Namen lustig gemacht. Aber die Eva darf das. Sie darf alles.

Draußen brüllt ein Motor auf, dann noch einer, gleich darauf knattern sie im Chor. Der Arno steht auf, geht zum Fenster und schaut zu, wie sich die Motorradfahrer aufstellen, mit den Hinterreifen ihrer Harleys in einer riesigen Wasserlache. Auf Kommando lassen sie die Kupplungen schnalzen, bringen die Hinterräder zum Durchdrehen und fabrizieren einen *Burn-Out*, besser gesagt einen *Wet-Out*, der sich gewaschen hat. Wie aus dem Kärcher spritzt das Wasser gegen Mauer und Fenster des Lokals. Ein klares Revanchefoul fürs Im-Regen-stehen-Lassen. Und einer dieser holländischen Krawall-Esel hat doch tatsächlich Arnos Polizistenmütze auf.

Der spürt jetzt einen sanften Luftzug, dann ist da dieser Duft, der dem Arno sagt, dass die Eva direkt neben ihm steht. Er spürt ihre Wärme, vielleicht sogar ihre Aura, jedenfalls versetzt ihm die Situation einen kleinen süßen Stich in der Brust, den bestimmt jeder kennt, der schon einmal verliebt gewesen ist.

»Diese verdammten Idioten!«, schimpft sie, und von ihm aus könnte der Moment ewig dauern, völlig egal, was sie sagt oder tut. Wobei ihm vorkommt, dass der Frust, den sie gerade herauslässt, nicht bloß den Harleyfahrern gilt, sondern irgendwie tiefer gründet.

»Was passiert da unten?«, will die Resi wissen, die ihren Platz am Tisch nicht verlassen hat.

»Ach nichts, mach dir keine Sorgen, Mama.«

Auf dem Parkplatz wird es plötzlich noch hektischer. Einer der Biker verliert die Kontrolle über seine Maschine, sie schlingert, dann legt sie sich mit lautem Geschepper nieder. Der Blamierte steht auf, versucht, sie wieder aufzustellen, schafft es aber nur mit fremder Hilfe. Die anderen grölen und lachen ihn aus. Schließlich brausen alle los und winken dem Schnitzelparadies zum Abschied mit den Stinkefingern.

Die kommen nicht wieder, denkt der Arno und ist überhaupt nicht traurig.

Die Eva murmelt etwas, von dem er nur die letzten beiden Wörter versteht: »... so satt.«

Hat er sich also nicht getäuscht. »Was haben Sie gesagt?«, fragt er sie sofort.

»Nichts. Kommen Sie, trinken Sie Ihren Kaffee aus, Herr Arno.«

»Was haben Sie satt?«

»Nein, das hab ich nicht gesagt. Die ... die Biker haben's satt, weil sie ... äh ... gefahren sind, meine ich.«

Die rosa Wangen, die sie plötzlich hat, machen es ihm unmöglich, weiter nachzuhaken.

Jaja, Frauen sind bei der Körpersprache schon eindeutig im Vorteil. Der männliche Beschützerinstinkt darf einen Polizisten natürlich niemals von seiner Pflicht abhalten. Aber die Eva macht das so geschickt, dass ... ach, er weiß auch nicht. Er geht zum Tisch, nimmt sein Notizbuch und sagt: »Ich glaub, ich sollte mich dann bald auf den Weg machen. Lassen'S aber bitte unten alles so, wie es ist, bis die Kollegen kommen.«

Und dann, in einem unbeabsichtigten Inspektor-Columbo-Moment, zwischen Tür und Angel: »Nur noch eins ... wissen Sie vielleicht, wo ich diese Frau Kreuzveitl finde?«

Die Eva schüttelt wortlos den Kopf, grinst auch nicht mehr. Schade eigentlich.

Dafür holt ihre Mutter Luft. »Die? Die kann ja nur im Pfarrhaus sein. Sicher heult sie dem Heiligen Bimbam gerade die Ohren voll.«

»Mama!«

»Was? Der sind doch die Si... icherungen durchgebrannt, der alten Jungfer! Die meint noch, dass ... sie sich jetzt mordsmäßig versündigt hat, weil sie einen Toten entdeckt hat ... und jetzt zur Buße vier... ierhundert Rosenkränze beten muss, die fanatische Kuh!«, keift und hickst die Resi, hörbar aggressiv, hörbar betrunken.

Das mit dem Heiligen Bimbam versteht er nicht. Aber das wird sich wohl von selber klären. »Also. Nichts anfassen, nicht aufsperren. Verstanden?«

Beide nicken.

Und dann Columbo, die Zweite: »Äh ... nur noch eine Frage ... hätten'S vielleicht einen Schirm für mich?«

6

Wohin soll ich mich wenden, das ist nicht nur ein Lied aus Schuberts Deutscher Messe, sondern genau das, was der Arno sich denkt, als er auf den riesigen Parkplatz des Schnitzelparadieses tritt.

Er spannt den Regenschirm auf, der mit dem Bild eines riesigen Wiener Schnitzels bedruckt ist, und streckt ihn den Elementen entgegen.

»Ich kann Sie aber auch schnell zur Wache fahren«, ruft ihm die Eva nach.

»Nein nein, danke, geht schon! Wegen dem bissl Regen!«, wehrt er tapfer ab und schreitet los.

Eben hat er schnell noch einen Blick auf die Eingangstür geworfen. Keine Einbruchspuren. Da das Schnitzelparadies nur diesen einen Eingang hat, muss der Täter oder die Täterin also einen Schlüssel gehabt haben, Schlösser knacken können oder sonst wie reingekommen sein.

Nach Alibis brauch ich gar nicht fragen, denkt er, als er zur Landesstraße hinaufstapft, weil der genaue Tatzeitpunkt kaum festzustellen sein wird. Gefrorenes bleibt lange frisch, und *irgendwann in den letzten fünf Tagen* ist keine professionelle Aussage. Aber der Kopf ist ja nicht alles. Vielleicht gibt es noch Leichenteile, die nicht gefroren sind? Nur eines ist sicher: Je mehr Zeit bis zur Obduktion vergeht, desto schlechter für die Ermittlungen. Er holt sein Handy aus der Tasche, um das Display zu prüfen. Immer noch kein Rückruf aus Innsbruck.

Wohin jetzt?, fragt er sich erneut. Mit der Frau zu sprechen, die die Leiche gefunden hat und wahrscheinlich im Pfarrhaus sitzt, wär natürlich spannend. Andererseits macht es kaum Sinn, jetzt schnurstracks in die nächste Befragung zu rennen, solang er nicht mehr über den Toten weiß. Er muss sich die Akte genauer anschauen, Abfragen machen, vor allem aber Verstärkung holen.

Schon nach wenigen Metern merkt er, wie ihm das Wasser in seine Halbschuhe kriecht. Jeder Schritt klingt, als würde er Putzschwämme austreten. Er verflucht sich dafür, Evas Angebot, ihn zu fahren, nicht angenommen zu haben. Er und seine verflixte Höflichkeit! *Bloß niemals Umstände machen,* hat ihn seine Mutter gelehrt – dabei würde ein Umstand hier und einer da sein Leben sehr viel einfacher machen. Und hätte ihm nebenbei schon längst einen doppelten Espresso beschert.

Der Wind frischt auf, treibt das Wasser in Schwaden durchs Tal und raubt ihm die Körperwärme. Was gestern noch halbwegs freundlich gewirkt hat, ist heute nur mehr nass und trostlos. *Alles hier ist trostlos,* denkt er. Vorne im Ortszentrum bimmelt eine Kirchenglocke los, hell und eilig. Der Arno erinnert sich, dass auf dem Land meistens geläutet wird, wenn jemand aus der Pfarrgemeinde gestorben ist. Es muss die Totenglocke sein. Aber wie hat sich Unterbergers Tod so schnell herumgesprochen? Oder wird im Kitzlingtal immer noch mit Glocken vor Unwettern gewarnt? Wenn, dann wär's wohl ziemlich spät.

Da kommt etwas auf ihn zu. Ein riesiger Laster pflügt sich durch den Fluss, der vor Kurzem noch eine Straße war. Der Fahrer macht keine Anstalten, zu bremsen, scheint sogar noch zu beschleunigen, als er an den letzten Häusern vorbei ist. Links und rechts schießen die Fontänen nur so in die Luft, angestrahlt von den Scheinwerfern. Der Arno winkt, dann richtet er den Schnitzelschirm auf das Fahrzeug aus und blinkt ihm damit entgegen, auf, zu, auf, zu, aber der Fahrer reagiert überhaupt nicht!

Wenn er jetzt nicht langsamer wird, bin ich gleich ...

In letzter Sekunde springt der Arno zur Seite. Als der LKW vorbeirauscht, klatscht ihm das Wasser ins Gesicht und über seinen ganzen Körper. Nach dem Schock der kalten Dusche die erste, wichtigste Feststellung: Er lebt noch. Hurra.

Aber er scheint irgendwie festzustecken. Er schaut runter und sieht, dass seine Füße bis über die Knöchel im Matsch neben der Fahrbahn versunken sind, während er oben herum so nass ist, als wär er gerade einem Swimmingpool entstiegen. Und dieser rücksichtslose Idiot fährt einfach weiter, als wär nichts gewesen!

Er zieht einen Fuß heraus, wobei er fast den Schuh verliert, dann den zweiten, windet sich zum Fahrzeug um, das schnell kleiner wird.

»Volltrottel!«, schimpft er dem Fahrer hinterher, springt auf den Asphalt zurück, wünscht dem Kerl die Pest an den Hals, und – wie soll man das jetzt anders sagen als: Das Karma ist ein Hund. Dem Arno zieht's die Matschschuhe unter dem Allerwertesten weg und er landet mit dem linken Rippenbogen voraus auf der Fahrbahn, dass es nur so kracht. »A-hauaaa!«, wimmert er noch. Dann ist er still.

Eieiei, da liegt er jetzt, der Arno.

Es heißt ja, wenn man sich ordentlich wehtut, dann sagt einem der Instinkt im ersten Moment: Tot stellen. Quasi zum Selbstschutz, bis man gefressen wird. Genau so geht's ihm jetzt auch. Die Wange auf der Fahrbahn, das Regenprasseln aus der Nahperspektive, der Körper unendlich schwer und ... hey, du lebst noch! Kann auch nicht jeder behaupten. Also bleib schön, wo du bist, mach ein kleines Nickerchen, wird schon alles wieder. Aber der Hausverstand, und der hat ja auch noch ein Wörtchen mitzureden, rät ihm das genaue Gegenteil. Nasse Fahrbahn und er quer drauf, ganz schlechte Kombi. Bleiben zwei Optionen: In den Matsch robben und warten, bis ihn jemand findet – oder Zähne zusammenbeißen, aufstehen, weitergehen und beten, dass der nächste Fahrzeuglenker Augen im Kopf hat. Eigentlich bleibt ihm ja nur eine Wahl. Weil: Der Arno und Matsch, das geht nicht. Also beißt er wirklich die Zähne zusammen und zischt, als er sich auf die Knie wuchtet, eine Hand an die schmerzende Stelle legt, den ekligen Lehmbatzen, der einmal sein rechter Fuß war, auf die Fahrbahn stellt, sich dann zusammen mit dem linken Arm in die Höhe stemmt und Zentimeter für Zentimeter die Erde unter sich wegdrückt: quasi Superheld.

Wobei, eine Sekunde später schon: Quasimodo, weil ihm die Luft wegbleibt. Aufrechter als gebückt geht nicht. Er macht einen ersten, zaghaften Schritt und jault auf wie ein verprügelter Hund. Und weiter, nächster Schritt. Da schon das nächste Phänomen: Hat man seinem Körper erst mal seinen Willen aufgezwungen und das Gestell in Bewegung versetzt, wird es auch gleich wieder besser. Und besser. Würde man den Arno jetzt von der Seite beobachten, sähe er aus wie bei *Es war einmal der Mensch*. Die Evolutionsfolge, vom Fisch über das Kriechtier zum Affen, dann Homo erectus, noch nicht ganz Neandertaler, et voilà: der Arno.

Den Schnitzelschirm hat der Wind fortgetragen. Egal. So nass, wie er eh schon ist, braucht er auch keinen Schirm mehr. Im Zeitlupentempo nähert er sich dem Ortskern. Niemand draußen – warum auch. Nicht einmal seinen Hund würde er vor die Tür schicken, wenn er einen hätte.

In manchen Häusern sieht er Lichter brennen. Nachmittags! Im Sommer! Das muss man sich einmal vorstellen. Aber offensichtlich ticken die Uhren hier anders. Alles tickt hier anders. Und nichts richtig. *Womit hab ich das bloß verdient?*, hadert er, während er sich weiterkämpft, Meter für Meter der Polizeiwache entgegen.

Gut, womit er das verdient hat, das weiß er eigentlich ganz genau. Man legt sich eben nicht mit der Frau vom Chef ins Bett. Mit der Frau vom Oberchef schon dreimal nicht, da kann sie blond sein, wie sie will. Aber was soll er machen, er ist ja auch nur ein Mann, und die Qualtinger Marita eine Frau. Außerdem, wie schon gesagt, alles nur ein selten dummes Aufeinandertreffen von Umständen, eine amouröse Kettenreaktion unvorhersehbaren Ausmaßes …

Macht sie ihm schöne Augen, bei der Party, zu der ihn der Wiesinger mitgenommen hat. In der Villa des Ministers, ein Dreivierteljahr nach seinem Start beim Bundeskriminalamt. Der Direktor hat ihn ja unbedingt dem Qualtinger vorstellen wollen, ihn, den besten Polizisten des Aufbaulehrgangs, auf dem Sprung zur großen Karriere in Wien. Jaja.

Aber dann die Marita.

Lockt sie ihn in die Küche, als ihr Mann die Zigarren auspackt und mit dem Wiesinger fachzusimpeln beginnt. Gibt sie ihm etwas zu trinken, obwohl er schon drei Bier und ein Viertel Veltliner intus hat. So einen Modedrink, süß wie eine Packung Gummibären, null Alkoholgeschmack, aber der Arno merkt sofort: Achtung, U-Boot. Zwingt er dennoch das Gesöff hinunter, der Marita zuliebe, und blendet ihre immer noch schöneren Augen aus. Weil: Innenministerfrau, No-Go, No-Go, No-Go! Da kann sie mit ihren Riesenwimpern klappern, wie sie will.

Streicht sie ihm mit dem Handrücken übers Gesicht, erzählt ihm etwas von markanten Zügen, Wangenknochen, Kinngrübchen, von Modelagentur und einer Freundin, die genau so jemanden wie ihn gerade sucht. Fühlt er sich geschmeichelt, schenkt sie ihm nach, bleibt gleich bei ihm stehen, Tuchfühlung, passt kein Blatt Papier mehr dazwischen. Wird ihm schon ganz schwindlig, versucht er's zu überspielen, weil: Ein Mann und Alkohol, und ex! Und Bumm, die Marita schon eine Wahnsinnsfrau, dass ihm das nicht schon viel früher aufgefallen ist.

Dann Bildausschnitt: Lippen ... Lippen, die Unanständiges sagen, er glaubt, er hört nicht recht. Fällt ihm das dumme Lied ein, Gummi-gummi-Gummibär, Lachflash, trinken. Wieder Ausschnitt: Ausschnitt ... Ausschnitt mit Leberfleck. Gazongas! Party, Party, Party, lass das, ich bin kitzlig, nicht, bitte, oh ja, bitte. Dann nichts, dann noch mehr nichts, dann Schnitt, dann Schlafzimmer, dann Schrei, dann: *Was wird denn hier gespielt?* Dann der Qualtinger an der Türschwelle und die Qualtingerin in der Unterhose, quasi *herausragend* und *übergreifend*. Zeigt ihm der Innenminister seinen Handybildschirm, sieht sich der Arno von oben. Kamera im Feuermelder, erwischt und ab die Post und die Marita gleich mit.

Er seufzt. Der Qualtinger ist schon ein selten misstrauischer Hund. Aber was war, das war, die Gattin des Ministers und er in flagranti erwischt, und daran lässt sich jetzt auch nichts mehr ändern. Er hat's ja aufzuklären versucht. Aber zu so einem Innenminister muss man erst einmal vordringen, wenn der einen nicht sehen will. Und dann, wenn man's endlich unter Vorwänden aller Art geschafft hat, ihn auch noch davon zu überzeugen versuchen, dass alles nur ein Kurzschluss war, für den er fast rein gar nichts kann. »Ach Bussi, ich erinnere mich an Sie, natürlich, ja. Eine dumme Sache, wirklich dumm. … Die Marita? Hat Ihre Version bestritten. Sie können noch froh sein, dass sie Ihnen nicht mit Belästigung kommt. Dann wären Sie nämlich längst gefeuert. Ha! Aber Spaß beiseite, wir waren ja schließlich alle einmal jung, nicht wahr. … Nein, das wird Ihrer Laufbahn natürlich nicht abträglich sein. … Aber nein, in keinster Weise! Wir sind doch Profis. Männer halten zusammen, nicht wahr? Und vielen Dank für die Bonbonniere, schau schau, echte Edel-Pralinés, das wäre doch nicht nötig gewesen. So, jetzt muss ich aber zum nächsten Termin. Sie finden alleine raus? Fein. Und alles Gute für Sie, Herr Bussi!«

Wie hat er nur jemals glauben können, die Sache sei mit seinem überfallartigen Besuch im Innenministerium erledigt gewesen? Drei Monate später sind die Qualtingers wieder ein Herz und eine Seele, während er durch den Hinterkitzlinger Regen stapft und eine erste Idee davon bekommt, wie kalt ihm der Qualtinger seine Rache servieren wird.

Als der Arno an der Kirche vorbeikommt, läutet die kleine Glocke schon wieder. Was ihn an den Unterbergerkopf in der Tiefkühltruhe erinnert. Und an diese Kreuzveitl, die sich im Pfarrhaus beim *Heiligen Bimbam* befinden soll, wie die Schnitzelwirtin gemeint hat. Er bleibt stehen und überlegt. Soll er nicht doch schnell hin? Wer weiß, ob es in seiner Bruchbude überhaupt Warmwasser gibt. Er hat keine Lust, mit einer Rohrzange im Keller herumzuwerkeln, so kalt, wie ihm eh schon ist. Außerdem hat er ja gerade geduscht quasi, und Pfarrhäuser sind bekanntermaßen ein Ort der Nächstenliebe, wo man ihm nicht nur ein offenes Ohr, sondern wohl auch ein trockenes Handtuch leihen kann.

Und so beschließt er, ein bissl auch dem Qualtinger und seinem Schicksal zum Trotz, doch schnell noch hinzugehen.

7

Das Pfarrhaus ist ein Gebäude wie die meisten anderen im Ort. Zweistöckiger Massivbau, dunkles Holz oben herum, Balkon. Nur die geschwungene Aufschrift über dem Eingang deutet darauf hin, dass der Bewohner noch ein Stückerl näher am Himmel gebaut ist als der Rest von Hinterkitzlingen: *Gelobt sei Jesus Christus.*

In Ewigkeit, Amen! Der Arno kann sich gar nicht dagegen wehren, dass ihm die Antwort reflexartig in den Kopf schießt. Jaja, zehn Jahre Ministrant und Pfarrjugend gehen halt nicht spurlos an einem vorbei.

Er drückt die Klingel. Sekunden später sieht er durch den Glasteil der Tür, wie jemand auf ihn zukommt und öffnet.

»Grüß Gott. Oh, die Polizei!«, säuselt ein untersetzter, glatzköpfiger Mann um die fünfzig, auf den die Bezeichnung *Heiliger Bimbam* wie die Faust aufs Auge passt. Er trägt eine helle, weite Priestersoutane. Zusammen mit seinem verschmitzten Breitmaulfrosch-Lächeln könnte man ihn genauso gut *Little Buddha* nennen. »Komm herein, mein lieber Freund! Wie heißt du? ... Oh, ich sehe, der Regen hat dir zugesetzt, mein Sohn. Du sollst trockene Tücher bekommen. Willst du dich auch neu gewanden?«, fragt er so gestelzt, wie es nur Geistliche zusammenbringen.

Der Arno hat schon Angst, dass er gleich noch die Füße gewaschen bekommt, und sagt eilig: »Nein, nein, danke! Äh ... Bussi!«

»Bussiiie?«, singt der Heilige Bimbam mit leuchtenden Augen.

»Mein Name. Sie haben gefragt, wie ich heiße. Gruppeninspektor Bussi, Sonderermittler des Bundeskriminalamts.«

»Ach sooo. Ich bin der Pfarrer Ääämil. Emil Briiidam.«

Womit dem Arno natürlich gleich ein Licht aufgeht. Bridam, Bimbam, Bingo. So heilig, wie der Mensch tut, liegt sein Spitzname quasi schon auf dem Elfmeterpunkt.

»Aber was krümmt dich so, mein Sohn? Ist es die Gram des Todes?«

Eher die Pein der Auferstehung, denkt er an die Szenen auf der Straße zurück und sagt: »Nichts. Ich bin hingefallen. Aber nicht so schlimm. ... Herr Bim... äh, Bridam, ich habe gehört, dass sich eine Frau Kreuzveitl bei Ihnen aufhalten soll?«

»Aber jaaa, die Helgaaa, natürlich!«, singt der Pfarrer wieder, und der Arno fragt sich, ob der Heilige Bimbam überhaupt normal reden kann. »Aber zuvor lass mich dich trocknen, mein Sohn.«

»Äääh ...« Bevor ihm ein angemessener Protest einfällt, entschwindet der Geistliche, kommt eine halbe Minute später mit einem Badetuch zurück, faltet es auseinander und reicht es ihm mit den Worten: »So trockne dich selbst, mein Sohn.«

Während er innerlich aufatmet, seine Matschschuhe abstreift und dann von oben nach unten und kreuz und quer an sich herumrubbelt, behält ihn der Grinsepfarrer genau im Auge. Etwas zu genau für seinen Geschmack. Als der

Hausherr erkennen muss, dass alles Reiben nichts bringt, entschwindet er wieder, kehrt mit weiteren Tüchern zurück, legt damit einen langen Teppich aus und fordert den Arno auf, ihm entgegenzukommen. Einen klitzekleinen Moment lang fühlt sich der wie Jesus, als er über das Wasser wandelt. Hinkt, besser gesagt.

»Komm, mein Sohn, herein mit dir, die Helga ist schon da!«

Gespannt, was ihn wohl erwartet, linst er gleich ums Eck in die Zirbenstube.

Zwei Damen sitzen am Tisch. Eine hübsche und eine weniger hübsche, eigentlich überhaupt nicht hübsche. Beide wirken verstört. Die Unhübsche hat einen Rosenkranz und wiegt mit dem Oberkörper vor und zurück, wie man es von trauernden Frauen aus dem Nahen Osten kennt. Das Gesicht ist so runzlig, dass es fast schon wie eine Maske wirkt. Nach allem, was er weiß, geht er davon aus, dass es sich bei ihr um Helga Kreuzveitl handelt. Die andere erinnert ihn sofort an Charlène von Monaco. Groß und athletisch, blonder Pagenschnitt, natürliche Anmut. Beide schauen ihn erwartungsvoll an.

»Frau Kreuzveitl?«, fragt er auf gut Glück, und die Richtige nickt. »Ich muss mit Ihnen reden. Können wir hier irgendwo unter vier Augen …?«

»Wenn es darum geht, was sie heute gefunden hat, möchte ich bitte mit dabei sein«, geht die andere dazwischen. Ihr schickes schwarzes Kostümoberteil, der tiefe Ausschnitt und die mondäne Art, sich zu schminken, passen genauso wenig nach Hinterkitzlingen wie die Schupfgruber Eva. An die fünfzig dürfte sie sein, schätzt er. Eine mit

Klasse. Und offensichtlich auch eine mit Neugier. »Wieso?«, fragt er.

»Ich bin Carola Unterberger.«

Der Arno erschrickt, versucht aber sofort, es zu verbergen.

»Mein Mann«, spricht sie leise weiter. »Mario Unterberger ist mein Mann.«

»Oh!«, stößt er aus und schaut zu Boden, weil er es nicht schafft, ihrem Blick standzuhalten. Situationen wie diese sind das Schlimmste am Polizeidienst. Wenn das Gegenüber noch Hoffnungen hegt und man sie ihm nehmen muss. Aber er kann der Frau doch jetzt unmöglich die Todesnachricht überbringen, wo noch nicht einmal eine kriminaltechnische Untersuchung stattgefunden hat.

»Sind Sie nicht der Polizist, der ...«

»Ja, ich äh ... bin aber erst seit gestern da und äh ... kann Ihnen dazu keine Auskunft geben«, stammelt er und könnte sich selbst in den Allerwertesten treten.

»Die Helga hat gesagt, dass sie bei der Resi einen eingefrorenen Kopf gefunden hat. Herr Polizist, sagen Sie mir, ist es mein Mann?« Carola Unterbergers Augen werden ganz groß.

»Das ... das kann ich jetzt noch nicht sagen.«

Die Antwort genügt ihr schon. Ihr Kopf sinkt auf die Brust. Dann beginnt sie zu schluchzen.

Die Kreuzveitl wippt jetzt noch schneller vor und zurück und murmelt etwas vor sich hin, vermutlich ein Gebet, aber in einem Tempo, dass ein Rapper nur so staunen würd.

»Es kann doch nur mein Mario sein! Sonst ist ja niemand verschwunden!«, presst die Witwe heraus.

Der Pfarrer tritt an den Tisch, rutscht neben sie auf die Bank und legt ihr den Arm um die Schultern. »Ruhig, mein

Kind, ruhig.« Der Arno sieht ganz genau, dass er ihr in den Ausschnitt spechtelt.

»Frau Kreuzveitl, kommen Sie jetzt bitte?«, sagt er, aber nichts passiert.

»Frau Kreuzveitl!«

Erschrocken hebt sie den Kopf. »Ja?«

»Kommen Sie bitte mit, ich muss mit Ihnen reden.«

Sie nickt und steht langsam auf.

Was sie anhat, erinnert ihn an die Altkleidersammlung. Ein schlecht kombiniertes Kostüm aus dunkler Walkware, beige Rüschenbluse, Stützstrümpfe und schwere Schuhe. Zusammen mit ihren Haaren hat sie etwas von der jungen Angela Merkel, allerdings nach einem Besuch beim Vampir, so blass ist sie. Topffrisur und Tonnenkleidung, der Rosenkranz in die knochigen Finger eingespannt wie in einen Schraubstock. Sie hält die Hände auch im Stehen noch vor den Bauch, ihre Fingerknöchel sind schon ganz weiß vor lauter Frömmigkeit.

Der Arno geht in den Nebenraum. Computer, Drucker, Aktenordner – ganz klar das Pfarrbüro. Er winkt sie herein und schließt die Tür.

»Frau Kreuzveitl, Sie haben ihn entdeckt?«

Nichts.

»Den Kopf?«

Ihre Lippen bewegen sich rasend schnell. *Sie betet,* denkt er wieder, hört aber nichts.

Ja, diese Typen gibt's bestimmt in jeder Pfarre. Das Vaterunser in zehn Sekunden, das Ave-Maria in sieben, da gehen sich locker zwanzig Rosenkränze pro Tag aus. Aber was soll das eigentlich bringen? So eine Schnellbeterei kann ja gar nicht ernst gemeint sein, wenn nicht einmal der liebe

Gott persönlich eine Chance hat, mit dem Hören hinterherzukommen.

»Frau *Kreuzveitl*?«

Endlich geht sie auf Empfang. »Ja?«

»Sie haben ihn gefunden. Beim Putzen.«

Sie schaut zu Boden, bewegt den Kopf langsam hin und her, als wolle sie's nicht wahrhaben. »Der Teufel geht um«, sagt sie mit einer Grabesstimme, die ihn frösteln lässt.

Genau in dem Augenblick kracht es hinter ihm. Er spürt, wie der Boden zittert, und reißt den Kopf herum. Da liegt etwas. Ein großes Holzkreuz ist von der Wand gefallen. Der Sturz hat es samt Jesus in zwei Teile zerrissen.

»Sehen Sie? Das Böse ist da«, presst die Frau heraus, genau wie *Gollum* im *Herr der Ringe*. Und wie er drauf kommt, meint er fast, der Gollum und die Kreuzveitl schauen sich auch ziemlich ähnlich.

Jetzt ist der Arno ja keiner, der an Übersinnliches und anderen Blödsinn glaubt, und schon gar nicht an den Teufel, aber gerade in diesem Moment kriecht ihm der Grusel durch den ganzen Körper. Dass die Kleidung kalt an seiner Haut pappt, macht's noch schlimmer. Wie schockgefroren steht er da, starrt auf die Trümmer, dann zur Kreuzveitl, wieder zum Kreuz, zurück zur Veitl. Draußen stürmt's, der Regen peitscht ans Fenster, ein dünner Ast aus dem Obstgarten klopft gegen das Glas. Die Haushälterin ist jetzt noch blasser als zuvor. Sie hat die Hände hoch vor die Brust gehoben, als rechne sie jeden Moment mit der Ankunft des Leibhaftigen.

Zusammenreißen, Arno!, befiehlt er sich. Wie schon gesagt, er glaubt nicht an irgendwelchen Hokuspokus. Er macht Licht, bückt sich runter, weil er die Trümmer aufheben will, und bleibt gleich unten, weil: Schmerzen, Schmerzen, Schmerzen! Schon wieder muss er die Zähne zusammenbeißen, um nicht auf der Stelle loszuschreien. Er atmet flach, einmal, zweimal, dreimal, und langsam wird's besser. Vielleicht hat er sich draußen auf der Straße etwas angeknackst oder gar eine Rippe gebrochen. Aber sein Befinden muss warten. Erst einmal kommt der Holzjesus vor ihm dran. Immer noch auf Tauchstation, dreht er das größere Bruchstück um und sieht auf den ersten Blick, dass der Haken ausgerissen ist, der nur mit einem winzigen Nägelchen befestigt war. Ein Wunder, dass der Heiland nicht schon viel früher fliegen gegangen ist.

Der Bruch geht schräg durch den gesamten Kreuzbalken. *Wie angespitzt,* denkt er. Langsam, Wirbel für Wirbel und Rippe für Rippe, richtet er sich wieder auf, dreht sich um und zeigt auf den Boden hinter sich. »Sehen Sie, Frau Kreuzveitl? Das war nicht richtig montiert. Das musste so kommen.«

»Jaaa, das musste es!«, schimpft sie und hängt noch dran: »Wir sind alle verloren!«

»Jetzt beruhigen Sie sich. Es gibt für alles eine natürliche Erklärung. Genau wie für den Toten, den Sie gefunden haben. Ich muss aber wissen, wie genau sich das abgespielt hat. Also erzählen'S mir jetzt endlich, was da in der Früh gewesen …«

Schritte. Dann die Tür.

Mit einem gesungenen »Was ist denn hier passiert?« platzt der Heilige Bimbam herein und schielt auf den Boden. »Oooh, das Kreuz, das Kreuz ist kaputt!«

Der Arno macht ein entschuldigendes Gesicht, fast so,

als würde ausgerechnet *er* etwas dafürkönnen. Der Pfarrer bückt sich so schwungvoll wie gelenkig – erstaunlich gelenkig –, hebt die Trümmer auf und nimmt sie mit in die Stube. »Das Kreuz ist kaputt!«, klagt er noch einmal mit theatralischem Vibrato.

Einmal will's der Arno noch versuchen. »Frau Kreuzveitl, wie haben Sie denn jetzt den Kopf gefunden?«

»Ich ... ich wollte die Truhe abtauen«, murmelt sie so leise, dass er's kaum hören kann.

»Sie putzen bei den Schupfgrubers.«

»Eigentlich bin ich hier die Haushälterin. Aber die Resi hat mich gefragt, ob ich eine Zeit lang aushelfen kann, in der Früh, bevor der Betrieb losgeht.«

»Sie haben einen Schlüssel zum Schnitzelparadies?«

»Ja, ich fang ja schon um fünf an. Schauen Sie!« Die Kreuzveitl greift sich von oben in die Rüschenbluse und zieht etwas heraus. »Da ist er!«

Ein einzelner Schlüssel. An einem roten Band.

»Wollen Sie ihn haben?«

»Nein, nein!«, antwortet er so schnell wie laut und weicht einen Schritt zurück.

Die Kreuzveitl wendet sich ab, steckt den Schlüssel in die ewige Verdammnis zurück und spricht zum Fenster: »Ich bin heute dort gewesen, wie jeden Morgen. Die Resi hat mir aufgeschrieben, dass die Tiefkühltruhen enteist gehören. Ich wollt jeden Tag eine machen, und angefangen habe ich mit der in der Mitte. Ausgerechnet! Ich hab das Fleisch rausgelegt. Und unten war dann dieser Sack ...«

»Haben Sie sofort erkannt, was drin ist?«

»Nein. Erst, als ich damit in die Küche gegangen bin, weil

ich einen Kübel gesucht hab, in den ich ihn geben kann. Ich hab mir gedacht, es ist vielleicht ein Saukopf oder ... ja. Aber dann im Licht, im Licht hab ich ...«

»Ja?«

»Da habe ich es gesehen.«

»Um wen es sich handelt?«

Sie schüttelt den Kopf.

»Sie haben nicht erkannt, wer es ist?«

»Nur der Teufel kann so etwas anrichten«, sagt sie, als hätte sie die Frage falsch verstanden.

»Frau Kreuzveitl, jetzt lassen'S mir einmal den Teufel aus dem Spiel. Glauben Sie wirklich, der würde jemandem den Kopf abschneiden und den dann fein säuberlich in einem Plastiksack verpackt einfrieren ... in einem Schnitzellokal?«

»Wenn es seinen Plänen dient? Auch *seine* Wege sind unergründlich. Er hat Helfer, wissen Sie? Und die Helfer sind unter uns. Wir sind alle verloren.«

»Helfer?«

»Sie sind unter uns«, krächzt sie.

»Wer zum Beispiel?«

Wieder schüttelt sie den Kopf, jetzt abnormal schnell.

»Kennen Sie jemanden, der dazu in der Lage wär?«

»Das Böse versteckt sich gut, Herr Polizist!« Ihre Hände gehen wieder himmelwärts.

»Frau Kreuzveitl, jetzt bleiben'S einmal bei mir da herunten. Hallo? Frau Kreuzveitl, wer könnte dem Mario Unterberger etwas anhaben ...«

Sinnlos.

Nur einen Moment, nachdem er die Frage abgebrochen hat, vibriert sein Handy. Er zieht es heraus und erkennt die

Rufnummer des Landeskriminalamts. Endlich der Rückruf! Er drückt auf *Annehmen* und geht ins Eck.

»Arno Bussi, Hinterkitzlingen«, meldet er sich förmlich.

»Streng, LKA. Sie wollten einen Rückruf von der Spurensicherung?«, sagt eine Frau und klingt dabei ordentlich angefressen.

»Ja, genau. Hier bei uns ist eine Leiche aufgetaucht.«

»Und was hat sie gesagt?«

»Wie bitte? Wer?«

»Na, wenn sie bei Ihnen *aufgetaucht* ist. Die Leiche. Was hat sie gesagt? Was hat sie gemacht? Oder meinen Sie nicht eher, dass Sie eine Leiche *aufgefunden* haben?«

Diese Streng hat gerade einen neuen Weltrekord aufgestellt, wenn es darum geht, sich beim Arno unbeliebt zu machen.

»Ich habe eine Leiche *aufgefunden*«, antwortet er zerknirscht.

»Und wie kann Ihnen unsere Spurensicherung jetzt weiterhelfen?«

»Na ja, indem sie kommt, vielleicht? Ich bin alleine im Ort, Sonderermittlung.«

Streng gluckst ins Telefon. »Und da sollen wir Ihnen das Händchen halten?«

»Nein, aber ermitteln, zum Kuckuck! Ich brauche hier Unterstützung, und zwar so schnell wie's geht.«

»Ha! Also wenn Sie wüssten, wie oft wir das hören. Zehnmal am Tag will uns irgendein Frischling vom Land erzählen, bei ihm sei ein Mord passiert, und wissen'S was? Zu neunzig Prozent handelt es sich um natürliche Todesursachen. Also, was macht Sie so sicher, dass es sich ausgerechnet bei Ihnen um ein Gewaltverbrechen handelt und wir Ihnen deshalb unsere kostbaren Ressourcen zur Verfügung stellen sollen?«

Für einen Moment bleibt dem Arno die Luft weg. Jetzt muss man wissen, dass er es überhaupt nicht leiden kann, wenn man ihn behandelt wie einen Schulbub. Und *Frischling* ist er mit seinen achtundzwanzig Jahren auch nicht mehr wirklich.

»Nun? Ich höre, Bussi?«

Da platzt ihm der Kragen. »Was mich so sicher macht? … Ja möglicherweise, dass ich nur den Kopf gefunden hab, abgetrennt, in einem Plastiksack in der Tiefkühltruhe eines Restaurants, und es sich …«, er hält schützend die Hand vor Mund und Telefon und spricht leiser weiter, »… dass es sich dabei höchstwahrscheinlich um den Kopf von Mario Unterberger handelt, Bürgermeister von Vorderkitzlingen. Abgängigkeitssache AP17/91… irgendwas. Sie haben davon gehört, nehm ich an?«

Am anderen Ende der Leitung bleibt's still, was er nützt, um in voller Lautstärke nachzulegen: »Also ersparen'S mir Ihre neunmalklugen Belehrungen und schicken'S mir die Kavallerie, Frau Streng. Oder soll ich doch allein losziehen? Ich *Frischling vom Land?* Wer weiß, vielleicht lauf ich ja gleich mit dem Kopf unter dem Arm durch den Ort, klingel überall und frag, wer ihn kennt? Spätestens morgen wird Ihr Chef sich vor die Kameras stellen und den eigenen Schädel hinhalten dürfen. Oder Ihren? Also? Ich höre, Frau Streng?«

»Ich … Wir … Ich …«

»Ja? Sie? *Sie?*«

»Hinterkitzlingen, sagen Sie?«

»Jawohl. Hinterkitzlingen, das liegt hinter Vorderkitzlingen, am Fuß des Großen Kitzlings, im Kitzlingtal. Googeln'S einfach, wenn Sie sich nicht auskennen.«

Hat er jetzt übertrieben? Ganz sicher. Aber was sollen sie groß machen? Den Qualtinger anrufen, damit der ihn abzieht? Wär ihm nur recht.

»Ich höre?«

»Ja, einen Moment, Herr Kollege.«

Da schau her!, denkt er.

»Hinterkitzlingen, au, au. Das wird aber dauern. Eineinhalb Stunden laut Routenplaner. Sie sind alleine, sagen Sie?«

So alleine wie der Marsrover, fällt ihm spontan ein, aber er antwortet nur: »Jawohl.«

»Dann werde ich sofort in die Wege leiten, dass Ihnen die Kollegen aus Imst zur Hilfe kommen, bis wir bei Ihnen eintreffen, Herr Kollege. Haben Sie dafür gesorgt, den Tatort zu sichern?«

»Sie meinen den *Fundort?*«, fragt er und freut sich wie ein kleiner Schulbub.

»Den *Fundort*«, wiederholt sie zerknirscht.

»Selbstverständlich.«

»Gut. Ich melde mich bei Ihnen, sobald ich mehr weiß.«

»Machen'S bloß schnell«, verlangt er und legt auf. Dann dreht er sich um und sieht, dass die Kreuzveitl immer noch wie eine Salzsäule im Raum steht, ihn jetzt aber direkt anstarrt.

»Kann ich gehen?«, fragt sie ihn.

»Ja, natürlich. Aber halten'S sich zur Verfügung, Frau Kreuzveitl.«

Sie nickt und verlässt den Raum. Besser gesagt, sie schwebt fast, denn ihr Körper bewegt sich bei ihren Schritten kaum auf oder ab, sondern hauptsächlich vorwärts, als stünde sie auf Rollschuhen. Sie gleitet hinaus auf den Gang, aus dem Pfarrhaus und dann draußen am Fenster vorbei, langsam, ohne irgendwelchen Regenschutz, bevor sie hinter einer Mauer verschwindet.

Der Arno schüttelt sich wieder. Er wird sich noch den Tod holen, wenn er nicht bald unter die Dusche kommt. Aber davor will er noch mit dem Singsangpfarrer und der Witwe sprechen, die nach wie vor am Stubentisch sitzen.

Der Geistliche tröstet gerade mit roten Wangen die völlig aufgelöste Unterbergerin und gafft ihr dabei weiterhin genüsslich in den Ausschnitt.

»Darf ich?«

»Kommen Sie herein«, säuselt er und zeigt auf einen Stuhl.

Der Arno setzt sich hin. »Frau Unterberger, ich weiß, das ist jetzt schwer für Sie. Aber ich muss Ihnen ein paar Fragen stellen. Glauben Sie, das geht?«

Zwischen all ihrer Schluchzerei nickt sie kurz.

»Gut. ... Wie haben Sie davon erfahren?«

Sie schaut auf und starrt ihn mit verweinten Augen an. »Was meinen Sie?«

»Die Frau Kreuzveitl hat den Toten nicht erkannt. Warum sind Sie überhaupt hier?«

»Ach so.« Sie schnieft, wischt sich die Wangen, dann schaut sie den Arno an und sagt: »Ich war gerade da, weil wir eine Messe für den Mario abhalten wollten ... damit er wieder auftaucht.« Mehrmals muss sie nach Luft schnappen, bevor sie weitermacht: »Hochwürden hat das angeboten und noch Einzelheiten über den Mario wissen wollen, also als Mensch, die er dann in der Messe erzählen kann.« Damit schaut sie zu Pfarrer Bridam, der salbungsvoll nickt und ihr ein Taschentuch reicht.

»Wer auf Gott vertraut, dem wird es an nichts mangeln!«, säuselt er.

»Amen«, antwortet die Witwe.

Der Arno verbietet sich den Blick zum Himmel und denkt stattdessen laut darüber nach, was sich weiter abgespielt hat. »Dann ist die Frau Kreuzveitl in Ihre Besprechung geplatzt.«

Die Witwe nickt nur, der Pfarrer antwortet: »Die Helga hat uns berichtet, sie habe einen Leichnam entdeckt.« Betroffen bekreuzigt er sich und faltet die Hände flach vor der Brust zusammen.

»Da haben Sie gleich die Totenglocke geläutet?«

»Der Hubert.«

»Der Hubert?«

»Unser Messhelfer, Hubert Reinalter. Den habe ich sogleich fernmündlich ersucht, dass er die Glocke läuten möge.«

»Ich habe sofort gewusst, dass es mein Mario ist«, presst die Unterbergerin heraus und schluchzt.

Das wissen wir noch nicht, liegt dem Arno auf der Zunge, aber weil es mehr als wahrscheinlich ist, kann er ihr jetzt auch keine sinnlosen Hoffnungen mehr machen. »Die Kollegen vom LKA werden bald mit der Spurensicherung kommen, dann wissen wir mehr.« Da merkt er, wie ihm die Zähne zu klappern beginnen. Lang darf er nicht mehr in den nassen Sachen bleiben, sonst holt er sich noch eine Lungenentzündung. »Ich geh dann jetzt zur Polizeistation. Kommen Sie zurecht?«

Die Witwe und der Heilige Bimbam nicken im Chor.

Und dann – quasi schon wieder Columbo-Moment, nur

verkehrt herum – singt der Pfarrer ihm in den Rücken: »Kommen Sie doch zu unserer Messe heute Abend, Herr Polizist. Neunzehn Uhr.«

Der Arno bleibt stehen und zieht die Augenbrauen hoch. Um ehrlich zu sein, hat er schon ewig keine Kirche mehr von innen gesehen. Wie's halt so ist, wenn der Gruppenzwang fehlt. Hier auf dem Land, da wird man jedes Mal gefragt, wo man denn gewesen sei, wenn man einmal geschwänzt hat. In der Stadt geht das niemanden etwas an.

Er dreht sich um und nickt. »Aber bitte erwähnen Sie keine Namen, solange der Tote nicht eindeutig identifiziert ist.«

Die Witwe stammelt: »Jeder wird ... doch denken ... dass es ... mein Mario ist.«

Da stimmt er ihr zu, kann aber auch nicht helfen. »Wenn sich irgendetwas tut, Frau Unterberger, dann melden Sie sich bitte bei mir.«

Er zieht eine feuchte Visitenkarte aus seiner Geldtasche und reicht sie ihr. Dann beeilt er sich, aus der Stube zu kommen, schlüpft in seine Matschschuhe und verlässt das Pfarrhaus. Gerade als die Tür hinter ihm zufällt, kommt er drauf, dass ein neuer Schirm schon praktisch gewesen wäre. Ohne die Wärme des Pfarrhauses ist der Regen fast unmenschlich eisig. Aber zurück will er auch nicht mehr.

Er stemmt sich gegen Wind und Wetter, ist im Nu wieder so nass wie vorhin. Die linke Seite seines Rumpfs zieht schmerzhaft. Aber egal. Im Polizeihaus wird er sich ausgiebig um sich selbst kümmern, und die Vorstellung einer heißen Dusche lässt ihn gleich schneller vorwärtskommen. Kurz wird es hell, ein paar Sekunden darauf verrät ein Donnerschlag das aufziehende Gewitter. Die Dorfstraße ist inzwischen ein knöchelhoher Bach, der Weg zur Wache erinnert fast schon an eine Canyoning-Tour.

Dann heult die Feuerwehrsirene los. Murenabgang oder vollgelaufene Keller, vermutet der Arno. Zwei Männer stürmen an ihm vorbei Richtung Gemeindehaus. Sie beachten ihn gar nicht.

Als er in seiner Bruchbude ankommt, inspiziert er das Badezimmer genauer und jubelt innerlich auf, als das Licht des Warmwasserboilers nach dem Einschalten aufleuchtet. Trotzdem muss er warten, bis er duschen kann. Eine Raumheizung gibt es nicht. Aber immerhin findet er einen Föhn, steckt ihn ein, wählt die höchste Stufe und bläst sich an.

Beim Ausleeren der Uniformtaschen sieht er auf seinem Handy, dass das LKA wieder angerufen und dann eine SMS geschickt hat.

Tal gesperrt, Felssturz. Kommen so bald möglich, sicher nicht vor morgen. Alles Gute, Heike Streng LKA ;-)

Das Zwinker-Smiley schaut aus, als würde es ihn verspotten wollen. Aber er kommt gar nicht dazu, sich zu ärgern. Ein Blitz, kurz ist das Licht weg, dann ein gewaltiger Donnerschlag, dessen Echo tausendfach zwischen den Felswänden hin- und hergeworfen wird. Gut zehn Sekunden lang dauert der Nachhall, dann folgt schon der nächste Blitz, der nächste Donner, wieder die Feuerwehrsirene.

Na bumm!, denkt er, schiebt die klatschnasse Unterhose runter und stellt sich unter den Wasserstrahl.

»Aaaaaaah!«

8

So manche Kälte kann einem auch der beste Boiler nicht wegduschen. Er hat's ja versucht, der Arno. Aber nicht nur das Wetter steckt ihm in den Knochen. Kalt ist ihm auch von der Grausamkeit dieses Verbrechens, von der Enge des Tals und der dunklen Vorahnung, was noch alles auf ihn zukommen wird.

Er föhnt den Spiegel, weil er das ganze Badezimmer mit seiner Duscherei in ein Dampfbad verwandelt hat. Als er sich wieder halbwegs sehen kann, mustert er seine linke Seite. Der halbe Rippenbogen ist geschwollen. Schon jetzt zeichnen sich die Anfänge eines gewaltigen blauen Flecks ab, der ihn die nächsten Tage garantiert noch quälen wird. Er tastet die Rippen ab, hier und da sticht's, aber er kann nicht sagen, ob etwas angeknackst oder gar gebrochen ist. Geprellt in jedem Fall. Immerhin kann er wieder halbwegs Luft holen, aufrecht stehen auch. Momentan jedenfalls. Erfahrungsgemäß werden solche Sachen zuerst ein, zwei Tage lang schlimmer, bevor es langsam wieder aufwärtsgeht.

Er kämmt seine Haare nach hinten und reibt sich das Kinn. Rasieren wäre fällig, aber den Apparat hat er in Wien vergessen. Bei seinem Reibeisen-Bartwuchs wird er demnächst alles andere als das Musterbeispiel eines österreichischen Polizisten abgeben.

Nach dem Föhnen zieht er sich etwas Trockenes an – Zivilkleidung dieses Mal – und geht in die Wache hinunter. Dort will er den alten PC starten, um weitere Einzelheiten über den Verstorbenen herauszufinden.

Jetzt ist die Computertechnologie in den letzten Jahrzehnten ja doch ein oder zwei Schritte vorangekommen. Als der Arno den alten Röhrenmonitor sieht, beschleicht ihn schon so ein komisches Gefühl. Er geht in die Knie, drückt den Schalter am Rechner und setzt sich hin. Unterm Tisch piepst's und klackert's, alles wie man es von PCs aus den späten Neunzigern kennt, die ja sogar noch Diskettenlaufwerke gehabt haben. *Könnt funktionieren,* denkt er, als ein uraltes Startsymbol auf dem Bildschirm erscheint.

Aber dann. Na, was dann?

Genau: Update.

Update 1 von 398 wird eingespielt ...

... und eingespielt ...

... Update 2 von 398 wird eingespielt ...

... und eingespielt ...

... und eingespielt ...

Kritischer Fehler. Bitte wählen Sie, ob Sie das System von einem Installationsmedium oder aus einem Backup wiederherstellen wollen ...

»Blechtrottel!«, schimpft der Arno und überlegt kurz, dem Gerät zu seinen Füßen die Sporen zu geben, lässt's dann aber bleiben. Altes Indianersprichwort: Wenn du entdeckst, dass du ein totes Pferd reitest, steig ab. Und dieser PC ist, jedenfalls soweit seine Erfahrung reicht, mausetot. Er kann jetzt auch kaum anfangen, irgendwelche Disketten oder CDs zu suchen, und den Computer neu aufsetzen. Andere Rechner gibt's nicht, und mit seinem Handy kommt er nicht ins Polizeisystem. Also muss er vorerst mit den Informationen aus der Akte auskommen, die er am Morgen hier liegen gelassen hat. Er seufzt, öffnet den Deckel und geht die Informationen durch.

Mario Unterberger war dreiundsechzig Jahre alt, mit einem Meter neunzig noch um drei Zentimeter größer als der Arno, Stoppelhaare, Stoppelbart, braune Augen. Das Foto lässt keinen Zweifel übrig: Der Kopf im Schnitzelparadies ist tatsächlich seiner.

Attraktiv ist er gewesen, der *Herr Starhotelier,* jedenfalls soweit der Arno als Mann das beurteilen kann. Kein Slim-Fit-Heini, sondern ein g'standenes Mannsbild. Trotzdem irgendwie sympathisch, wie er mit seinen Schlupflidern in die Kamera lächelt. Einer, den man zum Bürgermeister wählt. Einer, in dessen Haus man sich gut aufgehoben fühlt. Aber wohl keiner, den man zum Feind haben will.

Mario Unterberger war außerdem noch Aufsichtsratsboss der Kitzling Bank. Bürgermeister, Hotelier, oberster Bankenaufseher ... wie der Arno schon befürchtet hat: ein Mann mit gewaltigem Einfluss im Tal. Was auch der Grund dafür gewesen sein dürfte, eine Behörde wie das Bundeskriminalamt einzuschalten.

Und was jetzt?, fragt er sich selbst in Gedanken, als er sich im alten Bürodrehstuhl zurücklehnt. Der protestiert knarzend gegen die ungewohnte Belastung.

Da sieht der Arno die Autoschlüssel auf dem Tisch liegen. Die, die ihm der Imster Kollege gestern gegeben und dann so komisch herumgetan hat wegen des Wagens, den sie ihm da zur Verfügung gestellt haben.

»Dann schaumermal«, sagt er, nimmt die Schlüssel und geht hinaus – auch um die Vespa unters Dach zu bringen, die ja immer noch im Regen steht. Er läuft die paar Meter durch den Regen, bückt sich runter, dreht am Torgriff, zieht – und stöhnt auf, als seine Rippen wieder protestieren. Das Tor beeindruckt weder das eine noch das andere. Er zieht fester, noch fester, ruckelt … »Jetzt geh schon auf, du verdammtes …« – und als hätt's ihn fluchen gehört, springt es so plötzlich wie schwungvoll auf, dass es ihm fast noch einen Kinnhaken verpasst.

»Schschschei… benhonig«, flucht er, als er sich wieder fängt und den dunkelgrünen Lada Taiga mit großer *Bergwacht*-Aufschrift sieht, Blaulicht und Megafon obendrauf. »Das ist jetzt aber ein Witz, oder?«, fragt er, quasi rhetorisch, und starrt ungläubig auf den Zündschlüssel.

Nein, kein Witz.

Lada.

Zehn Minuten später ist die Vespa in der Garage und der Arno in einem Auto, das ihm das eine oder andere Rätsel aufgibt. Erst einmal ist das Zündschloss links. Komisch, aber mit ein bissl Umgewöhnung kein Problem. Schlimmer wird's jetzt: Der Starter leiert zwar durch, aber der Motor will und will nicht anspringen. Jaja, einfach hineinsetzen, starten und losfahren, das geht bei so hundsalten Dingern ja selten. *Bestimmt gibt's da einen bestimmten Trick*, denkt er und schaut sich näher um. Zwischen Fahrer- und Beifahrersitz ragen drei Hebel aus der Konsole, einer für Allrad, einer für die Untersetzung, einer zum Schalten der Gänge. Auf dem Armaturenbrett befinden sich einige Kippschalter für die wichtigsten Bordfunktionen, so verständlich wie nutzlos, wenn's ums Starten geht. *Ja, was haben wir denn da?*, fragt er sich, als er noch ein Hebelchen rechts der Lenksäule entdeckt, mit einem Symbol drauf, das er eigentlich nur von seinem allerersten Moped kennt.

»Ein ... *Choke?*«, staunt er und zieht ihn heraus. Und schau schau: Beim nächsten Versuch springt der Motor tatsächlich lautstark an.

»*Spasibo!*«, dankt er dem Erbauer, legt den ersten Gang ein und hopst aus der Garage, um eine kleine Testrunde zu drehen. Als er auf die kleine Bachbrücke zusteuert, muss er gleich wieder stehen bleiben, um den Hebel für die Scheibenwischer zu finden. Deren Gummis dürften auch schon bessere Zeiten erlebt haben, weil sie nichts anderes tun, als das Wasser so gleichmäßig auf der Windschutzscheibe zu verteilen wie der Pâtissier die Schokolade auf der Sachertorte. Von Wegwischen keine Spur.

Halb im Blindflug fährt er an die Einmündung in die Landesstraße heran und muss sich dann mit vollem Gewicht ins Lenkrad hängen, damit er die Kurve schafft. Ja, in Sibirien, wo ein Dreivierteljahr lang Schnee auf der Straße liegt, braucht bestimmt kein Mensch eine Servolenkung.

Der Lada pflügt mit unfassbarem Lenkradspiel über die Landesstraße. Fünf Zentimeter hin- und fünf hergelenkt passiert noch gar nichts. Fast kommt's dem Arno so vor, als würde er ein Boot auf dem Wasser steuern. Was ja auch nicht ganz abwegig ist, wenn man nach draußen schaut.

Er rollt beim Schnitzelparadies vorbei, um zu prüfen, ob

die Resi nicht heimlich wieder aufgesperrt hat. Aber dort ist nach wie vor alles dunkel. *Wohin jetzt?*, überlegt er. Wo diese Holländer stecken, tät ihn noch interessieren. Über den Kitzlingpass können sie bei dem Wetter kaum gekommen sein, zum Tal hinaus auch nicht. Möglicherweise haben sie sich in Mario Unterbergers Hotel einquartiert, weil's ja sonst nichts gibt, das genug Zimmer für sie hätte. Aber sie jetzt zu suchen, wäre auch verkehrt. Also zwingt er seinen bockigen Lada zur Wache zurück und ruft die Kollegen in Imst an.

»Schörghofer?«

»Ja, Arno Bussi, Hinterkitzlingen.«

»Äh ... ja?«

Der Arno erkennt die Stimme sofort wieder. »Sagen Sie, sind Sie nicht der, der mir gestern die Schlüssel und alles gegeben hat?«

»Äh ... ja schon, aber ich kann Ihnen da auch nicht weiterhelfen, wenn etwas nicht funktioniert«, übt sich der Kollege in vorauseilender Arbeitsverweigerung. »Das mit dem Auto war nicht meine Idee, ich hab nur das gemacht, was mir der Chef ...«

»Darum geht's nicht«, fährt der Arno dazwischen und hört, wie der andere erleichtert die Luft ausbläst.

»Was kann ich dann für Sie tun?«

»Ja ... Sie haben schon von der Leiche gehört, nehm ich an.«

Ja, hat er. Auch dass es vermutlich der Unterberger ist, hat sich schon zum Tal hinaus herumgesprochen.

»Sagen'S, gibt's nicht doch *irgendeine* Möglichkeit, wen zu mir hereinzuschicken? *Irgendwie?*«, kommt der Arno auf den eigentlichen Grund seines Anrufs.

»Pff«, macht der Kollege, »keine Chance. Wir haben's ja eh vorgehabt, aber da liegt meterhoch Geröll auf der Straße. Es rutscht immer wieder von oben nach. Viel zu gefährlich.«

»Und zu Fuß?«

»Erst recht zu Fuß.«

»Ich könnt euch ja schnell mit dem Lada abholen«, kommt dem Arno ein Scherzerl aus, auf das der andere nicht einmal eingeht. Dann faselt der noch etwas von wegen Begutachtung durch den Landesgeologen – fehlt nur mehr, dass sie erst Tunnel graben oder Brücken bauen müssen, bis Verstärkung kommen kann. Arnos Idee mit einem Hubschrauber ist auch gleich vom Tisch gewischt. Das habe man vorgeschlagen, sei aber nicht möglich, weil alles wolkenverhangen sei. *Null-Sicht,* habe die Flugleitstelle gemeint.

Womit feststeht: Der Arno bleibt weiterhin sich selbst überlassen.

9

Also manchmal ist so ein Kirchenbesuch ja eine ganz famose Idee, wenn man im Leben nicht mehr weiterweiß. Wenn schon nicht der Herrgott persönlich zu einem spricht wie zu Don Camillo, kann man vielleicht doch ein bissl abschalten, das feierliche Umfeld auf sich wirken lassen und dabei auf andere Gedanken kommen. Aber der Arno ist natürlich nicht deshalb hier.

Er kauert hinten auf der Empore der Hinterkitzlinger Pfarrkirche, dort, wo die modern wirkende Orgel steht und Platz genug für einen mittelgroßen Chor ist. Von oben hat er den besten Überblick, ohne selbst gesehen zu werden. Aus genau dem Grund ist er auch zu Fuß gekommen und hat zivile Kleidung an – je weniger Leute ihn sehen, desto besser.

Bis die Messe beginnt, hat er genug Zeit, sich umzuschauen. Die Kirche selbst ist ein Mischmasch aus unterschiedlichen Stilen. Blattgold trifft auf Grobmotorik. Die Deckengemälde sind keine große Kunst und vor allem eines: blutrünstig. Da rollen Köpfe, dort fließt Blut, Verzweiflung auf Erden und darüber die geballte Heiligkeit. Wie so oft ist es den Kirchenoberen vor allem darum gegangen, dem Landvolk Angst einzujagen. Damit es möglichst gottesfürchtig in die Kirche geht und alles glaubt, was man ihm erzählt. Jaja.

Schon eine halbe Stunde vor Beginn des Gottesdienstes sind die ersten Leute gekommen und haben Kerzen angezündet. Eine ältere Frau leiert seit einer Weile den Rosenkranz herunter. Helga Kreuzveitl sitzt neben ihr und macht ganz besonders fleißig mit. Eine Reihe dahinter die Unterbergerin, elegant in Schwarz gekleidet.

Schon jetzt ist klar, dass die Messe trotz des Schlechtwetters gut besucht sein wird. Es ist immer wieder die gleiche Abfolge: Die Tür geht auf, ein Regenschirm wird geschlossen, jemand ächzt, schnieft oder bläst die Atemluft aus, erleichtert, ins Trockene zu kommen, dann fällt die Tür wieder zu. Andächtige Schritte, das Knarzen der Holzbank, und wieder von vorne. Der Chor der Rosenkranzbeter wird langsam lauter, und über allem schwebt das Rauschen des Regens.

Manche der Ankommenden gehen zuerst ganz nach vorne, wo ein Foto von Mario Unterberger auf einem Podest neben dem Altar steht. Ein Kreuzzeichen später drehen sie sich um, nähern sich der Hinterbliebenen, strecken ihr die Hand entgegen oder nicken ihr wenigstens betroffen zu. Sie scheinen schon Bescheid zu wissen. Neuigkeiten sprechen sich in Tälern wie diesem eben schnell herum. Und diese Neuigkeit hat es in sich. Sehr wahrscheinlich sind auch Menschen aus Vorderkitzlingen gekommen, die ihren Bürgermeister betrauern wollen, aber der Arno kann die einen natürlich nicht von den anderen unterscheiden. Ein großer, dünner Mann mit schütteren Locken und Kleidung, die mehr an ihm hängt als dass er sie trägt – vermutlich dieser Messhelfer Hubert –, zündet die Kerzen auf dem Altar und an den Seiten an.

Da geht die Tür wieder auf. Der Arno hört das Klappern von Frauenschuhen, beugt sich nach vorne und entdeckt die

Eva mit ihrer Mutter, die sich bei ihr untergehängt hat. Sofort ist ihm ein Stück wärmer. Die Eva hat die Haare hochgesteckt und trägt einen schwarzen Mantel. Eine ebenso dunkle Strumpfhose umschmiegt ihre schlanken Fesseln. Die Resi an ihrer Seite beweist schon wieder, dass sie überhaupt kein Gespür für Mode hat – die geblümte weite Bluse, Marke Zelt mit Löchern, passt vielleicht auf Hawaii, aber nicht hierher. Wenigstens hat sie die Lockenwickler herausgenommen, wobei ihre Frisur jetzt auch nicht besser ausschaut. Irgendwie fehlt nur noch der schneeweiße Pudel im Arm, und ab geht's zum Hundewettbewerb. *Warum fragt sie nicht die Eva um Rat?*, wundert er sich und kann nur den Kopf schütteln.

Mutter und Tochter gehen zum Nebenaltar, wo die kleinen Kerzen brennen, werfen Münzen in den Opferstock und zünden drei Lichter an. Sie kommen aber nicht nach vorne zur Unterbergerin – sicher, weil die Resi mit ihrem Restalkohol froh sein kann, überhaupt schon wieder halbwegs stehen zu können. Sie setzen sich in eine der letzten Bänke, und dann ist's schon so weit: Die Stundenglocke läutet sieben Mal. Ein Glockenkranz über der Tür zur Sakristei klingelt schrill. Der Rosenkranz wird abgebrochen. Alle stehen auf.

Vorne kommen Ministranten herein, dahinter der Heilige Bimbam in weitem, edlem Messgewand. Ansatzlos beginnt er ein Lied zu trällern, das von der Pfarrgemeinde übernommen wird. Auch die Eva singt mit. Die Resi schweigt und dreht den Kopf immer wieder verstohlen zur Seite, aber wen sie da links von sich genau im Auge hat, kann der Arno nicht erkennen. In dem Bereich stehen eine Familie, ein stämmiger Mann mit Bürstenfrisur und Lodenmantel, daneben eine Frau im Dirndl, ein Rentnerpaar, eine weitere Familie mit jungem Kind und ein grauhaariges Mütterlein.

Wie üblich singt der Pfarrer auch die Stellen, die eigentlich gesprochen gehören. »Im Namen des Vaters und des Sohnes und des Heiligen Geistes.«

»Amen.«

»Der Herr sei mit euch.«

»Und mit deinem Geiste.«

»Liebe Pfarrgemeinde, wir haben uns heute hier versammelt, um für Mario Unterberger zu beten, unseren lieben Herbergsmann und Schäfer des Nachbarorts, der vor fünf Tagen verschwunden ist ... und um eines Verstorbenen zu gedenken, dessen Namen wir noch nicht kennen. Herr, schenke ihm die ewige Ruhe.«

»Das ewige Licht leuchte ihm.«

»Lasse ihn ruhen in Frieden.«

»Amen.«

»Herr, erbarme dich.«

»Herr, erbarme dich.«

»Christus, erbarme dich.«

»Christus, erbarme dich.«

»Herr, erbarme dich.«

»Herr, erbarme dich.«

»Ehre, Ehre sei Gott in der Höhe ...«

Alle singen mit. Draußen blitzt es, für den Bruchteil einer Sekunde wird alles hell. Dann geht der Gesang im Donner unter. Der Arno wundert sich, dass Gewitter – rein physikalisch betrachtet – überhaupt noch möglich sind, wo es doch den ganzen Tag schon regnet. Aber die Luftmassen seien extrem labil geschichtet, hat der Wetterbericht gemeint, und es könne noch die ganze Nacht und den morgigen Tag so weitergehen. Das Kirchenvolk scheint's gelassen zu nehmen. Wer in einem dermaßen engen Tal wohnt, ist vermutlich noch Schlimmeres gewöhnt.

»Lasset uns beten.«

Beten. Er überlegt, wie lang sein letzter Gottesdienstbesuch wohl her sein mag. Zwei, drei Jahre?

Dabei wüsst er's eigentlich ganz genau. Es war Florines Hochzeit. Ach, die Florine! Seine große, geheime Liebe. So geheim, dass nicht einmal sie selbst etwas davon mitbekommen hat. Der Arno kennt sie seit seiner Kindheit. Zum ersten Mal gesehen hat er sie im gemeinsamen Kindersegelkurs auf dem Achensee und gleich gemerkt, dass da etwas an ihr ist, das ihn immer wieder zu ihr hinschauen macht. Dann, am Paulinum in Schwaz, haben sie sich wiedergesehen und vier Jahre lang dieselbe Schulbank gedrückt. Mein Gott, was war der Arno in die Florine verliebt, und ist's eigentlich immer noch ein bissl, wenn er ehrlich ist. Aber er hat sich nie getraut, ihr seine wahren Gefühle zu gestehen. Nach der Matura hat sie angefangen, im Hotel der Eltern zu arbeiten, und er die Polizeilaufbahn eingeschlagen. Dass er sich nach dem Ende der Grundausbildung für die Polizeiwache am Achensee entschieden hat, hat offen gesagt viel mit ihr zu tun gehabt. Dort haben sie sich immer wieder getroffen. Ganz unverbindlich, mit einem Sack gemeinsamer Erinnerungen im Gepäck.

Irgendwann ist ihm dann aber klar geworden: Es geht nicht mehr ohne die Florine, und immer nur reden ist auch nichts. »Na, da wirst schon was dazutun müssen, Bub«, hat ihm seine Mama geraten, mit der der Arno über so gut wie alles reden kann. Aber gerade, als er wild entschlossen auf Florines Herz hat zustürmen wollen – quasi schon die roten Rosen in der Hand –, ist etwas dazwischengekommen. Und dieses Etwas war der Bernd.

Bernd Stiebler, Finanzberater aus dem Nachbarort. Ein selten talentbefreiter Mensch, wenn's um Geldfragen geht. Meistens sind's ja genau die selbst ernannten Experten, die keine Ahnung von Tuten und Blasen haben und einem ihr Unwissen dann noch teuer verkaufen wollen. Und genau so einen hat sich die Florine zum Heiraten ausgesucht. Schlimmer noch: den Arno als ihren vermeintlich besten Freund gebeten, den Trauzeugen zu machen. Mehr hat er dann nicht mehr gebraucht. Ein Jahr nach der hochromantischen Hochzeit ist er nach Wien gezogen. Nicht nur wegen ihr. Aber ganz sicher auch.

Ein Donnerschlag bringt ihn in die Hinterkitzlinger Kirche zurück, wo Pfarrer Bridam singt und betet und singt und …

»Amen«, sagt das Volk. Ein Mann – der mit dem Lodenmantel und der Bürstenfrisur – zwängt sich an den Nachbarn vorbei aus der Sitzbank und geht nach vorne. Dann liest er eine von den Bibelstellen vor, die dem Arno schon als Kind so komisch vorgekommen sind.

»Du, mein Knecht Israel …«

Er ärgert sich. *Was soll das heißen? Knecht Israel? Soll der jetzt der Unterbergerin helfen?*, schimpft er in sich hinein. Alles in dieser Kirche kommt ihm altertümlich, verschroben und verkehrt vor. Nicht, dass er nichts glauben würde. Der Arno glaubt schon an eine höhere Macht, die alles lenkt. Vor allem aber glaubt er daran, dass man ein guter Mensch sein und andere so behandeln soll, wie man selbst behandelt werden will. Dafür braucht er keinen Pfarrer und auch keine Bibel, das sagt ihm der Hausverstand. Was bringt schon alles Beten und Beichten, wenn man als derselbe böse Mensch die Kirche verlässt, als der man hereingekommen ist?

Ein weiterer Blitz, ein weiterer Donner, jetzt noch näher als zuvor. Die Eva dreht ihren Kopf zur einen und dann zur anderen Seite, schaut sich um, ohne ein bestimmtes Ziel – viel vornehmer als ihre Mutter, die ganz ungeniert zum Mann mit der Bürstenfrisur hinüberstiert.

Nach der Predigt und dem Glaubensbekenntnis kommen die Fürbitten. Drei Kinder lesen von kleinen Zetteln ab, einmal mehr, einmal weniger verständlich, aber allemal besser, als dem Pfarrer zuhören zu müssen.

Einer der Ministranten hilft bei der Gabenbereitung, dann wird es ernst und alle knien sich hin.

»Denn am Abend, an dem er ausgeliefert wurde …«

Alles hell!

Alles laut!

Der Arno braucht ein paar Momente, um zu begreifen. Da war gerade ein Blitz, ohne jede Vorwarnung, und im selben Moment ohrenbetäubender Krach. Er ahnt, dass es den Kirchturm oder etwas in unmittelbarer Umgebung erwischt hat. Alles scheppert, klingelt und klirrt.

Dann sieht er, wie Glas aus einem großen Seitenfenster herunterregnet und auf dem Steinboden der Kirche zerspringt, zwischen Altar und Kirchenvolk. Menschen schreien und fliehen aus den Bänken. Dort, wo eben noch das Fenster war, ragt jetzt ein gewaltiger Ast in die Kirche hinein, federt nach und schüttelt seine Blätter – begleitet vom Sturm, der ungehindert den Regen hereinpeitscht.

»Sehet!«, schreit die Kreuzveitl Helga in einer Lautstärke, die er ihr niemals zugetraut hätte. »*Er* ist es! Der *Leibhaftige* ist unter uns!« Sie zielt mit ihrem knochigen Zeigefinger zum Altar, genauer gesagt zum Heiligen Bimbam, noch genauer gesagt auf dessen Brust, wo man jetzt einen Schatten sieht. Ohne große Fantasie kann man ein auf den Kopf gestelltes Kreuz auf dem hellen Priestergewand erkennen. Ein aufgeregt zitternder Schatten, woher auch immer der kommt.

»Sehet das Zeichen! *Er* ist der Satan, der dem Unterberger den Kopf abgeschnitten hat!«, brüllt die Helga wie von Sinnen und wirkt, als wolle sie gleich mit bloßen Fäusten auf Hochwürden losgehen. Neuer Sturm peitscht herein, irgendwo klirrt es wieder.

Die Welt scheint völlig aus den Fugen zu geraten. Wenn sich jetzt der Marmorboden auftäte und rot glühende Lava heraufleuchtete, es könnte den Arno nicht mehr wundern. Ein Mann läuft nach vorne und holt aus, als wolle er der Kreuzveitl eine Ohrfeige verpassen, ein anderer wirft sich dazwischen. Darauf folgt ein völlig unchristliches Handgemenge. Eine Brille fliegt, jemand hält sich das Gesicht, der Heilige Bimbam vibriert im Falsett. Eine Frau holt mit dem Gesangsbuch aus, ein Mann steigt auf die Bank und schaut fast aus, als wolle er sich gleich wie ein Ringkämpfer auf die …

Höchste Zeit, etwas zu tun, denkt der Arno. Aber was? Und womit? Brüllen würde nichts bringen, das tun ja schon die anderen. Womit könnte er noch ordentlich Krach machen? Da sieht er die Orgel. Er macht zwei Schritte auf das Instrument zu, drückt den Schalter und hört, wie es zum Leben erwacht. Er setzt sich auf die Bank, zieht alle Register heraus und presst beide Unterarme auf die Tastenreihen. Er rechnet damit, dass es laut wird, aber nicht *so* laut! Die Orgel brüllt los wie die Trompeten des Jüngsten Gerichts, eine Gewalt, dass die ganze Empore vibriert. Er hält die Tasten unten, wartet – und meint plötzlich, einen Schatten zu sehen. Er schaut zur Wendeltreppe zurück, aber da ist niemand. Mit dem Gehabe eines Starpianisten rückt er von den Tasten ab. Es hallt und vibriert noch ein paar Sekunden nach. Dann ist alles still. Kein Kreuzveitl-Gekeife mehr, keine Schreie, kein Gemurmel, nichts Menschliches, nur der Regen auf dem Dach, der Wind und das Rauschen der Blätter am hereinragenden Ast.

Der Arno schleicht geduckt zum Geländer und linst durch die Stuck-Schnörkeleien der Balustrade nach unten. Die Leute starren fassungslos zur Orgel herauf.

Zeit für die Predigt, denkt er und erhebt sich.

»Ihr seid's ja wohl völlig übergeschnappt!«, tadelt er die Meute, und mit diesem ersten Satz kommt der Drang, noch viel mehr loszuwerden. »Damit's mich gleich alle kennenlernt's: Ich bin der Polizist, der seit gestern da ist. Sagt's, in welchem Jahrhundert bin ich denn eigentlich gelandet? Gibt's gleich noch eine Hexenverbrennung, oder was? Himmel Herrgott Sakrament!«

Es blitzt, es donnert, ein paar Sekunden lang muss er warten, bis er weitermachen kann.

»Also wenn's Ihr nicht sofort Vernunft annehmt's alle zusammen, wird ... dann werde ich ...«

Ja, was wird er? Was kann er schon tun? Da hat er sich jetzt aber in eine schöne Sackgasse hineingeredet.

Rechts bewegt sich etwas, er wirft den Kopf herum und

sieht die Schupfgruber Eva auf dem obersten Brett der Wendeltreppe stehen.

»Dann werde ich …«

Sie schaut erwartungsvoll zu ihm herüber. Mit einem Ruck richtet sie sich kerzengerade auf, salutiert theatralisch und marschiert im Stehen.

Er kapiert, nickt ihr zu und schaut dann wieder hinunter. »Dann werde ich nicht den Herrn Innenminister, sondern gleich den Kovalcik anrufen, und dann werdet's ihr nur so schauen, wie das österreichische Bundesheer im Kitzlingtal einmarschiert und für Ordnung sorgt! Da werdet's ihr noch heilfroh um die Ausgangssperre sein, so ist das nämlich dann! Also. Geht's heim und regt's euch ab, weil dann können wir den Abend vergessen. Wenn's mich fragt's, wär das von vornherein das Gescheitere gewesen. Los, alle raus jetzt, aber dalli!«

Blitz, dann nichts, dann Donner – das Gewitter entfernt sich. Der Arno tritt vom Geländer zurück und dreht sich zur Eva, die ihn schon wieder so komisch anlächelt. Unten viele leise Schritte, vereinzeltes Gemurmel und Gezische. Aber keiner traut sich, aufzumucken. Währenddessen schauen sich Eva und er einfach nur an … und an … und an. Als die Kirchentür zufällt, zeigt sie ihm ihren nach oben gereckten Daumen.

»Danke!«, sagt er zur Wahnsinnsfrau und drückt den Schalter an der Orgel.

Seite an Seite kommen sie aus dem Kirchenschiff. Die Eva reicht ihm ihren Schirm, den er aufspannt und – ganz Gentleman – hauptsächlich über sie hält. Als sie ganz nah an ihn herantritt, sich bei ihm unterhakt, sodass sie beide unter dem Regenschirm Platz haben, hat der Arno urplötzlich so ein Klingeln im Ohr, von dem er nicht sagen kann, ob es vom ganzen Krach vorhin kommt oder gar von der Eva, quasi Hochzeitsglocken.

»Soso, da haben wir ja unseren neuen Organisten«, grüßt der Mann mit der Bürstenfrisur und der Lodenjacke, unten herum Lederhose, lange Stutzen und Schnallenschuhe. Neben ihm die Frau im Dirndl. Man könnte glauben, sie wären auf direktem Weg zum Dorffest. Auch sie teilen sich einen Schirm.

Jetzt würde der Arno gerne eine schlagfertige Antwort parat haben, ihm fällt aber rein gar nichts ein.

»Karl Ertl«, sagt der andere lachend, wischt sich die freie Hand an der Lederhose trocken und streckt sie ihm entgegen. »Bürgermeister von Hinterkitzlingen. Und das da, das ist meine Gattin Mirella. ... Mirella, ich vermute, wir haben hier den neuen Polizisten im Ort vor uns, Inspektor Bussi?«

»Oh!«, staunt sie und schaut gleich doppelt so freundlich.

Er nickt und sagt: »Aber nennen Sie mich Arno, bitte. Wissen Sie, ich bin ja eigentlich nur für diesen einen Einsatz ...«

»Jaja, schon gut. Man wird wohl noch laut träumen dürfen. Arno, hören Sie zu, meine Frau und ich haben uns gedacht, also wollen Sie uns vielleicht ...«

»Jetzt hört's mir sofort mit der Siezerei auf!«, geht seine Frau dazwischen. »Gottlob sind wir hier nicht in der Stadt, wo man so geschwollen daherreden muss, oder? Und dieses halbe Du ist ja völlig affenhaft. Hier bei uns wird sich geduzt, und aus. Ich bin die Mirella. Griaß di, Arno.«

»Äh ... griaß di«, antwortet der Arno etwas irritiert und

schüttelt ihr die Hand. Es ist schon lang her, dass ihm jemand so schnell und offensiv das Du angeboten hat. Obwohl's ihm ja viel lieber ist. In der Stadt gäb's das nicht. Dort gilt die Regel, dass der Ältere oder Ranghöhere es zuerst anbieten muss. Was dem Arno in Wien bisher kaum passiert ist. Schon gar nicht im Bundeskriminalamt.

»Ihr kennt's euch ja schon?«, sagt er verlegen und deutet auf die Eva an seiner Seite. *No na, nicht kennen werden sie sich*, schimpft er sich selbst und könnte im Boden versinken. *Erst denken, dann reden.* Aber mit diesem Bild von einer Frau neben sich fällt ihm nicht nur das Denken schwer.

»Das ist ja unglaublich, was sich dadrinnen gerade abgespielt hat, oder?«, staunt die Eva.

Der Bürgermeister antwortet: »Ja, aber unglaublich ist vor allem, dass niemand verletzt worden ist. Ein unglaubliches Glück. Ich hoff, die Feuerwehr kann das Fenster bald provisorisch abdichten, obwohl die sicher ganz andere Sachen zu tun haben.«

»So wie wir«, keift die Schnitzelwirtin, die wie aus dem Nichts aufgetaucht ist und dem Arno den Schirm abnimmt. Ihr Blick geht mehr durch ihn hindurch, als dass sie ihn anschaut. Sie plagt sich ordentlich, auf den Beinen zu bleiben.

»Wenn der Herr Polizist seine Arbeit machen würd, könnten wir längst wieder aufsperren!«, meckert sie weiter und zieht ihre Tochter am Ärmel weg.

»Meine Kollegen kommen nicht beim Tal herein. Wir müssen leider weiter warten, Frau Schupfgruber.«

»Ja, dann machen'S ihnen Feuer unterm Hintern, den Kollegen, wenn'S schon selbst nicht weiterkommen. Haben Sie gehört, Herr Inspektor? Morgen sperr ich wieder auf.

So sicher wie das Amen im Gebet! Damit das einem jeden klar ist. Ich lass mich nicht ruinieren. Von niemandem! Und jetzt ab. Komm, Eva!«

Resis rabiat mitgezogene Tochter schaut sich noch einmal um und winkt ihm mit den Fingerspitzen, grazil, wie man es nicht lernen kann. Das hat man einfach oder man hat's halt nicht. Der Arno, eben noch völlig beleidigt, ist fast schon wieder verzaubert.

Da tritt der Heilige Bimbam aus der Kirche und kommt schnell auf sie zu. »Schrecklich, schreckliiich!«, singt er mit erhobenen Händen, die im Takt seines Vibratos erzittern. »Eine unvollendete liturgische Feier ist eine Katastrooophe!«

»Ach was, Emil, Hauptsach', alle sind gesund heraußen, oder?«, meint die Bürgermeisterfrau.

Der Pfarrer denkt nach, nickt und bekreuzigt sich mit seinen Wurstfingern. »Jaaa.«

»Und lass dich von der Kreuzveitl nicht verteufeln, die spinnt doch, die fanatische Kuh!«, rät der Ertl.

Der Heilige Bimbam denkt wieder nach, nickt wieder, bekreuzigt sich gleich doppelt und geht dann eilig in die Kirche zurück.

»Was meinst, Arno, kommst noch mit zu uns? Die Mirella wird was richten zur Stärkung. Nach dem ganzen Tohuwabohu können wir das jetzt schon vertragen, oder? Und ich glaub, wir haben da auch einiges zu besprechen.«

»Ja, komm mit, Arno. Ich hab einen frischen Marillenkuchen gemacht.«

»Und unseren berühmten Hausspeck gibt's auch«, lockt der Karl. »Und Schnaps. Zum Runterspülen.«

Spätestens mit dem Marillenkuchen haben sie ihn gehabt.

10

Eines muss man wissen: Die Begegnung mit dem Tiroler Landvolk kann es in sich haben. *Bauernschlau* heißt's ja nicht von ungefähr. Und der Ertl ist, wie man schon an seiner Kleidung erkennen kann, nicht nur Bürgermeister, sondern auch Bauer. Sogar der mit dem größten Hof im ganzen Tal!

Als der Arno mit den Ertls zu deren Anwesen hinauffährt, das er schon gestern beim Ankommen gesehen hat, stehen die Schafe dicht an dicht gedrängt unter einem riesigen Baum. Ein einziger Blitzschlag würde sie alle auf einmal niederstrecken – aber was will man machen bei Schafen.

Jedenfalls flucht der Karl, als sie vor der letzten Biegung der Straße anhalten müssen. »Ein so ein verdammter Dreck!«, schimpft er und zeigt auf den frischen Hangrutsch, der es über den Zufahrtsweg geschafft hat. »Schon wieder!«

Während der Arno noch versucht, Ausmaß und Gefahr der Mure einzuschätzen, ist die Mirella schon ausgestiegen und rollt mit bloßen Händen einen Stein auf die Seite, so groß, dass dem Arno schon der Versuch an sich lächerlich vorkommt. Aber sie schafft's. Dann holpert der Ertl über den restlichen Erdhaufen, lässt seine Frau einfach stehen, fährt die letzten hundert Meter hinauf und hält vor einer großen Scheune an.

»Hättest mich aber schon mitnehmen können!«, meint die Bauersfrau, die kurz nach ihnen eintrifft.

»Ja, schau dich halt an!«, entgegnet der Karl und zeigt auf die schmutzigen Hände und Schuhe seiner Gattin.

Der Arno sieht genau, dass ihr etwas auf der Zunge liegt, aber sie schluckt's runter und sagt: »Ich mach mich nur schnell sauber. Dann richt ich uns was. Zeigst dem Arno derweil unseren Hof, Karl?«

»Ja logisch!«, antwortet dieser und führt seinen Gast herum. »Schau her, das da ist unsere neueste Errungenschaft, die Garage für die Traktoren, Heuballenpresse und das ganze Zeug. Früher haben wir das alles in der Scheune untergestellt, aber die hat die besten Zeiten hinter sich. Nächstes Jahr kommt da ein neues Gebäude hin, für unsere Eigenproduktion.«

»Eigenproduktion?«

»Ganz genau, Arno. Bei dem Milchpreis momentan kannst du ja nur mit Verlust arbeiten. Also investieren wir in die Direktvermarktung. Milchprodukte, Eier, Honig, Fleisch und Speck, alles aus Erzeugerhand. Näher an der Natur kannst du ja gar nicht mehr sein.«

Der Arno gibt sich Mühe, anerkennend dreinzuschauen. Im Moment sieht er vor allem nassen Dreck und altes Zeug, dazu stinkt's, wie man sich's von einem Bauernhof vorstellt. Wenigstens regnet's zur Abwechslung mal nicht. Es tröpfelt nur noch.

Als sie sich dem Stall nähern, intensiviert sich nicht nur die sprichwörtliche Landluft, sondern auch allerlei tierisches Gebrüll. »Da schaust, geh? Ich schwör, die können spüren, dass ich komm!«, kommentiert der Bauer die Geräuschkulisse.

Der Arno schaut tatsächlich, als sie das Gebäude betreten, in dem eine für Tiroler Verhältnisse unfassbare Menge von Milchkühen herumsteht.

»Fünfzig Stück«, erklärt der Karl, als könnte er Gedanken lesen. »Vollautomatische Melkanlage, Freiaufflächen, Putzmaschinen. Für meine Schatzis gibt's nur das Beste vom Besten. Geh, Amanda? ... Jooo, die Lisl, griaß di Lisl! ... Und die Diana, mei, du Schöne!«

Der Arno beobachtet den Bauern, wie der mit bloßen Händen über Körper und Köpfe der dreckigen Kühe streichelt, und überlegt, was er sich vor die Nase halten könnte, so beißend stinkt's. Fliegen überall, trotz einer ganzen Batterie von Insektenlampen, die in drei bis vier Metern Höhe montiert sind und einmal hier, einmal dort so ein brutzelndes Geräusch machen, dass einem ganz kalt davon wird.

»Du bist nicht oft im Stall, oder?«, fragt der Ertl und grinst seinen Gast plötzlich an.

»Nicht unbedingt«, muss der zugeben, und als eine der Milchkühe in unmittelbarer Nähe ihr großes Geschäft verrichtet, dass es nur so auf den Boden platscht, wird ihm plötzlich flau.

»Haha, ich seh schon, Arno, das ist nix für dich«, meint der Hofherr und erlöst ihn. »Komm, gehen wir was essen.«

Unter normalen Umständen hätt der Arno jetzt ja wirklich nichts zum Essen gebraucht. Aber wie sie in die Stube des Haupthauses kommen, hat die Bäuerin schon eine Jause aufgetischt, so prächtig angerichtet, dass sich der Hunger ganz von selbst wieder einstellt. Wobei der Hauptgrund wohl der ist, dass der Arno den ganzen Tag noch nichts zum Essen gehabt hat.

»Komm, setz dich her und iss! Was magst denn zum Trinken? Ein Bier?«, fragt die Mirella.

Er nickt dankbar und sie langen zu. Hausgemachtes Brot, dazu Speck, Kaminwurzen, Käse – und Bier, das angeblich im Kitzlingtal gebraut wird. Zuerst zupft der Arno bloß einzelne Stücke vom Jausenbrett. Als er aber sieht, wie die Ertls mit bloßen Fingern zugreifen – fast hätte man meinen können, morgen beginnt die Fastenzeit –, vergisst auch er seine Tischmanieren. Immer wieder holt der Karl sein Messer mit Hirschhorngriff aus dem Seitenfach seiner Lederhose, schneidet damit abwechselnd Speckstreifen, Käsewürfel und Brotscheiben herunter, putzt die Klinge einfach an der Hose ab und steckt das grausige Ding wieder hinein. Aber das ist dem Arno egal, alles ist köstlich.

»Schön, wenn's dir schmeckt«, meint der Karl zwischendurch, und die Mirella wiederholt's mehrmals.

Während des Essens sprechen sie über Belanglosigkeiten. *Small Talk,* wie man in der Stadt sagt. Der Kitzling, das Tal, das Wetter, das Leben in Wien im Vergleich zu Tirol und so weiter. Den toten Nachbarsbürgermeister und den Tumult während der Messe umschiffen sie, was dem Arno nur recht ist. Der Tag ist schon aufregend genug gewesen.

Zwischendurch nutzt er die Gelegenheit, seine Gastgeber ein wenig zu beobachten. Der Bürgermeister schaut fast aus wie ein Gewichtheber und hat sicher ähnlich viel Kraft in den Armen. Die militärische Bürstenfrisur macht seinen Kopf ganz rechteckig. Seine grünen Augen sind ein weiteres Merkmal, das nicht ganz alltäglich ist. Die Mirella kann so schnell auch nichts umhauen. Eine typische Bäuerin eben, mit einer Figur wie diese russischen Puppen, mit dem Schwerpunkt im unteren Teil. Und Kraft hat sie bestimmt genauso wie der Karl. Wenn er sich nur an diesen großen Stein auf der Straße zurückerinnert … faszinierend. Ihre rötlichen Haare wirken fast exotisch. Beide dürften Mitte fünfzig sein.

Schließlich, kurz nachdem die Mirella Schnaps und Marillenkuchen auf den Tisch gestellt hat, wird das Gespräch dann doch noch konkret. Viel konkreter, als dem Arno lieb wäre. Und schuld daran ist nur er selbst …

»Macht's ihr den Bauernhof eigentlich komplett allein?«, fragt er so nebenbei und gabelt ein Stück Kuchen in den Mund. Jetzt einen Kaffee dazu, das wär's. Er beschließt, die Mirella einfach zu bitten, sobald sich die Gelegenheit ergibt.

Diese holt Luft. »Nein, unser Sohn, der Franz, hilft mit. Der ist aber gerade mit der Feuerwehr unterwegs. Jaja, unser Franzl. Ich hoff ja nur, dass der Bub auch irgendwann einmal ans Heiraten denkt. Bist du verheiratet, Arno? … Nein? Lass dir bloß nicht zu lang Zeit damit, sonst ist sie weg, die Zeit. Stell dir vor, zweiunddreißig Jahre ist der Franz jetzt schon alt, und immer noch keine Enkelkinder in Sicht!«

Er verbietet sich, die Stirn zu runzeln. Zweiunddreißig – damit ist man in der Stadt ja quasi noch ein Teenager, der sich um vieles Gedanken macht, nur nicht um Kinder. Logisch, Ausnahmen bestätigen die Regel, aber dass sich das Kinderthema auf später, und zwar viel später, verschoben hat, das scheint sich noch nicht bis ins hintere Kitzlingtal herumgesprochen zu haben.

»Geh Mirella, jetzt lass doch den Arno mit deinem Gejammer in Ruh. Der Franz wird sich schon noch eine angeln.

Die Schupfgruber Eva ist ja immer noch frei. Und wie man hört, sollen die beiden schon am Anbandeln sein.«

Arnos Herz setzt einen Schlag aus, dann einen zweiten. Die Luft bleibt ihm weg.

Die Bäurin wird laut. »Die Eva? Die, der also wirklich *alle* hinterhersteigen? Na viel Spaß wünsch ich ihm mit der. Das wird ja lange halten.«

Dem Arno ist plötzlich wieder flau. Einen klitzekleinen Moment lang ist ihm das Herz aufgegangen, von wegen Eva und immer noch frei, und zack! – hat ihm der Karl sein Messer mitten hineingestoßen.

»Wird er schon machen, der Bub«, meint der Hausherr.

Nein, wird er nicht!, protestiert der Arno heimlich. Wobei dieser Franz wahrscheinlich schon eine gute Partie für die Eva wär. Besser jedenfalls als der Herr Polizist aus der großen Stadt.

»Höchste Zeit, Karl! Wobei, mir ist ja schon egal, wen er uns da bringt. Schau uns doch einmal an. Wir werden alt, Karl. Wir können den Hof nicht bis an unser Lebensende machen. Ich will mein Leben genießen auf meine alten Tage, und das solltest du auch.«

»Ja, ja, Mirella, ist schon recht.«

Da piepst ein Handy. Der Ertl zuckt und verharrt anschließend, als wüsste er nicht, wie er reagieren soll. Er kramt das Handy dann doch aus der Lederhose, liest, sperrt den Bildschirm und steckt es wieder weg. Kurz ist dem Arno, als hätte er Ärger in Karls Gesicht gesehen, aber sofort schaut der wieder freundlich.

»Einen Schnaps?« Der Hofherr schenkt ein, ohne die Antwort abzuwarten. Dann hebt er das Glas. Dem Arno bleibt gar nichts anderes übrig, als mitzumachen, wobei ihm Schnaps jetzt, nach dem Schock mit der Eva, tatsächlich lieber ist als Kaffee.

»Prost!«

Kaum haben sie den Inhalt hinuntergekippt, schenkt der Ertl auch schon nach.

»So, jetzt zu dir, Arno. Hinterkitzlingen hast du dir sicher ganz anders vorgestellt, oder? Ich kann mich nur für den Zustand entschuldigen, den du miterleben musst. Das ist nicht normal. Überhaupt nicht normal.« Er schüttelt den Kopf.

»Für so was bin ich ja da, als Polizist«, sagt der Arno beschwichtigend.

»Genau. Gottlob haben wir dich jetzt bei uns im Ort. Darauf zum Wohl! ... Aaah. ... Aber jetzt sag schon, Arno. Hat's wirklich den Mario erwischt?«

»Noch liegt keine offizielle Identifizierung vor.«

»Jetzt lass einmal dein Polizistengerede auf der Seite. Ich bin Politiker, wie du weißt, und trotzdem mag ich solche Floskeln nicht hören. Also, höchst inoffiziell: Ist er es oder ist er es nicht?«

Der Arno schnauft einmal tief durch, bevor er antwortet. »Wahrscheinlich schon. Aber wieso fragst du mich das überhaupt, wenn eh schon der halbe Ort Bescheid weiß?«

»Wie meinst du das, lieber Arno?«

»Vorhin, die Messe. Ist die Kirche immer so voll, mitten unter der Woche?«

»Wir sind gläubige Menschen«, sagt die Mirella etwas zu laut und schiebt ihm ein weiteres Stück Marillenkuchen auf den Teller. »Iss noch, iss noch!«

»Danke. ... Aber da haben einige der Frau Unterberger

heute schon kondoliert, mehr oder weniger. Ich frage mich, wie das möglich ist, wenn niemand etwas weiß.«

»Du bist ein guter Beobachter, Arno. Gesundheit!«, sagt der Ertl und hält ihm das nächste Glas dieses Wahnsinnsbirnenschnapses hin. »Weißt du, bei uns verbreiten sich solche Nachrichten rasend schnell. Wenn du die richtigen Tratsch-Liesln im Dorf hast, dann brauchst du keine Zeitung und keinen Fernseher mehr, weil der Buschfunk garantiert schneller ist.«

»Und wie habt's ihr zwei es erfahren? Ganz konkret?«

Der Ertl holt Luft und schaut zu seiner Frau, als wär die Antwort auf ihrer Stirn eintätowiert. Weil sie still bleibt, antwortet er: »Die Gemeindesekretärin hat's von der Nachbarin von der Kreuzveitl gehört. Das geht bei uns einfach herum wie ein Lauffeuer. Komm, komm, trink.«

»Jetzt lass den Herrn Polizisten halt selber sagen, ob er noch was haben will, Karl. Einen Schlag zum Kuchen dazu vielleicht?«

»Danke, danke, nein. Ich kann nicht mehr. Aber ausgezeichnet, Frau E... Mirella.«

Langsam spürt er nicht nur das Essen, sondern auch den Alkohol. Aber so betrunken, wie der Ertl schon dreinschaut, kann er locker noch mithalten.

Plötzlich wird der Bürgermeister wieder ernst. »Wie geht's jetzt weiter, Arno?«, fragt er und lässt sein Stamperl auf den Tisch krachen.

»Was meinst du, Karl?«

»Wegen der Leiche.«

»Wenn die Kollegen aus der Stadt kommen, wird der Fundort untersucht.«

»Das heißt, die Resi kann morgen noch nicht wieder aufsperren?«

»Nicht, bevor die Spurensicherung und das LKA da waren jedenfalls.«

»Lässt sich das nicht irgendwie ... beschleunigen?«

»Jetzt! Was redest denn die ganze Zeit für die Schupfgruber?«, protestiert seine Frau. »Was gehen dich ihre Schnitzel an?«

»Das ist mein Bier!«, fährt ihr der Karl über den Mund.

»Dein Bier?«, wiederholt sie, verkneift sich's aber, weiterzuschimpfen.

Stille. Und dicke Luft. Also muss wohl oder übel der Arno seinen Mund aufmachen. »Haben Sie viel mit dem Mario Unterberger zu tun gehabt?«

Der Bürgermeister dreht seinen Kopf zu ihm, ganz langsam, als würde auf der anderen Seite des Tischs ein Alligator darauf warten, dass er zuschnappen kann. »Du.«

»Oh, entschuldige. Hast du, Karl?«

»Ja, freilich hab ich mit ihm zu tun gehabt. Er war ja der Bürgermeister von Vorderkitz.«

»Vorderkitz?«

»Abkürzung. Sagt man so bei uns. Spart Zeit.«

Der Arno nickt, obwohl er sich nicht vorstellen kann, was man in diesem Tal mehr haben soll als Zeit. »Und obendrein war er noch der einzige Hotelier im Tal, nicht wahr?«

»Ja, genau, Arno. Der einzige große jedenfalls. Ein paar kleine Zimmervermieter wie uns gibt's schon auch noch.«

»Und Bankier.«

»Was?«

Er könnt sich ohrfeigen. *Bankier.* »Ich mein, der Unterberger war doch bei der Bank, der ...«

»Kitzling Bank?«

»Ja, genau.«

»Aber doch kein *Bankier*, Arno«, lacht der Ertl ihn fast aus. »Im Aufsichtsrat sitzt er ... hat er gesessen, ja. Aber was Bankgeschäfte betrifft, hat der doch keine Ahnung gehabt. Außer, es ist um ...«

»Ja? Um ... worum?«

Der Ertl schüttelt nur den Kopf.

»Bist du auch bei denen, Karl? Ich mein ... Bankkunde?«, bohrt der Arno weiter und rechnet schon mit einer Abfuhr.

»Alle sind wir das. Logisch.«

»Und wie bist du zurechtgekommen?«

»Gut.«

Karls Antwort ist ihm eindeutig zu kurz. Aber er lässt sie stehen und trinkt erst einmal demonstrativ ein Glas Wasser.

»Jetzt sag's ihm halt«, meint die Mirella.

Oha!, denkt der Arno und verschluckt sich fast.

»Still!«, keift der Bürgermeister.

»Was solltest du mir sagen, Karl?«

»Gar nichts.«

»Man hat uns erpresst«, platzt seine Frau heraus. Der Karl zischt und holt mit der Rückhand aus, als wolle er ihr eine Ohrfeige verpassen, sinkt dann aber in sich zusammen.

Die Gesichtszüge der Bäuerin entspannen sich. Sanfter fährt sie fort: »Es steht ja schon mehr oder weniger in der Dorfzeitung, Karl. Sagen wir's ihm lieber jetzt, als dass er es hintenrum herausfindet. Oder?«

Ihr Mann schmollt, wehrt sich aber nicht.

Sie legt ihre Hände übereinander auf den Tisch und beugt sich so weit vor, dass man fast meinen könnt, der Hausgast solle ihr ausladendes, tiefengebräuntes Dekolleté bewundern. »Also, Arno. Natürlich sind wir bei der Kitzling Bank. Wie fast alle im Tal. Und das ist nicht immer angenehm.«

»Wer hat euch erpresst?«, kommt er sofort aufs Wesentliche zurück.

Die Mirella seufzt. »Arno, schau dir einmal unseren Hof an. Den Stall, die Gebäude, die Maschinen. Das muss ja auch bezahlt werden.«

»Ihr habt's Schulden?«

»Ja klar. Und damit haben sie dich in der Hand.«

»Der Unterberger hat euch also in der Hand gehabt?«

Der Karl zischt, sagt aber weiterhin nichts.

Dafür antwortet die Mirella: »Indirekt, ja. Arno, schau, der Mario war ein richtiges Charakterschwein und nur auf seinen eigenen Vorteil aus. Aber wir hätten ihm nie etwas angetan, niemals, das schwöre ich.«

Draußen frischt der Wind auf. Etwas fällt um, ein Besen oder irgendetwas anderes Holziges. Der Karl schaut hinaus und dann wieder zum Gast, greift sich die Schnapsflasche, schenkt nach und wirkt jetzt wehmütig. »Prost, Arno.«

»Prost, Karl. Ein Charakterschwein war der Unterberger?«

»Jawohl, Charakterschwein«, unterstreicht der Karl das Wort, das seine Frau ins Spiel gebracht hat. Ertls Smartphone gibt wieder einen Ton von sich. Er fischt es heraus und liest. Dann tippt er eine Antwort, wobei er niemanden mitschauen lässt.

»Wie ist das genau gegangen, mit dem Unterberger, der Kitzling Bank und euch?«

Die Mirella lehnt sich zurück und sagt: »Der Kerl hat sich

so manches zugeschanzt, was ihn angelacht hat, mithilfe der Bank. Weißt, wie das geht, Arno?«

Er hat so eine ungefähre Ahnung, aber wissen tut er's nicht – also schüttelt er den Kopf.

»Die Kredite. Die Bank drückt uns Bauern die Kredite aufs Auge. So viel, dass man nicht mehr weiß, wie man das noch jemals zurückzahlen soll. Eines Tages ist bei jedem einmal die Kasse knapp. Und dann kann man sich die Gustostückerln aus dem Vermögen holen.«

Der Arno fühlt sich an einen Mafiafilm erinnert. Aber statt Mirellas Behauptung anzuzweifeln, fragt er nur: »Und welches Gustostückerl hat der Unterberger von euch haben wollen?«

Die Bäuerin schaut ihren Mann an, und für einen Moment erkennt man die starke Bindung zwischen den beiden, aller Streiterei zum Trotz.

»Unsere Thermalquelle«, antwortet der Karl, schenkt die nächste Runde ein und ext sein Glas, ohne anzustoßen. Weil ein bissl was danebengeht, wischt er sich mit dem Handrücken über den Mund, bevor er weiterspricht: »Schau her, Arno. Da drüben – das siehst du jetzt in der Dunkelheit natürlich nicht, aber auf der anderen Talseite, direkt am Felsen – da steht das alte Hinterkitzlinger Badhaus. Das hat noch mein Großvater gebaut, nachdem man in einer Felsgrotte auf seinem Grund auf Thermalwasser gestoßen ist. Da, das war der Opa.« Der Karl dreht sich im Sitzen um und greift hoch, holt ein Bild von der Wand und gibt es ihm in die Hand. »Das muss um neunzehnhundert gewesen sein.«

Ein Mann mit Bart und Pfeife, umringt von Arbeitern, im

Hintergrund ein kleiner Steinbau aus groben Blöcken, alles schwarz-weiß, das Fotopapier schon vergilbt.

»Das Badhaus war sein ganzer Stolz. Eigentlich ist's ja nur die Quellfassung und Einhausung der Grotte. Das Naturschwimmbecken geht direkt in den Felsen hinein. Herrlich romantisch, sag ich dir.«

»Und das hat der Unterberger euch abgeluchst. Über die Bank.«

Der Karl seufzt schwer.

Seine Frau übernimmt. »Das ist für uns ein schwieriges Thema, Arno. Ja, auch bei uns war's irgendwann so weit, dass wir die Kreditraten nicht mehr haben bedienen können. Schau, unsere Felder sind klein und übers halbe Tal verteilt, da kommst du ohne die neuesten Maschinen nicht weiter. Damit du die bezahlen kannst, pachtest du weitere Felder dazu, schindest dich halb tot, aber unterm Strich …«

»Rentiert sich's nicht.«

»Nein. Eigentlich ist unser Franzl arm, wenn er das alles übernehmen muss, mitsamt den ganzen Krediten …«

Ihr Kinn bebt, aber darauf darf der Arno jetzt keine Rücksicht nehmen. »Ihr habt's also die Raten nicht bezahlen können. Was war dann?«

Der Karl antwortet: »Mein Gott, ein vorübergehender Engpass war das, sonst nichts. Weil eine Förderung von der EU zu spät ausgezahlt worden ist. *Einmal* in zig Jahren, *einmal* nur haben wir nicht rechtzeitig bezahlt, und schon kommen sie und kündigen alle Kredite. Die Schweine, die gottverfluchten!«

»Pschschsch«, ermahnt ihn die Mirella.

»Und was hat der Unterberger damit zu tun gehabt?«

»Nichts ... und alles«, philosophiert der Bürgermeister und lacht bitter. Dann setzt er nach: »Das Schwein, das elendige.«

»Pschschsch!«

»Aber wenn's stimmt. Ich weiß schon, über die Toten nur Gutes. Aber der Unterberger hat doch schon seit Jahrzehnten auf unser Badhaus geschielt, und als es möglich war, hat er eiskalt zugeschlagen. Schau, Arno, zu Großvaters Zeiten, da haben die Menschen noch Ehre gehabt, da hat man sich gegenseitig geholfen, auch wenn's oft nicht leicht war. So ist damals auch die Kitzling Bank entstanden, aus der Solidarität heraus. Heute ist alles durch und durch korrupt und kriminell.«

Der Arno nickt. Anscheinend ist das mit den Bankern überall gleich, egal ob Stadt oder Land. »Was ist dann passiert, Karl?«

»Ja, dann. Dann hätten wir achthunderttausend Euro auf einmal zurückzahlen sollen, in zwei Wochen. Achthunderttausend! Du kannst dir ja sicher vorstellen, dass wir das nicht grad unterm Kopfpolster liegen haben, oder? Wir haben noch versucht, eine andere Bank aufzutreiben, eine aus Innsbruck, aber von denen kennt sich ja niemand im Kitzlingtal aus. Keine Chance.«

»Aber der Hof gehört euch doch noch.«

»Ja.«

»Nur dieses Badhaus nicht mehr.«

»Genau. Das hat jetzt der Unterberger. ... Hat's gehabt.«

»Du erntest, was du säst«, meint die Bäuerin und nickt. Im selben Augenblick wird es draußen hell. Wetterleuchten.

»Aber warum ausgerechnet das Badhaus?«

»Ha! Der elendige Hund, der hat schon genau gewusst, was er will. Einen Wellnesstempel wollt er draus machen. Und direkt daneben ein brandneues Fünf-Sterne-Haus hinbauen. Den ganzen Grund vom Opa hat er verbauen wollen und extra den Herrn Landeshauptmann persönlich wegen der Umwidmung angejammert.«

»Der Rest eures Besitzes hat ihn gar nicht interessiert?«

»Was soll er schon mit dem ganzen Zeug?«, fragt der Ertl frustriert. »Der ist Hotelier und kein Bauer, Arno.«

»Aber wie genau ist das gegangen? Ich mein, dass der Unterberger exakt das Badhaus bekommen hat und sonst nichts?«

»Also, Arno, so schwer ist das jetzt auch wieder nicht zu verstehen. Schau, er hat uns einfach ein Kaufangebot für die Quelle gemacht, gerade rechtzeitig, bevor es zur Versteigerung des ganzen Hofs gekommen wär. Mit seinem Geld haben wir den Kopf aus der Schlinge gezogen.«

»Weil die Bank mitgespielt hat. Und warum wohl?«, ergänzt die Mirella.

»Weil man sich mit dem eigenen Aufsichtsrat besser nicht anlegt?«, schlägt der Arno vor.

»Das Schwein, das elendigliche«, schimpft der Ertl und nickt. »Sobald die Unterschrift trocken war, hat die Bank Hokuspokus den Verkaufserlös eingezogen und den Rest der Kredite gestun…« Der Karl unterbricht seinen Satz, als plötzlich die Haustür auf- und zugeht und der Wind erschreckend laut durchs Gebäude pfeift. Draußen donnert es. Dann poltert jemand durch den Gang und kommt zu ihnen in die Wohnküche.

Ein junger Mann. Geschätzt Anfang dreißig, groß, rötliche Haare wie die Bäuerin und grüne Augen wie der Karl. Eindeutig der Ertl-Sohn. Gut aussehend, wie der Arno zugeben muss. Der wär wohl tatsächlich eine gute Partie für die Eva …

»Franzl! Komm her, magst was?«, fragt die Mirella.

»Na, nix.«

»Schau, wer da ist. Der Bussi Arno, weißt schon, der Polizist, der wegen dem Unterberger … äh ja. Arno, das ist unser Bub, der Franz.«

»Grüß Gott, Herr Polizist.«

Der Arno steht halb auf, schüttelt dem Burschen die Hand und fragt: »Herr Ertl, ich hab gehört, Sie waren bei einem Feuerwehreinsatz?«

»Mein Gott, jetzt duzt's euch halt, wie sich's bei uns gehört, Herrschaft. Ihr klingts ja, als hätt'es einen Besenstiel drinstecken. Magst ein Schnapserl, Bub?«

Dieser nickt. Wieder blitzt es draußen.

Der Franz stürzt seinen Birnenschnaps hinunter und stellt das Stamperl genauso schwungvoll wie sein Vater auf den Tisch zurück. »Wir waren Keller auspumpen. Und dann noch ein Murenabgang in Vorderkitz.«

Wieder Donner, jetzt deutlich lauter als zuvor.

»Haben die keine eigene Feuerwehr?«, will der Arno wissen.

»Schon, aber was nützt dir der schönste Mercedes-Feuerwehrtruck, wenn du großes Räumgerät brauchst? Und das haben nur wir. Weil wir ja auch für den Kitzlingpass zuständig sind.«

»Das Tal soll mindestens bis morgen zu sein, hab ich gehört?«

»Morgen? Ha! *Zehn* Meter hoch hat's den Eingang zugeschüttet. Ohne Umfahrungsstraße geht da gar nix mehr. Du meinst wegen dem Unterbergerkopf, den sie bei der Schupfgruber gefunden haben?«

Der Arno denkt gar nicht daran, sich beim Franz für seine Frage zu rechtfertigen. »Und wie kommt man sonst herein?«, will er wissen und schaut streng.

Der junge Ertl stemmt die Hände in die Hüften und sagt: »Zurzeit geht's jedenfalls höchstens mit dem Hubschrauber oder man fährt von der anderen Seite über den Kitzling drüber. Aber wenn du mich fragst, dann liegt Schnee da droben. Und wenn nicht, dann sind dort genauso die Hänge gerutscht. Da geht nichts nach vorn und nichts zurück.«

»Wie lang wird die Straße denn zu sein?«

»Wie lang? Hm. Was meinst du, Papa? Ein Monat? Wär ja nicht das erste Mal.«

Der Karl nickt wissend. »Mindestens.«

Dieser Franz wird dem Arno immer noch unsympathischer. Ein Monat! Und Schnee! Im Sommer!

»Ja, so ist das halt bei uns«, sagt der Karl. »Ein enges Tal, da kannst du nicht alles mit Straßengalerien und Dämmen verbauen. Wenn der Berg kommt, dann steht alles still. Dann kannst du nur hoffen, dass das Land dir die nötigen Millionen gibt, die du brauchst, um alles wieder herzurichten. Morgen muss ich beim Landeshauptmann um Zuschüsse aus dem Notfallfonds betteln, da freu ich mich jetzt schon drauf. Alles hat halt seinen Preis. Selbst das Leben im Paradies. Noch einen Schnaps, lieber Arno?«

Paradies!, fasst er's nicht, welches Wort der Ertl da gerade in den Mund genommen hat. Arnos Paradies schaut definitiv anders aus. So wie daheim zum Beispiel in seiner neuen Wiener Wohnung, direkt am Puls der Stadt. »Nein, nein, danke«, antwortet er und schaut demonstrativ auf sein Handgelenk, obwohl er gar keine Uhr anhat. Dann steht er auf und streckt der Mirella die Hand hin. »Vielen Dank für die ganzen guten Sachen.«

»Magst nicht lieber bei uns übernachten, Arno?«, fragt der Bürgermeister und hebt seinen Zeigefinger. »Oben sind Gästezimmer genug. Brauchst nicht in der alten Polizei-Bude schlafen. Außerdem, das Wetter …«

»Nein, nein, danke, bitte keine Umstände«, antwortet er im Reflex, »ich hab ja alle Sachen dort, die ich morgen brauch« – und könnte sich schon wieder für seine Manieren ohrfeigen. Ein warmes Bett in einem Haus, in dem er nicht mutterseelenalleine ist, das wär doch was. Ein Frühstück gäb's sicher obendrauf. Aber nein, er muss ja unbedingt jedes Angebot ausschlagen und extra noch eine Ausrede nachschieben, damit nur ja keiner auf die Idee kommt, ihn ein zweites Mal zu fragen.

»Na wie du meinst. Dann schau aber, dass du den Blunzenschädl gleich in der Früh aus dem Schnitzelparadies herausbekommst, damit die Resi wieder aufsperren kann«, sagt der Ertl beim Händeschütteln. Seine Frau stemmt die Hände in die Hüften, sagt aber nichts.

Der Arno überlegt, ob er nachhaken soll, wieso sich der Karl so um die Schnitzelwirtin sorgt, aber angesichts der dicken Luft im Zimmer verschiebt er es auf ein andermal. »Ich meld mich dann morgen wieder.«

»Nimm dir besser einen Schirm«, rät die Bäuerin. »Gleich kommt der nächste Guss herunter. Das wird sicher noch eine wilde Nacht. Soll ich dir einen Marillenkuchen einpacken?«

»Nein, nein, danke. Ich lauf einfach schnell«, erwidert er, zieht seine Jacke über den Kopf und ist davon.

Dritter Tag

11

Jaja, neuer Tag, neues Glück, würde der Optimist jetzt sagen. Aber Optimisten können langsam auch nichts mehr für den Arno tun …

Der wundert sich, warum er sich schon seit einer ganzen Weile im Bett räkelt, ohne dass der Handywecker angegangen wäre. Er hat zwar von Natur aus einen gesunden Schlaf, und erschöpft genug wäre er gestern auch gewesen, trotzdem wacht er immer haarscharf vor der programmierten Weckzeit auf. Aber nicht heute. Er ist wach, draußen ist's hell, er wartet auf den Alarm – aber nichts.

Langsam kommen die Ereignisse des vergangenen Tages in sein Bewusstsein zurück. Natürlich fällt ihm als Erstes der Unterbergerkopf ein. Dann gleich die Kreuzveitl, der Pfarrer und die Messe. Die Resi und die Eva. Ganz besonders die Eva. Dazu: Wasser, Wasser, Wasser. Er kann's bald nicht mehr sehen, das Wasser. Nach der Völlerei bei den Ertls hat's ihn ein zweites Mal an einem einzigen Tag so eingeweicht, dass er seine Socken hätte auswringen können. Aber, immerhin: Die Blitze, die auf dem Heimweg nur so vom Himmel herabgefahren sind, haben ihn verschont. Und als er lebend in seiner Schrottbude angekommen ist, ist er richtig froh gewesen, ein Dach über dem Kopf zu haben. Es ist halt alles relativ.

Der Arno starrt an die Decke, an der sich ein tiefer Riss abzeichnet. Umso besorgniserregender, je heller es wird. Ist ihm bisher nicht aufgefallen – sonst hätte er sich die letzten beiden Abende garantiert nicht so unbekümmert ins Bett gelegt. Andererseits ist ein solcher Gebäudeschaden auch kein Grund, gleich aufzuspringen und aus dem Raum zu flüchten. Er hat schon in baufälligeren Häusern geschlafen und weiß, dass dieses Zimmer nicht ausgerechnet dann über ihm zusammenbrechen wird, wenn er drinnen liegt. Das ist wie mit dem Meteoriten und der Erde: Selbst wenn man ein Dinosaurier gewesen ist, muss man schon unfassbares Pech gehabt haben, ausgerechnet dann am Leben gewesen zu sein, als der große Brocken kam. Viel wahrscheinlicher war's, dass man, während man gut gebauten Dino-Damen hinterherpfiff, als Raptorenfrühstück endete.

Und wie der Arno so ans Frühstück denkt, knurrt auch schon sein Magen. Weniger aus Hunger als vielmehr wegen des Kaffees, der ihm jetzt schon seit mehr als vierundzwanzig Stunden vorenthalten wird. Aber heute gibt's kein Pardon mehr. Keine anerzogene Höflichkeit und kein Kaffeemaschinen-Harakiri wird ihn mehr von einer Riesendosis, vielleicht sogar einer Überdosis Koffein abhalten. Und wenn er deshalb den ganzen Tag zittern muss. Wenn's nicht anders geht, wird er die Bohnen mit dem Hammer zerschlagen und das Pulver händisch filtern – bevor er keinen Kaffee gehabt hat, wird er heute überhaupt nichts tun, das schwört er sich.

Langsam kommt ihm der ausbleibende Alarm wirklich verdächtig vor. Er versucht, sein Handy zu ertasten, ohne sich groß zu bewegen, aber keine Chance. Also dreht er sich ganz vorsichtig auf die linke Seite, was er in der Nacht wegen seiner Rippen vermieden hat. Er stöhnt auf, kämpft gegen den Schmerz an, streckt die Beine aus dem Bett und drückt sich von der Matratze hoch. Als er endlich sitzt, öffnet er die Augen – und sieht schwarz: Das Display seines Handys, das er extra vorm Schlafengehen zum Aufladen eingesteckt hat, bleibt dunkel.

Er versucht ein zweites Mal, es zu entsperren, dann drückt er den Ein- und Ausschalter, aber es ist nur das Batteriesymbol zu sehen. Also steckt er das Ladekabel ein und aus, probiert eine andere Steckdose, nichts. Der Vollständigkeit halber noch die Nachttischlampe geprüft, aber auch die bleibt dunkel.

Erstes Fazit des Tages: *Kein Strom im Zimmer.*

»Bruchbude!«, schimpft er und zwingt sich zum Nachdenken. *Sicherung ausgefallen? Sicherungen ... Elektrokasten – wo der wohl steckt?*

Alles im Keller, hat der junge Kollege aus Imst gesagt. Bisher hat sich der Arno vom Keller ferngehalten. Aber jetzt wird er wohl müssen.

Er seufzt, reibt sich die Augen und merkt, dass ihm auch sein Kopf ziemliche Schmerzen bereitet. Der Ertl-Schnaps rächt sich. Aber was hilft's. Er steht auf, die rechte Hand schützend an die linke Rumpfseite gelegt, geht erst einmal ans Fenster und schaut hinaus. Alles wie gestern, nur schlimmer. Grau in grau, nass in nass. Es rauscht und gluckert. Die Berge sind schon gar nicht mehr zu sehen, so tief hängen die Wolken und Nebelbänke im Tal. Keine Menschenseele draußen. Wozu sollte auch jemand sein Haus verlassen bei dieser Sauerei? In diesem von Gott und der Welt abgeschnittenen Tal?

Der Arno schlurft in die Küche und stellt – quasi auf Automatik – einen Topf mit Wasser auf den alten Elektroherd, dreht auf höchste Stufe und wartet. Und wartet. Und könnte sich selbst in den Allerwertesten treten. Aber so ist das halt, wenn man den Strom für gottgegeben hält.

Fazit Nummer zwei: *Kein Kaffee!*

Er muss den Sicherungskasten finden. Jetzt sofort. Er stößt tatsächlich auf einen kleinen Elektrokasten, unten in der Wache, aber da sind alle Schalter oben. Weiter in den Keller, wo es zu dunkel ist, um etwas zu sehen. Also wieder hinauf, Taschenlampe aus dem Magazin geholt, wieder hinunter. Dann endlich findet er den Hauptschaltkasten, verborgen hinter einem Sammelsurium dienstlicher Utensilien längst vergangener Zeiten. Aber auch hier: alles auf Betrieb.

Wieder oben angekommen, schaut er durch ein Fenster in den Ort hinauf, und da sieht er's: Nirgends – weder in den Häusern noch entlang der Straße – brennt ein Licht. Also ist ganz Hinterkitzlingen stromlos! Als er sich die Konsequenzen vorstellt, fällt ihm sofort die Schupfgruber Resi mit ihren Tiefkühltruhen ein. Die können die Kälte zwar eine ganze Weile speichern, einen Tag lang allemal, aber irgendwann wird der Unterbergerkopf ganz sicher zum Hygieneproblem. An die restlichen Teile des Nachbarsbürgermeisters, die möglicherweise ebenfalls in Resis Truhen stecken, will er dabei gar nicht denken.

Wie lang mag so ein Hinterkitzlinger Stromausfall wohl dauern? *Ein Monat,* hat er den Ertlsohn noch im Ohr. Ein Monat, bis das Tal wieder normal erreichbar sein wird. *Na hoffentlich kein Monat für den Strom, sonst: Habe die Ehre,* denkt der Arno und geht ins Bad, wo er als Erstes eine Schmerztablette aus seinem Kulturbeutel holt und hinunterschluckt. Dann Katzenwäsche statt heißer Dusche. Hinein in frische Unterwäsche, Hemd und Jeans – seine letzte trockene Garnitur. Er war ja nur auf ein paar Tage eingestellt, und auf seiner Vespa hätte er auch kaum mehr Sachen mitnehmen können. Hätte er allerdings gewusst, wie es hier schüttet, hätte der Neoprenanzug auch noch ein Platzerl gefunden.

Er holt Dienstpistole und Ausweistasche aus dem Wachzimmer, setzt sich in den Wagen, startet den Motor und dreht die Heizung voll auf. Wobei erst einmal nur kalte Luft kommt. Aber ob man's glaubt oder nicht: So vorsintflutlich der Lada sein mag, wenn man ein aktuelles Auto danebenstellen würde, bietet er trotzdem eine Schnittstelle zum Internet-Zeitalter. Im Zigarettenanzünder steckt nämlich ein Stromadapter mit USB-Ausgang. Also schnell zurück, Ladekabel holen und Handy anstecken. Das Batteriesymbol erscheint – es lädt, aber es wird dauern, bis das Gerät wieder zum Leben erwacht. Und so rollt der Arno erst einmal ohne konkretes Ziel los und biegt oben an der Brücke links ab. Hauptsache, der Lada-Motor kommt auf Temperatur und dem Arno wird warm in diesem Hinterkitzlinger *Sommer.*

Er fährt zum Schnitzelparadies und dreht wie gestern eine Runde auf dem großen Parkplatz. Im Lokal und im oberen Stock ist alles dunkel. Er überlegt, ob er schauen soll, wie's der Resi und ganz besonders der Eva geht, lässt es dann aber bleiben. Er muss weiter. *Präsenz zeigen,* hat er einen seiner Ausbilder auf der Polizeischule im Ohr. Und sei es nur, um dem Täter zu signalisieren, dass es jemanden da draußen gibt, der ihn sucht. Dabei hat der Arno keine Ahnung, wie es im Fall Unterberger weitergehen soll.

Als er an der Einmündung zur Landesstraße anhält, schaut er links zum Kitzlingpass hinauf. Ein Blick reicht, um zu wissen, dass da nichts und niemand drüberkommen wird. Denn knapp unterhalb einer Nebelbank schaut schon der Schnee hervor. Schnee! Im Sommer!

Plötzlich leuchtet etwas auf dem Beifahrersitz auf – Arnos Handy meldet sich mit hellem Bildschirm zum Dienst zurück. Er wartet ab, bis das Startmenü erscheint. Eventuell könnten ja Nachrichten gekommen sein. Doch das Gerät findet kein Netz. Auch wieder logisch. Kein Strom, kein Netz. Und kein Wecker, keine Heizung, kein Licht, kein Kaffee. Ganz besonders kein Kaffee.

Er seufzt, setzt völlig überflüssigerweise den Blinker und biegt rechts in die Straße ein. Er steuert den Wagen ins Ortszentrum zurück, kommt an der Kirche vorbei, passiert die Polizeiwache, wo er im Vorbeifahren zum Eingang hinunterschaut, aber niemanden sieht, der auf ihn warten würde, weiter ans andere Ortsende, wo es knapp vorm durchgestrichenen Hinterkitzlingen-Schild zum Hof der Ertls hinaufgeht.

Schau, dass du die Leiche bald aus dem Schnitzelparadies herausbekommst, hat der Karl gestern noch gemeint. Warum er das gemeint hat, würd den Arno immer noch brennend interessieren. Soll er hinauffahren und fragen? Zwischen der Resi und dem Karl scheint's jedenfalls irgendeine Verbindung zu geben. Ein Motiv, den Unterberger abzumurksen, hätte der Ertl mit seiner verlorenen Thermalquelle auch gehabt ...

Aber der Arno entschließt sich gegen eine Befragung. Sein Gefühl sagt ihm, dass es noch zu früh ist, einem konkreten Verdacht nachzugehen. Er braucht erst einmal einen Gesamtüberblick, und für den wird's wohl notwendig sein, sich auch den Nachbarort anzusehen, dessen Bürgermeister der Ermordete war. Außerdem hätte er Lust, sich die Harley-Holländer zur Brust zu nehmen. Schon aus Prinzip.

Auf der Landesstraße nach Vorderkitzlingen gibt er Gas. Zwischen den beiden Orten liegen zwei Kilometer schnurgerader Strecke – fast könnt man glauben, irrtümlich auf die Startbahn eines Flughafens geraten zu sein. Das Wasser rauscht in den Radkästen wie auf einem Schaufelraddampfer. Die Scheibenwischer wischen auf höchster Stufe. Sie sind seit gestern auch nicht besser geworden, aber der Fahrtwind presst sie an die Scheibe, womit die Sicht besser wird. Der Arno dröhnt mit der für einen Lada Taiga beängstigenden Geschwindigkeit von beinahe hundert Stundenkilometern über die Straße, fingert an den Auslässen der Heizung herum und lässt sich die mittlerweile immerhin lauwarme Luft direkt ins Gesicht blasen.

Vor ihm weitet sich das Tal, bevor es am Ausgang wieder zu einer Engstelle zusammenläuft. Jener Engstelle, die laut dem Ertl-Sohn meterhoch verschüttet ist. Der Kontrast zur Postkartenidylle, die sich dem Arno bei seiner Ankunft noch geboten hat, könnte kaum größer sein. Hoch oben an den

Berghängen tauchen einzelne Höfe aus dem Nebel auf. Was mag die Menschen nur antreiben, sich ausgerechnet dort niederzulassen? Wo doch schon das Tal selbst so fernab vom Schuss ist – wozu dann noch Häuser bauen, die sich am Berg festklammern müssen, statt auf sicherem Grund zu stehen? Rundum steigen Nebelschwaden aus den Wäldern auf, sodass man fast den Eindruck gewinnen könnte, die vollgesogenen Böden stöhnten unter der Last des Dauerregens. Sonnenschein ist so weit entfernt wie der Mars.

Als die Häuser von Vorderkitzlingen näher kommen, sieht der Arno sofort, dass auch diese dunkel sind. Ebenso die Straßenlaternen. Kein Mensch, keine Katze und kein Hund. Als hätte sich alles verkrochen und warte auf Erlösung.

Gleich am Anfang des Orts, links der Straße gelegen, befindet sich ein großes heruntergekommenes Firmengebäude. Dicke Mauern, der Putz großflächig abgeplatzt, ungelenke Graffiti, viele Fenster zerbrochen. Der vordere Teil eines großen Schilds fehlt, sodass man nur mehr das Ende der Aufschrift lesen kann: oben in riesigen Lettern *dam,* kleiner darunter *hlerei.* Um den alten Kasten herum sind Absperrgitter mit Warnhinweisen aufgestellt.

Aber trotz dieses Schandflecks wirkt Vorderkitzlingen auf den Arno freundlicher und moderner als Hinterkitzlingen. Einige Wohnhäuser sind gar nicht mehr älplerisch. Glas und Beton statt Ziegel und Holz. Manches Bauwerk ließe sich fast schon als Villa bezeichnen. Dazwischen natürlich Althergebrachtes. Aber es ist unverkennbar: Dieser Ort ist im Wandel. Der Kitzlingbach wurde in ockerfarbene Steinblöcke eingefasst und auf der gesamten Länge des Orts mit einem

Edelstahlgeländer versehen, das nicht nur teuer ausschaut, sondern bestimmt auch teuer war. Gehsteige, Straßenbelag und Laternen wirken, als wären sie erst vor Kurzem erneuert worden. Und wie der Arno so in seinem Bergwacht-Lada durch Vorderkitzlingen rollt, kommt er sich fast mickrig in seinem Untersatz vor.

Eine idyllische Kapelle liegt auf einem kleinen, frei stehenden Hügel im Ortszentrum. Bestimmt der perfekte Ort zum Heiraten. Aber wie mag dieser Hügel entstanden sein? Eine Laune der Natur? Jedenfalls hat sich die Kirche wie so oft den besten Platz gesichert.

Als der Arno so an die geballte Heiligkeit denkt, fällt ihm die schauderhafte Messe von gestern wieder ein. Der Blitz, der Baum im Fenster, die fanatische Kreuzveitl ...

Da! Ein Licht!

Das gelbe Schild der Kitzling-Bank hat Strom! Es hebt sich so deutlich vom trüben und tristen Hintergrund des Orts ab, dass es fast wie eine übernatürliche Botschaft wirkt. Auch im Bankgebäude selbst, oberhalb des Ortszentrums gelegen, brennen die Lichter.

»Heureka!«, ruft der Arno und biegt links ab.

12

Jaja, die Banken. Man kann nicht mit ihnen und auch nicht ohne sie. Obwohl's dem Arno schon ohne lieber wär. Besonders seit dieser Bernd ihm die Florine weggeschnappt hat, könnt er die ganzen Finanzheinis auf den Mond schießen. Normalerweise macht er einen riesigen Bogen um alles, das auch nur nach Geld- und Vermögensberatung riecht. Aber was hilft's.

Seit gut zwanzig Minuten sitzt er jetzt schon mutterseelenalleine im Wartebereich der Kitzling-Bank und starrt Löcher in die Luft. Die Empfangsdame hat ihn einfach hingesetzt und warten lassen, ohne ihm irgendetwas anzubieten. Na ja, immerhin wird's ihm langsam wieder warm.

Dann endlich geht eine Tür auf und ein Mann kommt auf ihn zu.

»Stefan Preis, hallo!«, sagt der kaum vierzigjährige Banker, der sich als Geschäftsleiter der Kitzling-Bank vorstellt. Groß, slimfit, teurer Anzug. Gel im gescheitelten Haar, das Gesicht spitz zulaufend und so glatt rasiert wie der berühmte Babypopo. »Bitte verzeihen Sie, dass Sie warten mussten. Die Märkte haben gerade den Handel eröffnet, und da ist immer einiges zu tun. Also. Wie kann ich Ihnen behilflich sein, Herr …?«

»Bussi«, antwortet der Arno leicht säuerlich, »Bundeskriminalamt, Sonderermittlung.«

»Ach ... und was führt Sie zu mir?«

»Ich habe da ein paar Fragen. Wegen Mario Unterberger.«

»O... kay?« Preis sieht sich um, als wäre außer seiner Sekretärin noch jemand da, der die Unterhaltung mitbekommen könnte. »Dann setzen wir uns doch schnell in mein Büro. Folgen Sie mir!«

Der Arno folgt, der geschleckte Grünschnabel geht voraus, drinnen deutet er auf die Designerstühle am Besprechungstisch. »Setzen Sie sich doch.«

Also setzt sich der Arno doch. Und staunt. Durch ein prächtiges Panoramafenster hat er den ganzen Ort auf einmal im Blick. Sogar das große Hotel – es muss jenes vom Unterberger sein – kann er auf der anderen Talseite sehen. Nicht schlecht, Herr Specht, so ein Ausblick. Aber Arbeitsplatz wäre das keiner für ihn. Der Arno würde sich die ganze Zeit fragen, ob jetzt *er* im Aquarium sitzt oder der Rest der Welt.

»Also?«, fragt der Geschäftsleiter knapp.

»Also«, murmelt der Arno ihm nach. Die Unsicherheit schnürt ihm die Kehle zu. »Wieso haben Sie Strom?«, fragt er schließlich, weil er nicht weiß, wie er das andere Thema anschneiden soll, ohne zu viel preiszugeben.

»Wir haben selbstverständlich Notstromaggregate, Herr Bussi. Autonomie für mindestens drei Tage. Die Menschen wollen ja an ihr Geld kommen. Außerdem müssen wir zu jeder Zeit mit Frankfurt, London und der Wall Street kommunizieren können, egal, ob wir in Manhattan oder im Kitzlingtal sitzen. Wir mögen ein kleines Institut sein, Herr Bussi, aber wir mischen kräftig mit an den internationalen

Märkten, und da sorgen wir selbstverständlich vor. Notstrom, Notkommunikation über Satellitenverbindung, vierundzwanzig Stunden Techniker-Stand-by … Aber Sie sind doch nicht deswegen gekommen. Also, was führt Sie wirklich zu … ach, wie unhöflich von mir. Kaffee?«

Dieser Bankheini ist ihm sofort zehnmal so sympathisch. »Ja, bitte«, sagt er wie ein Verdurstender in der Wüste und bemüht sich, nicht allzu flehend dreinzuschauen.

Preis geht zur Tür und gibt die Bestellung nach draußen. Dann kommt er zurück. »Sie sind wegen Mario Unterberger hier, haben Sie gesagt. Was kann ich diesbezüglich für Sie tun?«, fragt er und setzt sich so kerzengerade hin, als hätte er noch den Kleiderbügel im Jackett stecken.

»Wann haben Sie Mario Unterberger zuletzt gesehen, Herr Preis?«

»Den Mario? Pfuh … das ist schon länger her.«

»Geht's genauer?«, hakt der Arno nach, in Gedanken ganz beim versprochenen Getränk. *Hoffentlich kommt sie bald*, denkt er, die Ohren mehr nach draußen gerichtet als zum Banker. Er hört, wie die Sekretärin herumklirrt, besser gesagt das Kaffeeservice. Jetzt scheint ihr etwas auf den Boden zu fallen, der ungeschickten Kuh. Das würde er natürlich normalerweise niemals denken, geschweige denn sagen, aber ohne Koffein spürt er sich bald selbst nicht mehr.

Preis' Gesicht zuckt merkwürdig. Er steht auf, geht zum Schreibtisch und setzt sich hinter seine drei großflächigen Flachbildschirme. Dann klickt er mit der Maus. Mit der freien Hand greift er sich einen Gummiball für Erwachsene, den er sofort zu kneten beginnt. »Hm … vor vierzehn Tagen war die letzte Aufsichtsratssitzung. Da war's vermutlich.

Oh … einen Moment bitte.« Preis hebt den Hörer seines Tischtelefons ab. Keine fünf Sekunden später: »Sepp, hunderttausend auf Euro-Yen, jetzt. … Royal Swords? Wieso sind die immer noch im Portfolio? Haben wir die nicht gestern abgestoßen? … Warum nicht? Was heißt Feierabend? … Sepp, Geld ist eine Hure, die niemals schläft!«

Der Arno glaubt, er hört nicht recht.

Dann pfeffert der Geschäftsleiter seinen Gummiball vor sich auf den Boden, dieser knallt gegen das Panoramafenster und fliegt in hohem Bogen genau in seine Hand zurück. »Wie viel haben wir verloren mit Hebel, Sepp? Hunderttausend? … Hunderttausend! Davon kann ich einen wie dich zwei Jahre lang bezahlen, du Rindvieh! … Freunde? Sepp, wenn ich einen Freund will, kauf ich mir einen Hund!«, keift der Banker und knallt seinen Hörer so schwungvoll auf den Apparat, dass er ihn gleich noch einmal auflegen muss. Danach, als hätte man einen Knopf gedrückt, schaut er wieder völlig freundlich und entspannt. »Entschuldigung, Herr Bussi. Wo sind wir stehen geblieben?«

»Ja … wegen dem Unterberger. Vor vierzehn Tagen haben Sie ihn zuletzt gesehen?«

»Warum? Was ist denn mit ihm?«

Der Arno überlegt, ob er den Geschäftsleiter einweihen soll, entscheidet sich dann aber dagegen. Auch wenn es die Spatzen längst von den Dächern pfeifen, ist das mit Mario Unterbergers Tod ja immer noch nicht offiziell. »Wir wollen gewissen Hinweisen und Entwicklungen nachgehen«, sagt er kryptisch.

»Welche Entwicklungen denn?«, will der Banker wissen.

»Entwicklungen wie … einer … Fundsituation.«

»Ach? Was haben Sie denn gefunden?«

»Das ist noch nicht bestätigt. Worum ist es in dieser Aufsichtsratssitzung vor zwei Wochen gegangen?«

»Darüber darf ich Ihnen nichts sagen. Geschäftsgeheimnis.«

So weit, so schlecht. Draußen knattert die Espressomaschine. *Bald schon, bald …*

»War's das, Herr Inspektor? Bitte verstehen Sie mich nicht falsch, aber wie es so schön heißt: *Time is money*. Wir haben turbulente Tage an den Börsen, da geht es um viel Geld. Ich muss dann weitermachen.« Der Banker sagt's und steht auf.

Das könnte dir so passen!, denkt der Arno und bleibt demonstrativ sitzen. Es wird Zeit, dieses selbstverliebte Bürscherl aus seiner Gordon-Gekko-Scheinwelt zu holen. »Haben Sie mit Herrn Unterberger und dem Aufsichtsrat windschiefe Deals abgeschlossen, Herr Preis? Verstecken Sie sich deshalb hinter irgendwelchen Geschäftsgeheimnissen?«

»Wie bitte?« Wieder zucken Preis' Gesichtsmuskeln auffällig, und er knetet doppelt so schnell auf seinem Ball herum.

»Herr Preis, setzen Sie sich bitte wieder hin. … Schauen Sie, ich will Ihnen ja nicht die Zeit stehlen, aber wie Sie sich wahrscheinlich denken können, ist ein Verbrechen passiert. Wir gehen Hinweisen auf unsaubere Immobiliengeschäfte nach. Mario Unterberger soll mit seiner Aufsichtsratstätigkeit jemanden geschädigt haben. Sie wissen sicher, von wem ich spreche.«

»Woher sollte ich das denn jetzt wissen?«, fragt der Banker, so aalglatt wie ein Aal gar niemals sein könnte.

»Karl Ertl.«

»Wer?« Preis holt mit dem Ball aus, verkneift sich's aber, ihn nochmals zu werfen. Dafür zuckt sein Gesicht ein weiteres Mal.

»Herr Preis, Sie kennen den Bürgermeister von Hinterkitzlingen aber schon, oder?«

»Ja, natürlich kenn ich den. Aber was soll mit dem sein?«

»Er ist Bankkunde. Bei Ihnen.«

»Dazu darf ich Ihnen keine Auskunft geben.«

»Deshalb war das gerade auch keine Frage, sondern eine Feststellung.«

Der Banker macht ein Pokerface, fragt dann aber nach: »Geschädigt? Und wie?«

»Herr Preis, ich muss Ihnen das aber jetzt nicht alles erzählen, oder?«, tut der Arno so, als sei eh alles klar. »Kredite, überfällige Raten, Versteigerung, Notverkauf und weiter geht's. Der alte Schmäh bei euch.«

»Der alte Schmäh? Bei uns? Was soll das mit dem Ertl und uns zu tun haben?«

Jetzt reicht's ihm langsam. Er muss den Kerl irgendwie anders aus der Reserve locken. »Herr Preis, wer könnte Herrn Unterberger und vielleicht auch Ihnen etwas anhaben wollen?«

»Mir? Wer sollte denn mir etwas anhaben wollen, Herr Inspektor?«

»Das ist hier die Frage. Aber Sie ziehen es ja vor, sich dumm zu stellen.«

Da weiten sich Preis' Augen. »Hat der Ertl den Mario umge…«

»Hm? Was? *Umgebracht,* wollten'S gerade sagen? Wie kommen Sie darauf, dass der Herr Unterberger umgebracht worden sein soll? Vorhin haben Sie ja von rein gar nichts wissen wollen.«

»Ja, weil … ach, was soll's … weil's mir schon mindestens fünf Leute erzählt haben. Fragen Sie jeden Dahergelaufenen im Ort. Alle wissen es. Glauben Sie, der Ertl war's?«

»Ich glaube gar nichts. Aber der Herr Unterberger hat sich mithilfe dieser Bank etwas aus Ertls Besitz unter den Nagel gerissen.«

»Sie meinen diese … Quellengeschichte?«

Da schau her!, denkt der Arno.

Und gleich gibt's die nächste Wendung, in Gestalt der Sekretärin, die endlich den Kaffee hereinbringt. »So, hier bitte, ist Ihr Kaffee, Herr Polizist, Glas Wasser dazu, und für den Herrn Direktor, der Kaffee, das Glas Wasser dazu, bitte schön! Zucker und die Milch. Kann ich sonst noch etwas für Sie tun, meine Herren?«

Dem Arno würde schon etwas einfallen – die Klappe halten nämlich –, aber er bleibt still, schüttelt nur den Kopf und konzentriert sich voll auf die köstlichen Duftnoten, die ihm gerade in die Nase steigen. Am liebsten würd er ja sofort nach der Tasse greifen und …

»Oh!«, ruft der Geschäftsleiter aus, nachdem er einen Blick auf sein Handy geworfen hat, »Herr Bussi, jetzt muss ich aber wirklich. Tut mir leid, dass ich Ihnen mit Ihrer Sache nicht weiterhelfen kann. Alles Gute.« Preis streckt ihm seine Hand derart offensiv entgegen, dass ihm fast nichts anderes bleibt, als sie zu schütteln.

Aber … der Kaffee! Heiß, aromatisch – der Arno braucht ihn! Eilig greift er hin, hebt die Tasse hoch, schürzt schon die Lippen … einen schnellen Schluck wird er ihm wohl noch gönnen, dieser geschleckte Sauhund, das ist ja quasi ein Menschenrecht!

»Herr Bussi, bitte, gehen Sie jetzt. Die Märkte sind gnadenlos und Frankfurt wartet nicht.«

»Wir waren gerade bei der Quellengeschichte!«

»Alle weiteren Fragen wird Ihnen unser Anwalt in Innsbruck gerne beantworten. Sie finden alleine hinaus? Auf Wiedersehen!«, sagt der Aal und windet sich davon.

Also bleibt dem Arno doch tatsächlich nichts anderes übrig, als die Tasse wieder hinzustellen, ohne einen einzigen Schluck genommen zu haben. Die Sekretärin macht ein Gesicht wie sieben Tage Regenwetter und räumt das Geschirr wortlos wieder zusammen.

Als kurz darauf die gläserne Eingangstür der Kitzling-Bank aufgleitet und den Arno ins Freie entlässt, wo sein Bergwacht-Lada steht, eine Kuh auf dem Feld daneben gerade ihr Geschäft verrichtet und ihm ein kalter, feuchter Windstoß ins Gesicht bläst, fängt's auch im Arno drin zu regnen an.

Er steigt ins Auto und fährt ins Ortszentrum von Vorderkitzlingen hinunter, wo sein Blick am Zigarettenautomaten an der Wand des Gemeindeamts kleben bleibt. Drei Jahre ist er jetzt schon Nichtraucher, der Arno. Drei Jahre! Jetzt könnt einer meinen, Zeit genug, um die Lust auf Nikotin ein für alle Mal losgeworden zu sein. Aber dann zieht ihm dieser Banker den Kaffee unter der Nase weg, und plötzlich blinzelt ihn eine Zigarette an. Richtig zittrig ist er jetzt, vor lauter Ungerechtigkeit und Genussmittelentzug und misslungener Befragung und überhaupt. Die ganze Situation schreit nach

Freiheit, nach Sonnenuntergang in der Prärie, nach Lucky Luke und Lucky Strike ...

Ob der auch ohne Strom funktioniert?, überlegt er, bleibt stehen und schaut nach. Aber klar, der Automat ist tot. Kein Strom für Philip Morris, keine Glimmstängel für den Arno.

Als er so vorm Gemeindeamt steht, fällt ihm ein, dass der Unterberger als Bürgermeister hier ja quasi ein und aus gegangen sein muss. Mit Sicherheit könnten ihm die Mitarbeiter einiges über ihren Chef berichten. Also geht er zum Eingang, drückt die Klingel, aber ohne Strom kann er lange drücken, und überhaupt ist alles versperrt. Er klopft, einmal, zweimal, dreimal, immer lauter, doch nichts rührt sich. Auch logisch. Wozu sollte jemand da sein. Jeder, der kann, bleibt heute daheim.

Er zieht sein Handy aus der Jackentasche, aber immer noch kein Empfang, und schon wieder nur noch drei Prozent Akku. Er fühlt sich in eine Zeit versetzt, als es noch Straßenkarten und Münztelefone gab und polizeiliche Ermittlungsarbeit in erster Linie bedeutet hat, Klinken zu putzen. Wie man damals irgendwas geschafft hat, ist ihm ein Rätsel. Heute läuft die Hälfte der Polizeiarbeit, wenn nicht gar noch mehr, über Datenverarbeitung und Telekommunikation. Wenn er nur daran denkt, was sich allein über die sozialen Medien alles herausfinden lässt! Manche schweren Jungs und Mädels geben sogar öffentlich mit ihren Straftaten an – Selfie mit Beute lässt grüßen. Jaja, gegen Dummheit ist halt kein Kraut gewachsen, da hilft auch die beste Datenschutzgrundverordnung nichts. Oder die DNA-Analysen – unglaublich, welche Möglichkeiten sich einem da auftun, und ein Ende ist noch gar nicht absehbar.

Aber alles das gibt's nicht ohne Strom.

Der Arno seufzt, steckt sein Handy wieder weg und wirft einen Blick auf die amtlichen Mitteilungen, die sich im Glaskasten neben der Eingangstür des Gemeindeamts befinden. Dort hängt eine Todesanzeige, der Termin der nächsten öffentlichen Gemeinderatssitzung, die Ausschreibung der Stelle eines Mitarbeiters am Recyclinghof und die Ankündigung eines Projekts *Neues Gemeinde- und Veranstaltungszentrum*, das auf dem Grundstück *Vorderkitzlingen 1, ehem. Bridam Tischlerei* errichtet werden soll. Womit dem Arno sofort klar wird, welches Gebäude da gemeint ist: der Schandfleck, den er beim Herfahren entdeckt hat. Von dem er nur das halbe Firmenschild hat lesen können. *Dam* und *hlerei* gleich *Bridam Tischlerei*.

»Schau schau!«, sagt er zu sich selbst. Das alte Firmengebäude muss also einem Gemeindezentrum weichen? Schade ist's nicht um die Bruchbude. Aber schon interessant: Bridam. Genau wie der Pfarrer heißt. Vielleicht ein gängiger Name im Kitzlingtal? Man kennt es ja, das Phänomen der genetischen Verknappung an isolierten Flecken wie diesem. Hat dann jemand ein ausgeprägtes *genetisches Sendungsbewusstsein*, verbreitet sich nicht nur dessen DNA, sondern auch sein Name wie ein Lauffeuer, und am Ende heißen alle Franz und haben schiefe Nasen.

Plötzlich ist dem Arno, als würde er beobachtet. Von überallher gleichzeitig, aus dunklen Häuserfenstern, durch löchriges Gestrüpp und Haustürspione. Wahrscheinlich bildet er sich das nur ein. Andererseits: In solchen Dörfern kennt man sich, behält alles im Auge, besonders Fremde wie ihn ...

»Pff!« Er schüttelt den Kopf über sich selbst. Vor lauter Kaffeemangel halluziniert er bestimmt schon. Er zieht den Kragen seiner Jacke ganz nach oben und rennt zum Auto zurück.

Er fährt langsam bis ans Ende von Vorderkitzlingen. Weiterhin bestätigt sich sein Eindruck: Immer mehr moderne Bauten verdrängen das Alte. Die Blumen hängen hier weniger an den Balkonen, als dass sie Rasenflächen und einen Kreisverkehr schmücken, den man sich genau so auch vorm Buckingham Palace vorstellen könnte, vor lauter groß und gepflegt. Die Feuerwache besteht hauptsächlich aus Glas und Sichtbeton und schaut aus, als hätte sie ein sehr teurer Architekt entworfen. Fast scheint's, als wüsste der Ort nicht, wohin mit dem Geld. Und ein neues Gemeinde- und Veranstaltungszentrum muss man sich auch erst einmal leisten können, in einem Tal, das bis auf die Kitzling-Bank und Unterbergers Hotel keine größeren Betriebe beheimatet ...

Am Ortsende bleibt er stehen. Vorne führt eine lang gezogene Kurve talauswärts. Der Arno überlegt, ob er sich diesen Hangrutsch anschauen soll, der alles blockiert. Bestimmt träfe er dort auf den Ertl-Sohn und dessen Feuerwehrkollegen. Aber er hat Wichtigeres zu tun. Also wendet er an der Abzweigung zum Hotel, das übrigens *Das Unterberger* heißt und vier Sterne hat. Früher oder später wird er sich dieses Haus genauer anschauen müssen. Aber nicht jetzt.

Nach wie vor ist niemand zu sehen. Alles bleibt trostlos und dunkel, draußen wie drinnen, wo auch der x-te Blick in die linke obere Ecke seines Handys nur das gewohnte Resultat bringt: *Kein Netz*. Als er am abbruchreifen Tischlereibetrieb vorbeikommt, überlegt er kurz, stehen zu bleiben.

Aber der Regen, der vorübergehend nachgelassen hat und jetzt wieder stärker wird, lässt ihn weiterfahren.

Er will im Schnitzelparadies mit den Schupfgrubers sprechen. Vielleicht ist die Resi ja heute nüchterner und kann ihm etwas über ihre Verbindung zu Karl Ertl erzählen. Und möglicherweise ist auch der Gedanke an die Eva nicht ganz unbeteiligt daran, dass der Arno dem Lada auf einmal so die Sporen gibt.

Er fährt gerade an seiner Wache vorbei, als er unten am Eingang zwei Personen stehen sieht. Also bremst er, setzt zurück, biegt in die Sackgasse ab und glaubt, er sieht nicht recht: Ein klatschnasser Lulatsch – der Kerzenanzünder aus der Kirche, fällt ihm ein – winkt ihn aufgeregt heran. Mit der anderen Hand hält er die Kreuzveitl am Kragen fest, und ihre Hände sind – wenn der Arno nicht schon wieder halluziniert oder die Alte neuerdings hinterrücks betet – gefesselt!

Er hält knapp vor ihnen an und springt aus dem Auto.

»Mord!«, brüllt ihm der Mann entgegen.

»Lassen Sie sofort die Frau Kreuzveitl los!«

»Aber die ist eine Mörderin! Fluchtgefahr!«

Die Frau schaut drein wie ein aufgeschrecktes Reh. Wie ein ziemlich gegen die Wand geranntes und nicht mehr ganz taufrisches Reh, aber mindestens genauso ängstlich. Wie gestern bewegt sie die Lippen, ohne dass man etwas hört.

»Wie heißen Sie überhaupt?«, fragt der Arno den Mann.

»Hubert Reinalter. Und Gott sei mein Zeuge, ich habe eine Mörderin gefasst, um sie ihrer gerechten Strafe zuzuführen«, sagt er so hochgestochen, als wäre er und nicht der Heilige Bimbam der Geistliche im Ort.

»Jetzt lassen'S die Frau los und die Strafe meine Sorge sein, Herr Reinalter. Kommen'S herein, alle beide. Sie holen sich ja noch den Tod bei dem Sauwetter.«

Allerdings ist es im Inneren der Polizeiwache kaum wärmer als draußen. Wie sollte es auch, ohne Heizung und Strom. Nicht einmal einen Tee könnte er anbieten, an Kaffee verbietet er sich überhaupt nur zu denken. *Aber wenigstens regnet's drinnen nicht,* denkt der Arno stattdessen in einem Anflug von Galgenhumor, holt Handtücher und gibt sie den beiden.

Der Messhelfer beginnt sofort, sich die kümmerlichen Locken zu rubbeln. Die Kreuzveitl muss er natürlich erst von ihren Fesseln befreien. Aber auch nachdem er den Kabelbinder aufgezwickt hat, tut sie nichts weiter, als dazusitzen und mit glasigen Augen in die Unendlichkeit zu starren.

Wie sie will, denkt der Arno. Er würde nur ungern an der unheimlichen Frau herumreiben – wer weiß, was dann wieder passiert.

»Herr Reinalter, jetzt sagen'S mir sofort, was Sie sich dabei gedacht haben.«

»Ich?«, staunt der, als könnte er die Frage nicht fassen.

»Sie! *Sie* müssen sie fragen, aber die sagt ja nichts mehr, und wenn Sie mich fragen, dann hat sie auch allen Grund dazu!«

Der Arno reibt sich die Schläfen, atmet durch und sagt dann demonstrativ ruhig: »Jetzt noch einmal ganz von vorn, Herr Reinalter. Warum …?« Er stoppt. Die Situation ist so blöd, dass er sich erst einmal ganz für sich alleine wundern muss, *wie* blöd sie ist, bevor er weiterreden kann. »Warum haben Sie Frau Kreuzveitl gefesselt und halb zu Tode erschreckt, verflixt und zugenäht?«

Der Reinalter und die Kreuzveitl machen ein Kreuzzeichen, so synchron, dass man sich die beiden schon fast beim Synchronschwimmen vorstellen möcht.

»*Warum?*«, legt der Arno nach.

»Weil sie ihn auf dem Gewissen hat!«

Wen?, liegt dem Arno auf der Zunge, aber klar: den Unterberger natürlich. »Und was macht Sie da so sicher?«, fragt er.

»Ich hab sie auf frischer Tat ertappt!«

»Warum kommen Sie dann erst heute zu mir?«

»Wie meinen Sie das … *erst heute?*«

Langsam beschleicht ihn doch ein mulmiges Gefühl. Entweder er träumt gerade oder er muss tatsächlich nachfragen. »*Wen* soll die Frau Kreuzveitl denn auf dem Gewissen haben, Herr Reinalter?«

»Ja, den Emil!«

»Wen?«

»Emil! Hochwürden!«

Heiliger Bimbam!, würd er am liebsten schreien. »Den Pfarrer?«, ruft er ganz aufgeregt.

»Ja! Die Helga hat ihn gekreuzigt, genau so, wie sie es gestern in der Messe angekündigt hat! Äh … irgendwie so, jedenfalls. Ja. Weil sie glaubt, er sei der Teufel, der den Unterberger auf dem Gewissen hat! … Gott hab ihn selig.« Der Reinalter macht drei Kreuzzeichen hintereinander, die Kreuzveitl ist ihm mit zweieinhalb ganz dicht auf den Fersen.

»Wen? Selig?«

»Den Pfarrer Emil!« Und noch mal drei nach Norden, Süden, Osten und Westen.

»Und den Unterberger nicht?«

»Den auch ... ja«, sagt der Messhelfer und schaut betroffen zum Boden hinunter.

»Sie wollen mir also ernsthaft erzählen, Sie hätten Emil Bridams Leiche gefunden?«

»Und die Helga daneben.«

»Zeigen Sie sie mir. Jetzt sofort!«

»Da!«

»Nein, Himmel ... nicht die Frau Kreuzveitl, die Leiche! Wo ist die?«

»Im Pfarrhaus. Im Schlafzimmer. Im Bett! Ach, es ist ja so fürchterlich, das können Sie sich gar nicht vorstellen, Herr Polizist!«

Der Arno seufzt schwer und zieht nach dem Stromausfall und der daraus resultierenden Kaffeekrise sein drittes Fazit: Dieser Tag wird noch schlimmer als der gestrige! Obwohl er alles verwettet hätte, dass das gar nicht mehr geht. Aber wie heißt es so schön: *Schlimmer geht immer.*

»Dann fahren wir sofort hin. Auf geht's, aber flott!«

13

Jetzt mag man das komisch finden oder auch nicht, aber der Arno und der Tod, die zwei sind auf irgendeine besondere Art miteinander verbunden. Nicht wie beim Brandner Kaspar, der den Tod unter den Tisch sauft und so sein Leben verlängert, weil: Dann wär's ja ein Märchen und keine Realität. Aber der Arno – er hat's nie wem gesagt – kann's ganz deutlich spüren, wenn er in die Nähe eines frisch Verstorbenen kommt. Irgendwie feierlich fühlt sich das an. Aber nicht positiv feierlich. Eher aufwühlend. So ein Ziehen im Bauch, ein Brennen fast – eine Aufregung, die er sich am Anfang selbst nicht hat erklären können. Seine Mama hat ihn immer von toten Angehörigen ferngehalten, und deshalb ist er schon Polizist gewesen, als er es zum ersten Mal gespürt hat. Kaum dass er in die Nähe des Hauses kam, in dem jemand vor wenigen Stunden die Kellertreppe hinuntergestürzt war, ging's auch schon los mit den Zuständen, die schlimmer wurden, je näher er dem Toten kam. Irgendwann hat er den Zusammenhang dann kapiert. Jaja, der Arno, Leichendetektor wider Willen ...

Genau wie jetzt.

Er kann den Tod fast greifen, als er aus dem Auto steigt, den Vordersitz umlegt und der Kreuzveitl von der Rückbank des Ladas hilft.

»Wo?«, fragt er den Reinalter, als sie das Pfarrhaus betreten, und hofft, seine Frage nicht wieder lang und breit erklären zu müssen.

»Oben. Die Kammer ganz hinten.«

Er nickt. »Sie zwei bleiben unten. Und rühren'S bloß nichts an!« Sein Herz klopft doppelt so schnell wie eben noch, und sein Bauch fühlt sich an, als sei da drin gerade jemand auf ein Wespennest gestiegen.

Er atmet durch und pirscht sich die Treppe hinauf, am äußersten Rand entlang, um so wenige Spuren wie möglich zu hinterlassen. Es knarzt. *Bloß nichts anfassen.* Er riecht Kerzen, abgestandenen Rauch, Bücher, Moder, Holz. Ein erzkatholisches Bouquet, das er seit seiner Kindheit nicht mehr so deutlich in der Nase gehabt hat. Damals war er Ministrant und auch später noch viel in der Pfarrei unterwegs. Nicht die schlechteste aller Erinnerungen, muss er zugeben.

Schon erstaunlich, was Gerüche auslösen können, denkt er und wundert sich, warum er sich die ganze Zeit bemüht, leise zu sein. Völlig überflüssig eigentlich. Er räuspert sich einmal demonstrativ und lauscht. Aber da ist nichts. Nur diese Totenstille und seine wachsende Aufregung.

Im Obergeschoß ist's duster. Alle Türen sind geschlossen, bis auf die eine ganz hinten, durch die Kerzenlicht in den Gang flackert.

Die Kammer.

Als er die Grabkerze im Türstock entdeckt, wundert sich der Arno zum ersten Mal.

Er schleicht die Wand entlang, knapp an alten Bildern und einem großen Kreuz vorbei. Noch sieht er nicht ins Zimmer hinein. Als er direkt davorsteht, zieht er einen Hemdsärmel vor und drückt die Tür ganz auf.

Blut! Er riecht Blut und …

Knoblauch?

Da wundert er sich zum zweiten Mal.

Er geht hinein. Die Vorhänge sind zugezogen, Kerzenschein wirft ein fahles Licht auf die Szenerie. Er blickt sich um, schaut, starrt – und wundert sich zum dritten Mal. Aber wie.

Pfarrer Emil Bridam liegt nackt im Bett. Ein zusammengefaltetes Tuch bedeckt sein bestes Stück. Alle vier Gliedmaßen sind straff an die Ecken des Bettes gefesselt. Die Vorstellung eines Sexunfalls drängt sich auf. Aber das massive Holzstück, das aus dem Brustkorb ragt, passt zu keiner Spielart, von der der Arno jemals gehört hätte.

Spielkarten liegen im Bett verstreut. Deutsches Blatt. Unter, Ober, König und so weiter. Eine Botschaft? Und wenn ja, für wen? Hat der Täter ihm gar ein Rätsel hinterlassen? Aber er ist nicht Batman, der mit Inbrunst an den Botschaften seines Gegenspielers herumknobelt. Also lässt er die Karten Karten sein und schaut sich den Rest genauer an. Das Teil, das aus der Brust vom Heiligen Bimbam herausschaut, ist ein Kreuz, jedenfalls ein Teil davon. *Das Kreuz, das gestern von der Wand gefallen ist,* realisiert er. Jetzt steckt's im Pfarrer drin, mit dem zugespitzten Kreuzbalken voraus. Blutspritzer an der Wand, das halbe Bett dunkel vom Blut. Daneben ein sauberer Stuhl. So weit, so schlecht.

Aber das ist noch nicht alles.

Denn da liegt auch ein Knoblauchkranz auf der Pfarrersbrust. Einzelne Knollen sind in der Hälfte durchgeschnitten, sodass es geradezu ordinär stinkt. Der Arno mag Knoblauch, sehr sogar, aber wenn, dann im Essen und nicht auf toten Pfarrern.

Vampire, drängt sich der nächste Eindruck auf. Ein durchs Herz gestoßener Holzpfahl, am besten aus Esche, dazu noch Knoblauch …

Bloß nichts übersehen, sagt er zu sich selbst. Irgendetwas passt nicht ins Bild. Gut, gar nichts hier passt in die Vorstellung vom Zimmer eines katholischen, zölibatär lebenden Pfarrers, aber da ist noch etwas anderes …

Die Kerzen!

Große Kerzen, wie man sie in einem Pfarrhaus erwartet, aber auch mehrere kleine Teelichter, die kaum zur Hälfte heruntergebrannt sind, eines auf dem Tisch, eines auf dem Schrank und eines direkt neben dem Bett.

Der Arno tippt mit seinem Zeigefinger das Blut auf dem Leintuch an. Trocken, bestimmt schon seit Stunden. Er legt seinen Handrücken an den linken Unterarm des Toten. Kalt. Gut, Gliedmaßen kühlen schneller aus als der Torso. Deshalb probiert er es noch einmal an einer Stelle am Bauch, die bestenfalls lauwarm ist. Der Mord muss also irgendwann in der Nacht geschehen sein. Eher früher als später. Und dann brennen hier Teelichter, die kaum vier Stunden halten …

Ein Toter. Kalt. Frische Kerzen. Hokuspokus …

Da geht ihm das sprichwörtliche Lichtlein auf.

»Jetzt reicht's aber!«, fährt die Wut aus ihm. Er reißt die Vorhänge auf, dann das Fenster, und weil's rein spurentechnisch gesehen wahrscheinlich eh schon egal ist, bläst er alle Kerzen aus, damit hier drin nicht noch mehr passieren kann.

Dann poltert er raus und nach unten, zur Kreuzveitl und zum Reinalter, diesen beiden seltenen Hornochsen.

»*Sie!* Was haben Sie sich nur dabei gedacht?«, fährt der Arno die zwei an, die mit gefalteten Händen am Tisch der Pfarrstube sitzen.

»Wie bitte?«, ist der Messhelfer ganz verdattert.
»Das mit den Kerzen da oben beim Pfarrer. Wer war das?«
»Äh …«
»*Wer* hat die ganzen Kerzen aufgestellt?«
»Aber ich hab den Hochwürden doch nicht einfach so liegen lassen können, Herr Polizist«, gibt's der Messhelfer indirekt zu.

Es soll ja Momente geben, die einen so wütend machen, dass man kein Wort mehr herausbringt. Genau so ein Moment ist jetzt. Der Arno starrt den Reinalter an, kann nichts sagen, könnt ihn höchstens auffressen.

Die Kreuzveitl regt ihn mit ihrem »DerHerristmitdirdubistgebenedeitunterdenfrauenundgebenedeitist…« noch zusätzlich auf.

Er muss sich irgendwie Luft machen, sonst platzt er gleich. Also holt er aus und schlägt mit der flachen Hand auf den Tisch, dass es nur so scheppert.

Der Reinalter und die Kreuzveitl zucken synchron. »Dies ist ein Gotteshaus!«, empört sich der Messhelfer.

»Das ist mir wurscht, Sie Gotteshaus, Sie!«, schimpft der Arno zurück, nicht gerade druckreif, aber hilfreich, weil der Damm jetzt bricht: »Ja, spinnt's ihr eigentlich, oder was? Kerzen um ein Mordopfer herum anzünden, bevor es *irgendeine* Möglichkeit gegeben hat, Spuren sicherzustellen. *Sie!* …

Sagen'S, Herr Reinalter, hat nicht *irgendetwas* da oben danach ausgeschaut, als ob es da für die Polizei noch etwas zu tun gäb? Ja, Himmel, Arsch und Kruzifix noch einmal, sind denn alle Fernsehkrimis dieser Welt umsonst gewesen, oder was?«

Die Kreuzveitl bekreuzigt sich gleich fünfmal hintereinander.

»Aber das Verbrechen ... das ist ja schon geklärt!«, stammelt der Reinalter.

»Was?«

»Ich hab Ihnen doch gesagt, dass die Helga ihn auf dem Gewissen hat. Gekreuzigt hat sie ihn, genau wie angekündigt. Na ja, irgendwie so, halt.«

»Sie haben gesagt, Sie hätten sie auf frischer Tat ertappt. Ihre Worte, oder?«

»Äh ... ja, irgendwie schon.«

Irgendwie, irgendwie ... der Kerl zieht ihm noch den letzten Nerv. »Was jetzt?«, fährt er ihn an. »Ertappt oder nicht, Herr Reinalter?«

»Ich ... ich ...«, stammelt der Messhelfer.

»Ja? ... Sie ... *Sie?*«

»Ich hab die Helga bei ihm gefunden. Also ... sitzen sehen.«

»Und weiter?«

»Sie war genau so wie jetzt, nur völlig neben sich.«

Wo ist da der Unterschied?, wundert sich der Arno und fragt: »Haben Sie den Mord beobachtet, Herr Reinalter? Haben Sie konkret gesehen, wie die Frau Kreuzveitl dem Herrn Pfarrer das Kreuz in den Brustkorb rammt?« *Und dabei auf ihm reitet wie eine Walküre,* würde er am liebsten dranhängen, aber manche Bilder lässt man besser ganz tief in seinem Kopf vergraben.

»...«

»Haben Sie oder haben Sie nicht?«

»Nein, hab ich nicht«, gibt der Messhelfer kleinlaut zu.

»Wie kommen'S dann drauf, dass sie es war?«

»Aber die Helga hat doch gestern gesagt, dass sie das tut. Weil der Herr Pfarrer der Satan ist ... sei ... also, gewesen sein soll.«

»Und alle haben's gehört. Die Hinterkitzlinger und die Vorderkitzlinger noch dazu. Das kann ihr doch weiß Gott wer in die Schuhe schieben wollen!«

»...«

»Meinen Sie im Ernst, die Frau Kreuzveitl hat das alles da droben angerichtet?«

»...«

Der Arno atmet durch, versucht, Ordnung in seinen Kopf zu bringen. »Also gut. Gut, gut. ... Gut. Hören Sie. Haben Sie sonst noch etwas bemerkt? Oder jemanden? Egal, wo. Draußen vorm Haus vielleicht?«

Der Reinalter schüttelt den Kopf.

»Dann sagen'S mir jetzt ganz von vorn, wie Ihr Tag abgelaufen ist. Jedes Detail, so unwichtig es Ihnen auch vorkommen mag. Alles ist wichtig.«

»Ja. Also, ich ... ich bin aufgewacht, neben meiner lieben Frau, in der Morgendämmerung. Ich habe Margarethe liegen gelassen, wissen Sie, sie schläft ja gerne aus, also bin ich leise aufgestanden und wollte mir die Zähne putzen, aber das Badezimmerlicht ...«

»Nein, Herr Reinalter, ich mein schon ab einem halbwegs gescheiten Zeitpunkt.«

»Ja, also ... hm. ... Ich habe in der Kirche aufräumen

wollen. Die Feuerwehr hat den Baum gestern noch geborgen und das Fenster mit Brettern und Planen provisorisch abgedichtet. Aber der Innenraum ist in fürchterlichem Zustand, wissen Sie, und ich wollte Pfarrer Bridam um Rat bitten, was mit den Kunstwerken und den nassen Liederbüchern geschehen soll. Aber er war nicht zugegen.«

»Und?«

»Aber Herr Polizist, wer, wenn nicht der Herr Pfarrer, sollte unter solchen Umständen unbedingt in seiner Kirche sein? Ich hab sein Fernbleiben unentschuldbar gefunden! Deshalb bin ich ziemlich verstimmt zum Pfarrhaus gegangen, um ihn seiner Pflichten zu gemahnen.«

Schon besser, denkt der Arno, auch wenn der Reinalter schon wieder ziemlich geschwollen daherredet. »Erzählen'S mir jetzt ganz genau, was danach gewesen ist. Wie Sie hier eingetroffen sind. War die Haustür versperrt?«

»Also ... das weiß ich nicht mehr.«

»Wieso nicht?«

»Weil ich hier ein und aus gehe, seit Jahren schon. Man achtet nicht drauf. Das macht man automatisch, verstehen Sie?«

»Von mir aus. Und dann?«

»Dann habe ich nach dem Pfarrer gesehen. ›Herr Pfarrer Bridam!‹, habe ich gerufen, ›Hochwürden!‹, immer wieder, aber es kam keine Antwort. Aber wo sollte er denn sonst sein, wenn nicht im Pfarrhaus, habe ich gedacht. Also habe ich in der Küche nachgesehen, in der Stube hier, im Büro, dem Keller, der Garage, wirklich überall, aber nichts. So bin ich hinauf. Ich wollte bestimmt nicht in seine Kammer vordringen, Herr Polizist, das müssen Sie mir bitte glauben.

Aber die Tür stand offen. Und da hab ich es gesehen.« Er schüttelt ungläubig den Kopf.

»Was? Was haben Sie gesehen, Herr Reinalter? Was genau?«

»Es war dunkel. Nur etwas Licht drang hinter den Vorhängen durch. Und da war sie am Bett.« Der Messhelfer deutet auf seine Nachbarin.

Diese murmelt vor sich hin, als ginge sie das alles gar nichts an.

»Sie war am Bett?«

»Auf dem Stuhl daneben.«

»Und was hat sie gemacht?«

»Gebetet.«

»Also nicht gerade die frische Tat, oder?«

»Äh ... nein.«

»Haben Sie da schon gesehen, was mit dem Pfarrer war?«

»Nein, nicht so genau, erst nach und nach. Es braucht ja eine Weile, bis sich die Augen an die Dunkelheit gewöhnen. Ich wollte die Helga fragen, was sie da macht, ob es dem Herrn Pfarrer vielleicht nicht gut geht, aber sie hat nicht auf mich reagiert. Und dann hat es sich mir eröffnet.«

»Eröffnet ... was?«

»Das Kreuz.«

Langsam könnt er dem Kerl eine schmieren für sein hochgestochenes Geschwafel. »Haben Sie sonst noch etwas bemerkt?«

»Den Knoblauch.«

»Und dann?«

»Dann habe ich gesehen, was die Helga getan hat.«

»Keine voreiligen Schlüsse, bitte. ... Sagen Sie, Kerze hat da noch gar keine gebrannt?«

»Ja, äh ... nein.«

»Was jetzt? Ja oder nein?«

»Nein«, flüstert er, als könnte jeden Moment etwas explodieren. Oder jemand. Zu Recht.

Jetzt sollt's ihm aber langsam peinlich werden, dem Herrn Kerzenanzünder, denkt der Arno. »Und weiter?«

»Ich habe mich ans Bett gestellt und einen Rosenkranz gebetet.«

»Einen Rosenkranz. ... Einen *ganzen* Rosenkranz?« Wenn er sich richtig erinnert, kann der, abhängig vom Murmelfaktor, eine gute halbe Stunde dauern.

»J... ja. Aber dann bin ich sofort zu Ihnen geeilt, mit der Helga.«

»Sie haben sie gefesselt.«

»Das musste ich doch. Wegen der Fluchtgefahr.«

Der Arno schließt kurz die Augen, vermeidet es gerade noch, seinen Kopf zu schütteln, und wendet sich dann der Haushälterin zu: »Frau Kreuzveitl? Stimmt das so? Hallo, Frau Kreuzveitl? Hören Sie mich? Was haben Sie im Zimmer des Pfarrers getan, bevor der Herr Reinalter zu Ihnen gekommen ist? Frau Kreuzveitl? *Frau Kreuzveitl!*«

Sinnlos.

Er seufzt, zum x-ten Mal, seit seine schöne Wiener Welt in ihre Bestandteile zerfallen ist. Und wieder kann ihm keiner helfen, abgesehen von ihm selbst. Er steht auf, geht in die Küche und schaut in den Regen hinaus. Bald wird sich das ganze Tal in einen einzigen reißenden Fluss verwandelt haben. Eine Flut biblischen Ausmaßes wird kommen und alles mit sich reißen, und das war's dann. Und langsam denkt er, dass das nicht die schlechteste aller Lösungen wär.

Er kramt sein Handy heraus. Aber natürlich hat es immer noch kein Netz. *Netz ... Festnetz!,* fällt ihm ein und er geht in die Stube zurück.

»Sagen'S, gibt's hier irgendwo einen Festnetzanschluss?«, fragt er den Messhelfer.

»Im Büro.«

»Bleiben'S hier sitzen«, sagt der Arno, betritt den Nebenraum und freut sich schon, als er das alte, analoge Modell sieht, das auf dem Schreibtisch steht. Er glaubt sich zu erinnern, dass diese Dinger keine eigene Stromversorgung brauchen. Womit sie auch bei Stromausfall funktionieren könnten. Er nimmt den Hörer ab, hat schon die Nummer des Landeskriminalamts im Kopf und will die erste Zahl eintippen ... doch nichts. Kein Freizeichen, kein Knacken, nicht einmal das leiseste Rauschen. Der Anschluss ist mausetot. Er drückt ein paarmal auf die Wippe, genau wie in den alten Filmen, aber das Resultat bleibt dasselbe. Eigentlich auch wieder logisch. Mag der Apparat selbst keinen Strom benötigen, das Leitungsnetz des Tals bestimmt. Womit er also auch das Festnetz vergessen kann.

Dabei muss er doch schnellstens das LKA erreichen, den neuen Fund melden, den Kollegen klarmachen, dass er nicht tagelang auf sie warten kann, dass er dringend Verstärkung braucht, Polizei, Rechtsmediziner, von ihm aus auch das Bundesheer. Aber wie denn? Brieftauben? Indianische Rauchzeichen?

Jetzt tut der Arno in seiner Verzweiflung etwas, für das er sich noch vor Stunden selbst ausgelacht hätte: Er faltet die

Hände und hebt sie in die Höhe. *Gott, lieber Gott, bitte gib uns wenigstens den Strom zurück,* fleht er zum Himmel.

Da fängt die Kreuzveitl in der Stube zu reden an: »Die Ausgeburt des Teufels ist tot!«, krächzt sie so schauerlich, als sei die Nadel ihres Plattenspielers abgebrochen. Schnell geht der Arno zu den beiden zurück. Der Messhelfer schüttelt nur den Kopf, während sie mit ihrem Geisterbahn-Rap weitermacht: »*Ab insidiis diaboli, libera nos, Domine. ... Et aspergatur locus aqua benedicta ...*« Plötzlich macht sie die Augen auf und scheint völlig klar, als sie zum Reinalter sagt: »Hubert, wir müssen die Kammer mit Weihwasser besprengen!«

Der Arno will ihren lichten Moment gleich ausnützen. »Frau Kreuzveitl, haben Sie das da oben getan?«

»Was meinen Sie denn?«

»Das mit dem Heiligen ... ich meine, mit Hochwürden?«

»Ich? Nein, das war der Herr!«

»Welcher Herr?«

»Na, *der* Herr«, sagt sie und deutet zur Holztaube rauf, die an der Decke hängt, meint aber sicher mehr den lieben Gott als das Federvieh.

»Frau Kreuzveitl, Sie glauben doch nicht im Ernst, dass *der* Herr jemanden ans Bett fesselt, ihm ein Kreuz ins Herz stößt, Spielkarten verstreut und das Ganze noch mit Knoblauch garniert, oder?«

»Die Wege des Herrn sind unergründlich.«

»Jetzt hören'S endlich mit dem Blödsinn auf und sagen'S mir, was Sie getan haben!«

»Ich? Nichts. Gebetet hab ich, zum Herrn. Gedankt, dass er uns erlöst hat von dem Bösen.«

»Also wollen Sie behaupten, Gott der Allmächtige sei als

Racheengel vom Himmel gestiegen, weil Sie ihn gestern Abend darum gebeten haben, und hat den Pfarrer ums Eck gebracht. Und das soll Ihnen wer glauben?«

»Die Wege des Herrn ...«

»Jetzt Fixhalleluja Kruzi...«

Der halb erstickte Fluch ist der Kreuzveitl immerhin drei Kreuzzeichen wert.

Er wartet, atmet aus und wieder ein, versucht, seine Beherrschung wiederzufinden, es hilft ja alles nichts. »Frau Kreuzveitl, würden'S mir jetzt bitte erzählen, was genau sich abgespielt hat? Wann sind Sie zum Beispiel gekommen?«

»Wie jeden Tag pünktlich um acht, gleich nach dem Putzen bei der Resi. Aber heute hab ich dort ja nicht putzen müssen. Also hab ich bei mir zu Hause geputzt.«

Jaja, irgendwas ist halt immer zum Putzen, denkt er. »Und dann?«

»Dann wollt ich Hochwürdens Frühstück aufräumen, aber es war kein Geschirr in der Spüle.«

»Warum sind Sie überhaupt hergekommen?«

»Was meinen Sie?«

»Nach dem Auftritt in der Messe gestern. Erinnern Sie sich? ›Sehet, der Leibhaftige ist unter uns‹ und so weiter? Redet man so von seinem Chef und geht dann zur Tagesordnung über, oder was?«

»Hochwürden ist nicht mein Chef.«

»Sondern?«

»Gott dem Herrn alleine bin ich verpflichtet.«

Totalschaden, denkt er. »Und dann? Was ist dann passiert?«

»Ich hab oben nachgesehen und an die Tür geklopft. Manchmal schläft Hochwürden ja ein wenig länger ...«

»Hat er geantwortet?«, fragt der Arno ganz scheinheilig.
»Nein.«
»Also sind Sie reingegangen.«
»Ja.«
»Und?«
»Und?«
»Ja, Kruz... äh, gut. Alles gut. Frau Kreuzveitl, was haben Sie dann gesehen, nachdem Sie das Zimmer betreten haben?«
»Zuerst nicht viel, wegen der Dunkelheit. Also hab ich das Licht eingeschaltet. Aber es war ja kein Strom da. Und dann, mit der Zeit ...«
»Ja? Was war da?«
» ...«
»Frau Kreuzveitl? Was?«
»Gegrüßetseistdumariaderherristmitdirdubist ...«
»Frau Kreuzveitl!«
»... gebenedeitunterdenfrauenundgebenedeitistdiefruchtdeinesleibes ...«
Sinnlos. Sie hat sich wieder ins religiöse Wachkoma verabschiedet, schaukelt vor und zurück, genau wie gestern, fehlt eigentlich nur noch der Schwebemodus.

Der Arno konzentriert sich wieder auf den Messhelfer. »Herr Reinalter, eine Frage noch: Wer war das mit dem Leintuch?«

»Was meinen Sie?«

»Das Tuch über dem Inti... über der Scha... über dem Schniedel«, entschließt er sich vor lauter Aufregung für die blödeste Variante von allen.

»Ach so, ja, das. Das war ich.«

»Warum?«

»Ich wollte ihn nicht so ... so nackt liegen lassen neben ihr.«

Wieso?, will er schon fragen und kann gar nicht anders, als sich die Kreuzveitl betend neben dem Pfarrersschniedel vorzustellen, dass es ihn vor lauter Gänsehaut nur so schüttelt.

14

Das Indianersprichwort mit dem Absteigen vom toten Pferd muss jetzt gleich ein zweites Mal herhalten, weil: Nicht nur der Polizeicomputer von Hinterkitzlingen ist in die ewigen Jagdgründe eingegangen, sondern auch Arnos Plan, aus der Kreuzveitl oder dem Reinalter sinnvolle Informationen herauszubringen. Diese beiden Clowns werden ihm nicht weiterhelfen. Aber wenigstens eines will er hier und jetzt beenden: die Kaffeeprohibition.

Er geht in die Küche und freut sich, denn die Pfarre hat einen Gasherd. Er kramt in den Schränken herum, findet tatsächlich eine Dose Instant-Pulver, und keine Minute später steht schon ein Topf auf der Flamme, mit nur einem Fingerbreit Wasser, damit's schneller geht. Er starrt ins Nass hinein und schaut zu, wie sich kleine Bläschen vom Boden lösen. Im Handumdrehen fängt es an zu röcheln – röchelwarm muss reichen, schnell gibt er das Wasser in eine Tasse mit gleich vier Löffeln Kaffeegranulat. Ob's ihn davon umhauen wird oder nicht, ist ihm jetzt völlig egal. Er rührt so schnell um, dass etwas über den Rand hinausschwappt, schmeißt den Löffel in die Spüle, bläst, setzt an und … erstarrt.

»Ektor ussi!«, hört er es draußen, ganz leise. »Spektor Bussi!«, wird es lauter. »Herr Inspektor Bussi! *Arno Bussi!*«

Ohne einen Schluck getrunken zu haben, stellt er die Tasse wieder hin, eilt zum Fenster – und sieht rot. Die Feuerwehr nämlich, den Kommandowagen mit Lautsprecher auf dem Dach.

»Herr Inspektor Arno Bussi, melden Sie sich!«, kräht eine Männerstimme in alle Welt hinaus. Das Auto rollt am Pfarrhaus vorbei, zehn Sekunden später geht die Durchsage wieder los.

»Sie beide halten sich zu meiner Verfügung, verstanden? Niemand geht nach oben. Das Pfarrhaus bleibt geschlossen!«, brüllt er in die Stube hinein.

»Aber Hochwürden muss aufgebahrt werden, und wir müssen die Diözese informieren«, gibt der Messhelfer zurück. »Was soll nur aus uns werden, ohne geistigen Beistand?«

»Auf gar keinen Fall wird hier irgendjemand aufgebahrt, verstanden? Alles bleibt, wie es ist! Ich mach Sie persönlich für jede vernichtete Spur verantwortlich. Nichts anfassen, nicht raufgehen, das ist ein Befehl. Verstanden?«

Dem Reinalter bleibt nichts übrig, als zu nicken. »Und was ist mit der Helga?«, ruft er dem Arno nach, als der schon halb bei der Tür draußen ist. »Sie müssen sie mitnehmen!«

Obwohl er nicht will, muss er dem Messhelfer recht geben. Das LKA wird ihn lynchen, wenn er eine mögliche Mörderin frei im Ort herumlaufen lässt – und ganz ausschließen kann er das ja nicht. Kurz schaut er zum Himmel hinauf, als ob ihm ausgerechnet dort jemand helfen könnte, dann geht er zurück.

»Also gut. Kommen'S mit, Frau Kreuzveitl!«, sagt er und greift sich ihren Oberarm, zieht sie hoch und staunt, weil sie sich von ihm führen lässt wie eine Debütantin beim Opernball.

Draußen schiebt der Arno die Kreuzveitl zur Sicherheit auf die Rückbank seines Wagens, wofür er erst wieder den Fahrersitz nach vorne klappen muss – Sibirien lässt grüßen –, springt hinters Steuer und rast dem Feuerwehrauto nach.

Fünfzig Meter vor der Abzweigung zur Polizeiwache hat er es überholt und angehalten. »Sie bleiben da, verstanden?«, sagt er zur Kreuzveitl, sicher, dass sie sich ohnehin nicht alleine aus dem Lada befreien kann, und springt raus. Deutlich zu entschlossen, denn wieder spürt er den Stich in der linken Flanke. Er muss kurz stehen bleiben, sich ducken und ausblasen, holt vorsichtig neue Luft und eilt dann gebückt zur Fahrerseite des anderen Wagens.

Der Feuerwehrmann kurbelt das Fenster hinunter und offenbart sich als der junge Ertl. »Hast du dich verletzt, Arno?«

»Nein, nein, geht schon … hallo, äh …« Er überlegt und überlegt, aber der Vorname seines rothaarigen Widersachers will ihm nicht einfallen. Bestimmt auch deshalb, weil neben ihm auf dem Beifahrerplatz die Eva sitzt und den Arno anschaut. Nicht keck, und auch nicht geheimnisvoll wie sonst, sondern völlig außer sich und obendrein durchnässt.

»Gott sei Dank haben wir dich gefunden, Arno!«, meint der Bürgermeistersohn.

»Wieso … Franz?«, kann er sich gerade noch rechtzeitig erinnern.

»Herr Arno, wir müssen sofort meine Mama suchen! Sie ist verschwunden!«, übernimmt die Eva, und ihre Stimme klingt richtig kratzig, fast wie die von der Resi. Er hofft nur, dass ihr das nicht bleibt, weil: Neben so einer Sirene will keiner alt werden.

»Wohin?«, fragt er und merkt selbst, wie blöd die Frage klingt. Zu seiner Entschuldigung arbeitet sich gerade ein eisiges Rinnsal von seinem Hals den Buckel hinunter.

»Deshalb brauchen wir Sie ja, Herr Arno! Schauen Sie, das da hab ich gefunden!« Die Eva reicht ihm ein Blatt hinaus, das er nur schnell überfliegen kann, wenn er nicht schon wieder klatschnass werden will.

»*Liebes Kind … Kann nicht länger … Unterberger umgebracht … Ertl Karl … wahrer Vater … hättest es besser gehabt … Lebewohl*«, steht auf dem verschmierten Zettel, und noch viel mehr, aber das reicht ihm schon.

»Fahren wir in die Wache!«, sagt er zu den beiden. Nur eine Sekunde später heult eine Feuerwehrsirene auf.

»Zentrale, hier Wagen eins?«, ruft der junge Ertl ins Funkgerät und schreit es dem Arno via Dachlautsprecher direkt ins Ohr hinein, dass es nur so klingelt.

»Entschuldigung!« Der Franz fingert an Knöpfen herum und wiederholt: »Zentrale, hier Wagen eins?«

»Zentrale.«

»Neuer Alarm?«

Der Arno steckt den Kopf in den Wagen, um mithören zu können.

»Hangrutsch in Vorderkitzlingen. Eventuell Verschüttete. Alle verfügbaren Kräfte sofort zum Einsatzort«, scheppert die Stimme aus dem Funkgerät.

»Wagen eins verstanden! … Oje, Evi, du hast's ja gehört, ich muss da sofort hin. Die Männer …«

Die *Evi* schaut den Franz zuerst mit Riesenaugen an, ihr Kinn bebt, dann nickt sie schnell. »Pass auf dich auf, Schatz.«

»Du auf dich.«

Der Kuss, den die zwei sich geben, trifft ihn mitten ins Herz, ungefähr so wie das Holzkreuz den Pfarrer, nur dass der Arno mit dem Schmerz weiterleben muss und der Heilige Bimbam es hinter sich hat. Die Traumfrau steigt aus und hastet mit ihm zum Lada, der Franz düst mit Blaulicht und Folgetonhorn an ihnen vorbei.

»Oh! Frau Kreuzveitl, was machen Sie denn hier?«, fragt die Eva, als sie die Mitfahrerin auf der hinteren Bank entdeckt.

»Das ist eine lange Geschichte«, antwortet der Arno für sie, die jetzt ... was eigentlich ist? Seine Gefangene? Schutzbefohlene? Eine Heimsuchung aus der Hölle?

Keine fünf Minuten später sind sie in der Wache. Die Kreuzveitl sitzt in der Arrestzelle, wo sie beten kann, so viel sie will.

»Es ist schrecklich«, krächzt die Eva und nimmt das große Frotteetuch, das er ihr anbietet. Dann schlägt sie ihre Haare ein und steht plötzlich mit einem Turban da. *Frauen können so was,* denkt der Arno. Trotzdem schafft er's mehrere Sekunden lang nicht, den Blick von ihr zu reißen, und ob er will oder nicht, gilt seine Aufmerksamkeit plötzlich ganz ihrer durchnässten Kleidung, die sich so wunderbar um ihren Körper schmiegt, dass ihm schon wieder ganz lyrisch wird ...
Einer Meerjungfrau gleich den Fluten entstiegen, voll Sehnsucht und doch ...

»Schauen Sie nur«, unterbricht die Eva seine Anwandlungen und reicht ihm das Blatt von vorhin. Er nimmt es und deutet auf einen Stuhl an seinem Schreibtisch.

Mein liebes Kind,
es tut mir so leid, aber ich kann nicht länger schweigen. Ich habe den Unterberger umgebracht. Du weißt, er war ein Unmensch und hat den Tod verdient. Aber zwei Sachen weißt Du noch nicht. Der Unterberger wollte den Ertl Karl ruinieren. Und damit auch Dich. Denn der Karl ist Dein wahrer Vater, mein Kind. Er war meine große Liebe. Aber er wollte die Mirella. Du hättest eines Tages Deinen Anteil am Hof und allem fordern können, dafür habe ich gesorgt. Du hättest es besser gehabt. Aber der Unterberger, dieses Schwein, wollte uns alles kaputt machen. Ich kann mit der Schuld nicht mehr leben. Bitte verzeih mir, aber ich muss Lebewohl sagen. Ich küsse Dich tausend Mal, mein Engel. Vergib mir. Resi

Der Arno schämt sich fast für seine eigenen Gedanken. Aber vielleicht muss das ja so sein, quasi Arterhaltung, dass man allem etwas Positives abzugewinnen versucht, selbst den schlimmsten Nachrichten. Jedenfalls hat er sich noch während des Lesens zusammengereimt: Wenn die Eva die Tochter vom Ertl Karl ist, dann ist der Franz ja ihr Halbbruder! Und so eng ist das Kitzlingtal jetzt auch wieder nicht, dass die beiden heiraten oder sonst etwas miteinander tun dürften. Also: Bessere Chancen für den Arno! Aber wenigstens hat er ein schlechtes Gefühl dabei. Ein anderer würd jetzt gleich tröstend über die Eva herfallen, er nicht.

»Herr Arno? K… k… ommen Sie, wir m… m… müssen sie finden!«, stammelt die Eva, und erst jetzt sieht er, wie sehr sie bibbert, ihre Lippen sind schon ganz blau.

»Aber Sie sind ja total unterkühlt!«, sagt er, springt auf

und überlegt kurz – ganz kurz –, sie zu umarmen und mit bloßen Händen zu trocknen und warm zu reiben, hat dann aber eine vernünftigere Idee. Die Eva braucht trockene Sachen. Und wie er sich noch dunkel erinnert, waren unten im Keller, unter all den mehr oder weniger historischen Polizeiutensilien, auch noch einige original verpackte Uniformen. Er greift sich die Taschenlampe, geht in den Keller, sucht eine Garnitur zusammen und bringt sie hinauf, wo er sie vor der Eva auf dem Schreibtisch ausbreitet. Hosen, Hemd, Wollpullover, Mehrzweckjacke – alles da.

»Von der Größe her dürfte es passen. Gehen Sie ins Nebenzimmer und ziehen Sie das an, schnell.«

»A… a… aber das ist doch eine Polizeiuniform, Herr Arno!«

»Gendarmerie sogar«, staunt er, dass er die Uniform noch einmal zu Gesicht bekommt, die schon lange vor seiner Zeit ausgemustert wurde. Damals hat man noch zwischen Gendarmerie und Polizei unterschieden: die einen fürs Land, die anderen für die Stadt. »Das ist aber vor allem trockene Kleidung, *Frau Eva*«, sagt er und lächelt sie an. »Nehmen Sie das. Und das. Der Pullover ist richtig warm.«

Sie nickt und geht damit in den Nebenraum. Der Arno nimmt den Zettel mit Resis Botschaft und stellt sich – ganz Kavalier – so neben die Tür, dass die Eva sich unbeobachtet umziehen kann.

»Sagen Sie, sind Sie sicher, dass die Nachricht von Ihrer Mutter ist?«

»J… ja, d… as ist eindeutig ihre Handschrift«, bibbert sie.

Der Arno hört, wie ein nasses Kleidungsteil auf den Boden klatscht, und zwingt sich, weiterhin an die Resi zu denken. Er liest und liest und bleibt erneut an der Sache mit Evas Vater hängen. Karl Ertl. Womit natürlich klar ist, warum sich der Bürgermeister so für die Schnitzelwirtin einsetzt. Vermutlich hat sie ihn inzwischen mit der Wahrheit konfrontiert – dass er's schon gewusst hat, ist unwahrscheinlich, sonst hätte er wohl etwas gegen die Beziehung zwischen seinen beiden Kindern einzuwenden gehabt. »Sagen Sie, Eva ...«

»Ja?« Wieder fällt etwas zu Boden, dann ist zu hören, wie sie sich mit kräftigen Bewegungen abtrocknet.

»Was haben Sie denn bisher geglaubt, wer Ihr Vater ist?«

Das Reiben hört auf. Gleich darauf meint der Arno, einen Schluchzer zu hören, und nichts würde er jetzt lieber, als ums Eck zu springen und ... – aber natürlich geht das nicht. »Eva?«

»Ich ...«

Er gibt ihr Zeit. Neuer Regen prasselt ans Fenster. Wieder liest er die Nachricht von vorne.

Ich habe den Unterberger umgebracht.

Resi Schupfgruber, eine Mörderin?, überlegt er und schüttelt den Kopf.

Die Eva schnieft und schnäuzt sich, womit auch immer.

»Die Mama hat's mir nie gesagt.«

»Aber das will man doch wissen!«, entgegnet er im Reflex und fürchtet gleich, zu streng geklungen zu haben. »Sie haben doch bestimmt schon als Kind nach Ihrem Vater gefragt.«

»Es hat immer geheißen, es sei jemand auf Durchreise

gewesen. Ein Italiener – Enrico, beim Dorffest, am nächsten Tag sei er weg gewesen und nie wieder zurückgekommen.«

Der Arno kann gar nicht anders, als zum Himmel zu schauen und dabei an seinen Opa Salvatore zu denken, Gott hab ihn selig. Da hätten die Eva und er ja eine richtige Gemeinsamkeit gehabt. »Aber das war wohl eine Lüge«, sagt er leise und doch laut genug.

»Alles ist eine Lüge, Herr Arno.«

Jetzt hört er, wie sie sich etwas überstreift. »Wie meinen Sie das?«

Die Eva antwortet nicht. Kurz darauf tritt sie in der alten Uniform ums Eck, so fesch, dass man glatt meinen könnt, sie sei dem Gendarmeriekalender 1994 entsprungen. »Kommen Sie, Herr Arno, wir müssen die Mama unbedingt finden! Bevor sie sich was antut! Bitte, schnell!«

Er nickt, will aber nicht sofort losstarten, sondern zuerst noch einmal nachdenken. Zwei Morde und eine verschwundene Person. Wo ist das Muster? In einem Tal wie diesem passiert ja normalerweise gar nichts, und plötzlich ...

Seine Gedanken fliegen. *Die Resi verschwunden ... Hat den Unterberger umgebracht ... Will sich wahrscheinlich etwas antun ... Wie und wo?*

»Eva, wo haben Sie den überhaupt her?«, fragt er und deutet auf den Zettel.

»Der war auf ihrem Bett. Ich wollt nachsehen, wie's ihr geht, weil sie sich den ganzen Vormittag lang nicht hat blicken lassen. Und dann hab ich den Zettel entdeckt!«, wimmert sie, hustet und schlägt sich die Hände vors Gesicht. »Ich habe gerufen, immer lauter, dann bin ich raus, überall, wirklich überall hab ich gesucht, aber nichts! *Nichts!* Wo kann sie nur sein?«

»Schschsch!« Er unterdrückt den fast übermenschlichen Drang, sie tröstend in seine Arme zu nehmen. Er muss sich jetzt ganz auf die Aufgabe konzentrieren.

Mehrzahl: Aufgaben.

Die Resi finden.

Ein funktionierendes Telefon finden.

Herausfinden, wer den Heiligen Bimbam auf dem Gewissen hat.

Jemanden finden, der sich um die Leichen kümmert.

Finden, finden, finden. Nur wo suchen?

15

Jetzt soll einmal wer versuchen, jemanden zu suchen, in einem Tal, das er überhaupt nicht kennt. Viel Spaß.

Die Eva und der Arno sitzen jetzt schon seit fast zwei Stunden im Lada, fahren durch jede noch so kleine Gasse von Hinterkitzlingen und brüllen die immer gleiche Botschaft übers Megafon in die Welt hinaus: »Resi Schupfgruber. Wir suchen Resi Schupfgruber. Wenn jemand sie gesehen hat, bitte auf die Straße herauskommen!«

Inzwischen hat die Eva ihm erzählt, dass der Strom wegen einer zerstörten Hauptleitung ausgefallen ist, die zum Tal hereinführt. Der Murenabgang hat laut Franz drei Masten mit sich gerissen. Kein Handy, kein Festnetz, und auch die Funkverbindung reicht nicht aus, um Hilfe zu holen. Zu allem Überfluss soll das Wetter bleiben wie bisher.

Bisher hat niemand auf die Durchsagen reagiert. *Normalerweise würd doch irgendwer, wenigstens einer im Ort beim Suchen helfen,* wundert er sich. Irgendwelche Gschaftlhuber gibt's ja immer, die sich freuen, wenn sie den Hilfssheriff machen können. Aber nichts. Entweder die Resi ist viel unbeliebter als gedacht, oder alle sind an diesem Tag mit sich selber beschäftigt.

Hier und da brennen Lichter. Vor allem Bauernhöfe wie

der vom Ertl verfügen über Notstromgeneratoren, sicher für die Melkmaschinen, weil man die ganzen Turbokühe ja gar nicht mehr per Hand melken kann. Und wehe, man bringt die Milch nicht rechtzeitig aus denen heraus, dann leiden die Höllenqualen, das mag sich gar keiner vorstellen.

Das wird nix mehr, denkt der Arno schon seit einer ganzen Weile, will's der Eva aber nicht so direkt sagen, weil sie immer noch hoffnungsvoll ins Trübe hinausstarrt. Eben waren sie schon zum dritten Mal beim Schnitzelparadies, nur um sich zu vergewissern, dass die Resi inzwischen nicht doch wieder dort aufgetaucht ist. Und auch in der Seitenstraße, die sie jetzt gerade durchfahren, sind sie schon vor einer guten Stunde einmal gewesen.

Der Arno sollte sich eigentlich auf die Suche nach Emil Bridams Mörder machen, statt zu versuchen, die mörderische Schnitzelwirtin vor der eigenen Lebensmüdigkeit zu bewahren. Oder hat die etwa den Herrn Pfarrer auch noch abgemurkst? Wie auch immer: Wenn ihn die Eva so verzweifelt anschaut wie jetzt gerade, bleibt ihm nichts übrig, als das Megafon zu schnappen und sein Sprücherl zum tausendsten Mal in den Regen hinauszurufen: »Resi Schupfgruber. Wir suchen Resi Schupfgruber. Wenn jemand sie gesehen hat, bitte auf die Straße herauskommen!«

Eigentlich bräucht's eine groß angelegte Suchaktion wie jene nach dem Unterberger vor ein paar Tagen – aber dafür fehlt ihm so gut wie alles. *Einmal noch,* sagt er sich im Stillen, *einmal noch durch Hinterkitzlingen fahren, dann muss es gut sein.*

»Resi Schupfgruber. Wir suchen Resi Schupfgruber.

Wenn jemand sie gesehen hat, bitte auf die Straße herauskommen!«, ruft er ins Mikrofon und räuspert sich. Langsam aber sicher gibt auch seine Stimme auf.

»Bei mir ist nichts«, sagt er.

»Nichts«, echot die Eva.

Tausendmal Nichts gibt Nichts, denkt er und fährt weiter.

»Wie haben Sie das gemeint, dass alles eine Lüge sei, Eva?«, fragt er unvermittelt.

»Wie? ... Was?«

»In der Wache haben Sie zu mir gesagt, alles sei eine Lüge. – Was denn alles?«

»Ach, das war nur so dahingesagt.«

»Und was haben Sie *so satt?* ... Ich hab mich da gestern am Fenster doch nicht verhört, oder?«

»Nein ... ich mein manchmal, in der Emotion, da sagt man Sachen, die man gar nicht so meint.«

»Sie haben das Tal satt«, spricht er seinen Verdacht ganz konkret aus. Eine wie die Eva passt einfach nicht hierher.

Doch diese bleibt still. Er streckt seinen Kopf ganz nach links, um ihr Gesicht im Innenspiegel beobachten zu können, schafft es aber nicht.

Sie kommen zur Kirche, zur Polizeiwache, zum Ortskern, zur Schule, zum Gemeindeamt am Dorfplatz, zum Ortsende. Überall macht er dieselbe Durchsage und wartet, aber nirgendwo eine Reaktion.

Schluss jetzt!, beschließt er. »Eva, ich bring Sie jetzt wieder zurü...«

»Herr Arno, bitte fahren Sie dahin. Dort ist sie vielleicht. Schnell, bitte!«, fällt sie ihm ins Wort und zeigt vorne rechts hinunter.

Seine Augen folgen ihrem Zeigefinger. Ein kleiner Feldweg geht von der asphaltierten Straße ab, den Hang hinunter, wo der Kitzlingbach liegt. Stimmt schon, dort haben sie es noch nicht probiert. Aber besonders vielversprechend schaut die Richtung auch nicht aus.

»Was ist da unten?«, fragt er, weil er ihre Forderung für einen Vorwand hält, damit er nur bloß nicht aufgibt.

»Das Badhaus«, antwortet sie.

»Vom Ertl?«

»Ja genau!«

Jenes Badhaus also, das Großvater Ertl an der Thermalgrotte errichtet hat, mit der Quelle, die der Ertl an den Unterberger hat verkaufen müssen, nach der windschiefen Aktion mit der Kitzling-Bank. Könnte sich tatsächlich lohnen, einen Blick drauf zu werfen. Also biegt er ab und lässt den Wagen hinunterrollen.

Ende Gelände, denkt er kurz darauf, als sie vor dem Bach anhalten, den man schon fast als Fluss bezeichnen kann. Das Wasser fließt über die Betonbrücke drüber statt unten hindurch. Große Äste und ganze Baumstämme werden mit den Fluten das Tal hinuntergespült.

»Da kommen wir nicht weiter«, sagt er zur Eva, die so angestrengt nach vorne starrt, als wollte sie mit der Kraft ihrer Gedanken das Wasser teilen.

»Wir müssen meine Mama finden«, wimmert sie mit bebenden Lippen, und dem Arno wird schon wieder nach Trösten. Aber was soll er denn machen? Auf der anderen Seite des Bachs, direkt am steil ansteigenden Waldrand, liegt das aus großen Steinen errichtete Badhaus. Fünf mal fünf Meter vielleicht, Tür und Fensterläden geschlossen und verriegelt. Der Arno hat es sich viel größer und bedeutender vorgestellt. Aber klar, der wahre Schatz liegt dahinter verborgen.

»Vielleicht ist sie dort, Herr Arno!«

»Was soll sie denn ausgerechnet da drin?«

»Wir müssen unbedingt nachschauen!«

»Das geht nicht. Das wäre lebensgefährlich. Wir kommen nie im Leben über den Bach.«

Gleich darauf hat er die Bescherung: Die Eva weint.

»Bitte, Herr Arno«, fleht sie ihn an, und er weiß sofort, wie die Sache ausgehen wird.

Und zwar so: Er setzt zurück und brettert dann im zweiten Gang mit brüllendem Motor und zugekniffenen Augen über die überflutete Betonbrücke. Als sie am tiefsten Punkt ankommen, knallt es laut. Die Reifen finden keinen Halt mehr. Er ahnt: Wenn sie jetzt zu langsam wären, würde der Bach sie einfach mit sich tragen und zwischen Hindernissen aller Art zermalmen.

Doch sie schaffen es heil auf die andere Seite hinüber. Die Vorderreifen greifen wieder, und mit einem Ruck stehen sie vor dem Steinbau. Der Arno bläst die Luft noch aus, da ist die Eva schon draußen und rennt auf den Eingang zu.

»Mama!«, schreit sie.

»Warten Sie, Eva!«, ruft er und folgt ihr.

»Verschlossen!«, brüllt sie und rüttelt wie zum Beweis an der eisernen Eingangstür, die mit einem mittelgroßen Vorhängeschloss versperrt ist.

Um sie herum rauscht der Regen, noch viel lauter tost der Bach. Immer wieder poltert es so laut, als würde ein Riese gewaltige Granitmurmeln das Tal hinabrollen lassen.

Der Arno schüttelt den Kopf. »Hier ist sie nicht!«, sagt er, fasst die Eva an den Schultern und will sie zum Auto ziehen, damit sie's zurück auf die andere Seite schaffen, solange es noch möglich ist. Aber sie reißt sich los und läuft ums Eck, er ihr nach.

»Sie muss irgendwo sein!«, schreit die Eva und rutscht auf einem glatten Stein aus, wankt, er kann sie gerade noch auffangen. Einen Moment lang sind sie sich näher, viel näher, als er zu träumen gewagt hätte. Sie schauen sich an, beide nass, beide ...

»iiilfe!«

Die Eva reißt den Kopf herum, löst sich aus seinen Armen und vergrößert ihre Ohrmuscheln mit den Handinnenflächen. So horcht sie in den Wald hinein. Er tut's ihr nach, was bestimmt bescheuert ausschaut, aber der Zweck heiligt ja bekanntlich die Mittel.

»Hiiilfeee!«, kommt's von oben, jetzt ganz deutlich.

»*Mamaaa!*«, brüllt die Eva wieder. Und da erkennt er, wie lieb sie ihre Mutter haben muss, aller Lügerei und dem Mord am Unterberger zum Trotz, weil sie über die Böschung hinaufstürmt, als gäb's kein Morgen mehr. Mit seinen Rippen hat er keine Chance, auch nur halbwegs mitzuhalten. Besonders als er versucht, sich an Haselnussgerten und Baumwurzeln zu klammern und daran hinaufzuziehen, sind die Schmerzen die Hölle. Schließlich schafft er es auf einen kleinen Waldweg hinauf, wo die Eva auf ihn wartet.

»Sind Sie verletzt, Herr Arno?«

»Ah ... nein, nein. ... Was ist das für ein Weg?«, fragt er.

»Ein Wanderweg. Geht vom Hotel in Vorderkitzlingen bis zum Schnitzelparadies. Mama hat den oft benutzt.«

»Hiilfeee!«, hört man jetzt, auch ohne sich extra die Hände an die Ohren halten zu müssen.

»Mama!«, brüllt die Eva und rennt wieder los.

»Frau Schupfgruber, wo sind Sie?«, ruft er nach vorne und realisiert, wie dämlich er sich anhören muss. Aber Hauptsache, die Eva merkt, wie sehr er sich anstrengt.

Er rutscht auf einer nassen Wurzel aus und kann sich gerade noch ausbalancieren. Er muss aufpassen. Ein weiterer Sturz, vielleicht noch auf dieselbe Stelle wie gestern, wäre gar nicht gut. Er muss langsamer machen, sonst …

»Hier! … Hier! Hilfe!«

Er schaut nach schräg unten und glaubt, einen Stofffetzen im Wald zu sehen.

»Da ist sie!«, brüllt er nach vorne. Die Eva ist schon an der Stelle vorbei und wäre fast hinter der nächsten Biegung verschwunden. Sie bleibt stehen und dreht sich um. Als sie sieht, wohin er zeigt, rennt sie zu ihm zurück. Der Arno trippelt ein Stück hinunter in noch dichter bewachsenes Gelände, wo sich etwas rührt. Eindeutig, da ist jemand! Er freut sich schon, die Resi gefunden zu haben, und auf die Belohnung noch viel mehr.

Aber die Frau im Wald ist nicht die Resi.

Sondern die Carola.

Die Carola Unterberger.

Die Witwe.

»Rühren Sie sich nicht!«, ruft er der Unterbergerin zu, während er sich zu ihr vorarbeitet. Er schlägt seine Fersen in den nassen Waldboden, um Halt zu finden, und hält sich an allem fest, das er erwischt. Alles ist glitschig, alles Matsch, normalerweise ein Horror für ihn, aber jetzt völlig egal, denn die Witwe könnte jeden Moment abstürzen. *Sie muss vom Weg abgerutscht sein,* ist sein erster Gedanke, so zerschunden, wie sie ausschaut. Schon aus mehreren Metern Entfernung hat er die Blutflecken im Gesicht und die Striemen an den Armen gesehen. Sie starrt ihn an. In ihren Augen spiegelt sich die nackte Panik.

»Bleiben Sie ganz ruhig, wir holen Sie hoch!«, ruft er und streckt die Hand aus, kann die Frau aber nicht ganz erreichen. Sein linker Brustkorb ist die Hölle. Aber er *muss* es schaffen! Noch mal versucht er's, und wieder … Fast! Aber das entscheidende Stückchen fehlt. Carola krallt sich an einer dünnen Wurzel fest, die sie vorm Weiterrutschen bewahrt. Nur einen Meter hinter ihr geht's steil über eine Felskante in den grollenden Bach hinab – mit Todesgarantie.

»Mama! Mama, geht's dir gut?«, krächzt die Eva in Arnos Rücken.

Er muss sie in dem Glauben lassen, dass es ihre Mutter ist, damit sie motiviert bleibt. »Eva!«, ruft er ihr zu.

»Ja?«

»Bringen Sie mir einen langen Ast zum Festhalten!«

Als stünden die langen Äste quasi abholbereit an jeder Ecke im Wald herum, stupst sie ihn ein paar Sekunden später mit dem perfekten Stück Holz von hinten an. Er dreht sich um und gibt damit den Blick auf die Unterbergerin frei, zieht den Stock an sich – und sieht die Enttäuschung in Evas Gesicht. Aber er kann's jetzt auch nicht ändern. »Hier, halten Sie sich daran fest! Ganz fest!«, schreit er die Unterbergerin an.

Da verliert sein linker Fuß den Halt. Der Arno macht einen Ausfallschritt, und wär ihm nicht eine Wurzel zu Hilfe gekommen, hätt er einen Spagat hingelegt, dass einen Kunstturner der Neid fressen würd. »Aaah!«, stöhnt er auf. Er braucht mehr Schmerzmittel. Viel mehr. Aber im Moment kann er sich wieder nur durchbeißen. Mit Hängen und Würgen und Millionen kleiner, bunter Sternchen vor den Augen gelingt es ihm, sich wieder aufzurappeln und halbwegs sicheren Stand zu finden.

»Festhalten!«, ruft er noch einmal, aber die Unterbergerin traut sich nicht, ihre verdorrte Wurzel loszulassen. »Jetzt machen'S schon!«, brüllt er sie regelrecht an. Auch, weil er aus Erfahrung weiß: Bei Panik hilft's meistens, wenn man unfreundlich wird.

»Lassen Sie mich nicht fallen!«, fleht die Bürgermeisterwitwe und gibt die erste Hand auf den Stock, dann die zweite, und Arno merkt schon beim ersten Zug, dass er keine Chance hat, sie ganz alleine die Steigung hinaufzuziehen. Nicht weil sie so schwer wäre oder er so schwach, sondern weil's hier einfach viel zu rutschig ist, und zwar alles, der Boden, das Holz, die Hände, und es gibt nichts, woran man sich abtrocknen könnt.

»Versuchen Sie, einen Halt für die Füße zu finden! ... Eva, komm, hilf mir!« Dass er sie gerade versehentlich geduzt hat, bemerkt er zwar, aber was gäb's jetzt gerade Unwichtigeres.

»Ja, wart, Arno, ich komm!«, duzt sie ihn zurück.

Zusammen ziehen sie am Holz, doch gleichzeitig rutscht es ihnen durch die Finger. Immer wieder müssen sie nachgreifen, drei Zentimeter geschafft, zwei wieder zurückgerutscht, aber irgendwann findet die Unterbergerin einen Halt für ihren rechten Fuß und stemmt sich daran nach oben, und von da an geht es schnell. Am Ende gelingt es ihnen fast mühelos, sie auf den Weg zurückzubringen.

Dort keuchen sie erst einmal im Chor.

Carola Unterberger hat eine ganze Menge Kratzer, Abschürfungen und Flecken abbekommen, ihre Kleidung ist voll Schlamm, aber sonst scheint ihr nichts zu fehlen. Alle drei sind sie nass bis auf die Haut. Wenigstens ist's durch die Anstrengung nicht kalt, aber das kann sich schnell ändern. Zeit, von hier wegzukommen.

»Er hat mich gejagt!«, beginnt die Witwe plötzlich zu erzählen.

»Was? Wer?«, fragt der Arno perplex.

»Er hat mich vom Weg runtergestoßen!«

»Wer denn?«

»Der schwarze Mann!«

»Wie bitte?« Der Arno fühlt sich sofort an Kindheitsspiele im Wald erinnert, von denen die Flucht vorm schwarzen Mann zu den gruseligsten überhaupt zählte. Einmal hat er sich vor Angst in die Hosen gemacht, so sehr hat ihn ein Spielkamerad mit seinem theatralischen Gekreisch damals erschreckt. »Wer?«, setzt er nach.

»Der schwarze Mann! Er war hinter mir her!«, stammelt die Unterbergerin aufgeregt.

Der Arno sieht, wie die Eva neben ihr noch blasser wird, als sie eh schon ist. »Ein Mann?«, fragt sie.

»Der schwarze Mann!«, schreit die Carola.

»Wohin ist er gelaufen?«, fragt der Arno.

Die Witwe schaut ihn an, als fände sie die Frage absurd, und zuckt nur mit den Schultern.

»Wie hat er ausgesehen?«

»Er ist aus dem Nichts aufgetaucht. Groß und schwarz, mehr weiß ich nicht.«

»Schwarz wie ... farbig?«

»Nein, schwarz wie Skimaske.«

»Oh!«, sagt er peinlich berührt. »Wie hat er Sie denn gefunden, dieser Mann?«

Die Unterbergerin öffnet zur Antwort den Mund, da kracht es aus der Richtung des Badhauses, gefolgt von metallischem Kreischen. Der Arno ahnt, dass es den Lada erwischt hat. Er rennt zwanzig Meter auf dem Weg zurück, bis er freie Sicht nach unten hat, und tatsächlich: Sein Auto schwimmt davon, mitsamt dem Funkgerät, dem Megafon, der Dienstpistole, dem Handy und was weiß er nicht noch alles. Dinge jedenfalls, die sie jetzt dringend gebraucht hätten. Und wie er dem dunkelgrünen Geländewagen beim Todeskampf zuschaut, schon halb in den Fluten versunken, tut's ihm plötzlich leid um den russischen Bock.

16

Jaja. Ein Mann, ein Auto. Da kann es Schrott sein, wie es will, aber wenn ein Mann wie der Arno und ein Auto wie der Lada einmal gemeinsam dem Tod entkommen sind, dann schweißt das zusammen. Da werden selbst dem härtesten Kerl die Knie weich, wenn sein treues Gefährt vor den eigenen Augen zermalmt wird, da könnt er schreien und salutieren und weinen und beten zugleich. Wie gesagt, ein Mann, ein Auto. Aber die großen Gefühle müssen warten.

Der Arno seufzt und geht schnell zu den Frauen zurück. Ohne den Lada können sie den Rückweg über die Brücke vergessen – völlig unmöglich, es zu Fuß drüberzuschaffen. Aber sie sind ja immerhin auf einem Waldweg. Und der verläuft, wie der Arno schon von der Eva weiß, vom Schnitzelparadies bis in den Nachbarort.

»Da lang geht's nach Vorderkitzlingen?«, fragt er beide zugleich.

»Ja«, antwortet die Unterbergerin, die gerade ernsthaft versucht, sich sauber zu machen. »Direkt zum Hotel. Aber das sind gut zwei Kilometer!«

»Und da?«, deutet er zurück.

Die Eva antwortet: »Da ist's nur ein knapper Kilometer,

direkt bis zum Schnitzelparadies. Deshalb hat die Mama den Weg ja so oft benutzt.«

»Dann machen wir das jetzt auch!«, fasst er den Entschluss und lässt den Frauen den Vortritt. Carola Unterberger humpelt ein wenig, also stützt er sie, so gut es mit seinen Rippen geht.

»Carola, hast du die Mama gesehen?«, fragt die Eva nach einer Weile nach hinten.

»Nein, warum?«

Sie antwortet nicht, und er mag's der Witwe auch nicht erzählen, also kämpfen sie sich still über rutschige Wurzeln und durch tiefe Erde. Hin und wieder sieht man durchs Unterholz Teile des Orts. Auch seine kleine Polizeiwache meint der Arno zu erkennen. Nach zwei-, dreihundert Metern kommen sie zu einer Schneise. Das Gelände ragt links steil auf, rechts fällt eine breite Rinne in die Tiefe.

»Da geht's direkt zu dir, Arno«, deutet die Eva hinunter, als sie am steilsten Punkt stehen. Sie können aber nicht abkürzen, weil kein Steig nach unten führt – viel zu gefährlich bei der Nässe.

»Wie weit ist's noch?«, will er wissen und kommt sich vor wie ein Schulkind beim Wandertag.

»Zehn Minuten«, sagt die Eva, und auch die Antwort kennt er schon von früher, als Kind. Egal, wie weit, stets waren es *nur noch zehn Minuten.*

Wir werden es schaffen, beschließt er. Sie müssen ja. Bleiben können sie nicht, Hilfe gibt's keine, also. Der Arno hört sich schnaufen, neben ihm keucht auch die Witwe vor Anstrengung, unten klatschen die Füße in den Schlamm. Hin und wieder rauscht der Wind.

»Komm, Arno! Schneller! Wir müssen wieder die Mama suchen«, ruft die Eva zurück, aber ganz überzeugt klingt sie selber nicht mehr. »Schau, es ist echt nicht mehr weit!«, versucht sie kurz darauf, ihren beiden Nachzüglern Mut zu machen. »Da, da unten!«

Der Arno sieht das Schnitzelparadies von oben, umgeben vom riesigen Parkplatz. Und dann sieht er noch etwas. Aber das gefällt ihm gar nicht. »Eva! Die Brücke!«

»Was?«

»Da ist ja auch keine Brücke mehr!«

»Oh mein Gott!« Sie greift sich mit beiden Händen an den Kopf.

»Wir müssen zur Wache!«, beschließt er.

»Das geht nicht! Da liegt das Maisfeld dazwischen!«

»Dann müssen wir eben da durch! Los, Eva, führ uns runter!«

Sie wirkt unentschlossen. Dann nickt sie, schaut ins Gelände hinunter und wählt den linken von zwei Steigen, die abwärts führen. Sie plagen sich über Serpentinen nach unten ins Freie, rechts liegt jetzt das Feld mit den dicht an dicht stehenden, halbhohen Maispflanzen, geradeaus das unerreichbare Schnitzelparadies.

Zuerst bemühen sie sich noch, an den Pflanzen vorbeizusteigen, von wegen Flurschaden und Feldfrevel. Aber dann ist's dem Arno egal, er drückt einen Halm nach dem anderen mit seinen Füßen nieder, und schau, schau, es entsteht so etwas wie ein stabiler Untergrund, auf dem sich's gleich viel besser gehen lässt.

Zweihundert Meter noch.

Schräg unterhalb tobt der Bach. Auf der gegenüberliegenden Seite stehen Menschen. Man möcht's kaum glauben, dass sie sich endlich aus den Häusern getraut haben. Ein Unbekannter winkt, dann formt er mit seinen Händen ein kleines Megafon und schreit hinüber, aber natürlich keine Chance, etwas zu verstehen. Der Arno hebt ebenfalls den Arm und fuchtelt durch die Luft, was übersetzt *Wir schaffen das!* heißen soll, aber die Aufregung auf der anderen Seite wird nicht kleiner, im Gegenteil, die Leute wirken plötzlich wie ein aufgescheuchter Hühnerstall, alle wirbeln mit Armen und Händen und grölen wild durcheinander. *Was haben die bloß?*, denkt er. Da fällt die Unterbergerin neben ihm hin, er hilft ihr hoch und spürt wieder den fürchterlichen Schmerz an der Seite.

Ein nächster Seitenblick zu den aufgeregten Beobachtern. Inzwischen scheint sich der halbe Ort auf der anderen Seite des Bachs versammelt zu haben.

Die können doch unmöglich alle zusammen wegen des Maisfelds so sauer sein!

Da meint er plötzlich, so etwas wie *Der Berg!* zu hören, nicht von der Seite, sondern von vorn.

Er schaut auf.

»Der Berg kommt!«, brüllt die Eva nach hinten und ist jetzt blass wie ein Skelett, den Arm seitlich nach oben gereckt, als wollte sie ihm etwas zeigen.

Er reißt seinen Kopf in die Richtung und kann das Geschehen zuerst gar nicht erfassen. Er sieht's zwar, aber sein Verstand will es nicht wahrhaben. Dabei ist es genau so, wie die Eva gesagt hat: *Der Berg kommt!*

Der halbe Hang, den sie vor wenigen Minuten oben auf dem Waldweg überquert haben, hat sich in Bewegung gesetzt. Stattliche Bäume werden wie Spielzeug umgerissen, schrecklich schnell, wie im Zeitraffer. Riesige Felsen donnern herunter, dazwischen Erde, Erde, Erde, der Untergrund vibriert wie bei einem Beben. Und das Schlimmste: Die riesige Mure rollt direkt aufs Polizeihaus zu. Gleich wird sie ihnen den letzten Fluchtweg abschneiden!

»Himmel hilf!«, brüllt die Carola und reißt den Arno aus seiner Schockstarre. »Schnell, schnell, schnell!«

Man kennt das ja von Notsituationen: Wenn's richtig hart auf hart kommt, setzt der Körper übermenschliche Kräfte frei. Dann springt man mit einem Kind im Arm sechs Meter weit, um vom Dach eines brennenden Hauses auf das daneben zu kommen. Normalerweise keine Chance, aber mit dem sicheren Tod vor Augen ist man plötzlich Superman. Oder Supergirl.

Genau diese Energie spürt der Arno jetzt auch. Besser gesagt spürt er gar nichts mehr, rennt nur noch, was das Zeug hält, fällt, springt auf, sprintet weiter, fühlt nichts, keine Schmerzen, keine Angst, die Panik betäubt alles. Die Unterbergerin vor ihm, neben ihm, hinter ihm, aber er kann sich nicht um sie kümmern, weil ihm gerade siedend heiß die Kreuzveitl Helga eingefallen ist, die wohl immer noch in ihrer Zelle vor sich hin schmort. Und so viel kann die Frau niemals beten, wie sie bräuchte, um diesen Erdsturz heil zu überstehen.

Noch zehn Meter bis zum Weg. Die Eva hat's geschafft, sie läuft gerade über die Brücke zu den anderen hinüber und ist in Sicherheit. Die Unterbergerin wird es genauso schaffen. Aber er kann nicht. Er darf nicht. Er muss die Kreuzveitl retten!

Er rennt rechts die schmale Sackgasse hinunter, die zur

Wache führt. Hinter ihm schreien die Menschen auf: »Hey!«, »Zurück!«, »Falsch!« Und ja, es fühlt sich auch völlig falsch an, wie vom wilden Affen gebissen auf den Weltuntergang zuzuwetzen. Keine dreihundert Meter ist die Riesenmure mehr von der Wache entfernt. Sie rollt langsam, aber unaufhaltsam, unwirklich, endgültig. Er weiß: Egal, was sich diesem Hangrutsch in den Weg stellt, es wird nicht standhalten, kein Mensch, keine Maschine, kein Polizeihaus, wahrscheinlich nicht einmal ein Atombunker.

An der Tür der nächste Schock: Er findet den Schlüssel nicht. Er fürchtet schon, ihn im Wagen gelassen zu haben, schlägt sich gegen die Taschen ... und da! Er fühlt etwas Hartes, greift hinein und dankt dem Herrn. Der Schlüssel, halleluja!

Aber ...

Man kennt ja diese Träume, in denen man versucht, etwas zu erledigen, eine kleine, eigentlich einfache, aber wahnsinnig wichtige Sache wie zum Beispiel den Feuerwehrnotruf zu wählen, eine Tür zu schließen oder eben einen Schlüssel in ein Schloss zu stecken, doch egal, wie man's anstellt, es will und will einem nicht gelingen. Die Zeit rinnt wie Sand durch die Finger, während das Böse immer näher kommt.

Genau so erlebt es der Arno jetzt, nur in echt. Als er nämlich versucht, den Schlitz zu treffen, merkt er erst, wie sehr ihm die Hände zittern. Dazu ist er über und über mit Schlamm besudelt. Der Schlüssel rutscht ab. Vor seinem inneren Auge zählen die Sekunden herunter. Aber er will die Kreuzveitl nicht kampflos sterben lassen. Er darf nicht! »Kruzifix!«, schreit er, als ihm auch der nächste Versuch misslingt. Da merkt er erst, dass er den falschen Schlüssel hat, fingert am Bund herum, der jetzt ebenso verschlammt ist wie alles an ihm ... er kann nur hoffen, den richtigen zu erwischen, und schickt zur Sicherheit ein Stoßgebet in den Himmel: »Lieber Gott, mach ... Ach, mach was du willst, aber mach, dass der Schlüssel reingeht, bitte! ... Ja!«, ruft er, als die Tür aufspringt.

Ohne eine weitere Sekunde zu verlieren, rast er durch den Gang zur Zelle. Zum Glück braucht er dort nur einen Hebel umzulegen. Er rennt in den Raum hinein, fischt die leichenblasse Kreuzveitl aus dem hintersten Eck und zerrt sie heraus. Er kann sich schon vorstellen, dass sie gerade glaubt, sie habe es mit dem nächsten Teufel zu tun. Aber alles, was jetzt noch zählt, ist, am Leben zu bleiben.

Seine Gefangene sträubt sich wie ein Kalb beim Rodeo, aber er ist stärker und schleift sie einfach hinter sich her, zurück durch den Gang, aus der Wache heraus und weiter. Die Geröllmassen toben jetzt so laut, dass man sich die Ohren zuhalten möchte.

Da tritt die Helga ihm ihren Schuh ins Kreuz, so fest, dass er kurz die Sterne sieht und sich wundert, wie die Alte ihr Bein derart weit hinaufbekommen hat. Vor lauter Panik und Wut über ihre Undankbarkeit packt er sie, wirft sie mit einer seltenen Leichtigkeit über seine Schulter und rennt los wie *Forrest Gump* in Vietnam. *Bloß nicht zurückschauen!*, weiß er, denn hundert Meter vor ihm nehmen die Leute schon Reißaus. Kein Einziger winkt mehr oder wäre so wahnsinnig, ihm noch zu Hilfe zu kommen.

Ein gewaltiger Ast schlittert an ihnen vorbei, dann werden sie von mehreren Steinen überholt, jeder einzelne davon in der Lage, Knochen zu brechen.

Die Brücke kommt näher, die Gerettete keift ihre Exorzistenflüche, und alles, woran der Arno noch denkt, ist rennen, rennen, rennen ...

Und dann ist's plötzlich still. Herrlich still. Der Wildbach mit seinem ganzen Getöse kommt ihm vor wie der Brunnen in einer Wellnessoase.

Der Arno bleibt stehen und setzt die Kreuzveitl ab.

Leute rennen auf ihn zu. Als Erste die Eva! Und daneben ihr Freund, der Franz.

Bruder, nicht Freund!, verbessert er sich.

Auch der Bürgermeister ist plötzlich da und haut ihm mit seiner Riesenpranke auf die Schulter. »Ja, Wahnsinn, mein lieber Arno, du bist mir vielleicht ein Held. Dreh dich einmal um! Schau, das gibt's ja gar nicht, dass du das gepackt hast!«

Er dreht sich langsam in die Richtung, aus der er gerade gekommen ist, und staunt genau wie der Ertl Karl. Denn da ist nichts mehr. Jedenfalls nichts mehr so, wie es noch vor wenigen Minuten war.

Kein Hang mehr, kein Feld, keine autobahnbreite Rinne aufs Polizeihaus zu – und die Wache erst recht nicht. Nur noch Erdmassen, entwurzelte Baumstämme und Riesensteine, ein dunkler Haufen, an dem man ein Jahrzehnt lang baggern könnte, gut zehn Meter hoch, bis knapp an die Brücke heran.

»Na ja, schad ist's nicht um die alte Bude«, sagt der Bürgermeister und wirkt fast, als wollte er den Arno jetzt aufmuntern.

»Nein«, stimmt dieser zu. Da fällt ihm ein, dass nicht nur die Wache unter den Massen versunken ist, sondern auch seine Vespa, die ja in der Garage war. Seine geliebte, hellblaue Dreihunderter GTS – verloren! Er weiß sofort, dass sie ihm wahnsinnig fehlen wird. Durch dick und dünn ist er mit ihr gefahren. So eine, in der Farbe noch dazu, wird ja gar nicht mehr gebaut! Die ist weg, und zwar für immer. Nie mehr drauf sitzen, nie mehr am Gasgriff drehen, nie mehr durch die Toskana, nie mehr über hohe Pässe, nie mehr …

Und obwohl der Arno froh sein könnte, überhaupt noch am Leben zu sein, erfasst ihn eine tiefe Traurigkeit.

Weitere Menschen treffen ein und nehmen ihn in die Mitte. Ein Feuerwehrmann legt ihm eine Decke um die Schultern. Leute tätscheln ihn, gratulieren, staunen, klatschen.

Der Arno merkt nur, wie kalt ihm ist, trotz Decke. Der Schlamm auf seiner Kleidung wirkt wie ein Kühlkissen. Er muss dringend aus den Sachen heraus, jetzt sofort.

Kalt, so wahnsinnig kalt …

»Mir ist k… kalt … ich glaub, m… mir geht's nicht so gut … ich m… muss mich mal irgendwo hinle…«

17

Den Arno hätt's ja wirklich schlechter treffen können, als genau dort, umgeben von so vielen Menschen, das Bewusstsein zu verlieren. Da braucht man nicht lang nachzudenken, um zu wissen, dass er in die allerbesten Hände gekommen ist. Er, der Held, der die Kreuzveitl gerettet hat. Jedenfalls wenn man davon ausgeht, dass die Dorfbewohner das auch gut finden. Na ja, nehmen wir das einmal vereinfachend an …

Er taucht langsam wieder aus dem Dunkel auf. Alles ist wunderbar weich und warm. Und es wird sogar noch besser. Weil: Als der Arno die Augen öffnet, sitzt da die Eva an seiner Seite und lächelt ihn an. Sie trägt ein Dirndl, das ihr deutlich zu groß ist und bestimmt schon bessere Tage gesehen hat. Trotzdem schaut sie wieder fantastisch aus.

»Herr Bussi!«, sagt sie mit gebrochener, aber besserer Stimme als zuletzt und lächelt.

»Waren wir nicht per Du?«, fragt er und ahnt, dass er unter der Bettdecke splitternackt ist. Er zieht das obere Ende in die Höhe, hebt den Kopf und spechtelt drunter. Und tatsächlich: nackt. Seine Arme und Beine sind immer noch völlig dreckig, das ganze schöne Bett besudelt.

»Wir haben dich aus den nassen Sachen geholt«, sagt sie und grinst.

Macht sie sich etwa über ihn lustig – oder über das, was dabei ans Tageslicht gekommen ist? Schämen braucht er sich jetzt auch wieder nicht. Oder doch? Egal, denn da fällt ihm die Resi ein. »Hast du deine Mutter gefunden?«, will er sofort wissen.

Ihr Gesicht wird schlagartig finster. »Nein«, antwortet sie und streicht sich eine Strähne hinters Ohr, »der Franz sucht mit der Feuerwehr, wenn sie irgendwie Zeit haben. Aber ...«

»Hm?«

»Wahrscheinlich hat sie sich schon längst ... Wo sie sich doch von mir verabschiedet hat ...«

Ihre Augen werden glasig, die Lippen beben, und ihm wird so sehr nach Trösten zumute, dass er sich aufrichten möchte. Doch sobald er die Bauchmuskeln anspannt, sticht es links wie Hölle. Er vermeidet es gerade noch, laut aufzustöhnen, und sagt leise: »Vielleicht schaffen sie's ja doch.«

Sie nickt, doch ihr wunderbares Lächeln bleibt verschollen.

Insgeheim gibt er ihr recht. Die Resi hat ihrer Tochter einen Abschiedsbrief geschrieben, gleichzeitig den Mord am Unterberger gestanden, und seither ist jede Menge Zeit verstrichen. Womit er beim nächsten Stichwort angelangt ist: Zeit. »Wie spät ist es, Eva? Und wo bin ich überhaupt?«

Sie schnieft und antwortet: »Beim Ertl, in einem der Gästezimmer. ... Es ist bald sechs.«

»Am Abend?«

»Mhm.«

Also war er mehrere Stunden weg. Vorhin hat er geträumt, er sei ein Dinosaurier und liefe vor einem Meteoriten davon. »Wie geht's den anderen? Wo sind die?«, fragt er, als ihm die Dimension des Geschehen wieder ins Bewusstsein kommt.

»Alle in Sicherheit. Die Helga betet und der Carola fehlt auch nicht viel. Aber sie hat ebenfalls hierbleiben müssen. Die Straße nach Vorderkitz ist scheinbar zu.«

Er denkt kurz nach, bis ihm einfällt, dass die Talbewohner ihre Ortsnamen ja abkürzen, *um Zeit zu sparen*. Er nickt. Dann sind beide still.

Der Arno weiß, welch riesiges Glück er vor wenigen Stunden gehabt hat. Aber er weiß auch, dass seine Aufgabe noch nicht erfüllt ist. Er muss den Mörder des Heiligen Bimbam finden. Und diesen *schwarzen Mann*. »Ich muss sofort aufste…«, sagt er und stöhnt auf.

Die Eva drückt ihn an der Schulter ins Bett zurück. »Nein, Arno. Du bleibst schön liegen und erholst dich. Du hast heute schon genug getan.«

Er atmet einige Male tief durch. Als sich die Schmerzen legen, fragt er: »Wie schaut's draußen aus?«

»Wie soll's schon ausschauen in diesem Jammertal? Es regnet weiter. Aber bei den Ertls sind wir sicher.«

»Du hast das Tal satt, oder?«, kommt er auf die Frage zurück, die sie ihm noch nicht beantwortet hat.

»Ja«, sagt sie jetzt umso klarer.

»Warum bleibst du dann?«

Sie lacht bitter. »Weil's ja gar nicht anders geht! Ich muss!«

»Wieso?«

»Wegen der Mama und …«, fängt sie an und weint dann ansatzlos.

Er versucht, ihren Arm zu erreichen, schafft es aber nicht.

Soll das etwa heißen, dass die Eva nur wegen ihrer Mutter im Tal ist? *Was gibt der Resi das Recht, die Eva quasi einzusperren?* Er ahnt, dass das jetzt die ganz falsche Frage wäre, und wird allgemeiner: »Wo wärst du denn sonst gern?«

»Ach, Arno!«, klagt sie, schnieft und wischt sich die Augen trocken. »Ich war ja schon weg. In Berlin.«

»Echt?«, staunt er. »Was hast du da gemacht?«

»Modedesign. Bis vor zwei Jahren …«, fängt sie an und unterbricht sich selbst.

»Ja? Was war denn dann?«

»Ach, die Mama hat's einfach nicht leicht gehabt in der letzten Zeit. Das mit dem holländischen Fernsehen, das weißt du, oder?«

Er nickt.

»Das ist schon so lange her. Auch die beste Werbung ist irgendwann vergessen«, sagt sie kryptisch.

Womit sich ihm eine völlig neue Dimension eröffnet. »Deine Mutter hat Geldprobleme?«

Sie antwortet nicht, hebt nur ihre Augenbrauen, als erinnerte sie sich an etwas.

»Deswegen bist du zurückgekommen? Um deiner Mutter im Schnitzelparadies zu helfen?«

Sie nickt kaum wahrnehmbar, dann holt sie ein Taschentuch hervor und schnäuzt sich. »Und jetzt hat sie den Unterberger umgebracht«, wimmert sie noch ins Tuch hinein.

Wieder ist es still. Irgendwo tickt eine Uhr, die Eva atmet schwer.

»Traust du's ihr eigentlich wirklich zu? Das mit dem Unterberger – so wie *der* jetzt ausschaut?«

»Eigentlich nicht.«

»Eigentlich?«

»Nein, ich trau's ihr nicht zu. Aber sonst auch niemandem.«

Eine Weile ist es still. Zeit, um darüber nachzudenken, ob die Schupfgruber Resi ernsthaft in der Lage wäre, einen Menschen nicht nur umzubringen, sondern auch noch zu zerteilen und im eigenen Betrieb in der Tiefkühltruhe einzufrieren. Das klingt alles ziemlich unwahrscheinlich, auch wenn sie das nötige Werkzeug und auch die nötigen Oberarme hätte. Andererseits: Wer weiß schon, was in einem Menschen vorgeht, der sich in einer psychischen Ausnahmesituation befindet? Aber wie passt dann der Mord am Pfarrer dazu? Und der Anschlag auf die Witwe?

»Ich bin ein furchtbarer Mensch, Arno«, sagt die Eva plötzlich.

»Was? Wieso?«

»Wenn der Karl mein Vater ist, dann ist doch der Franz mein … Arno, es ist so schrecklich! Ich habe mit meinem Bruder geschlafen!«

Streng genommen Halbbruder, denkt er, kann sich aber vorstellen, dass ihr das jetzt auch nicht weiterhilft. Besser lenkt er sie ab. »Du bist doch kein furchtbarer Mensch, Eva. Im Gegenteil: Du magst die Menschen, und deshalb mögen sie dich. … Schau doch nur einmal, wie viele Leute extra wegen dir ins Schnitzelparadies kommen. Ich hab genau gesehen, wie die auf dich reagieren.«

»Ich weiß.«

»Was?« Jetzt ist er verwirrt.

Ihr Gesicht hellt sich auf, als sie sich an etwas zu erinnern scheint. Dann schaut sie ihn direkt an und sagt: »Du warst ja auch schon mehrmals bei uns. … Früher.«

Seine Augen werden groß. Er hätte ja vieles geglaubt, aber sicher nicht, dass er ihr jemals aufgefallen wär.

»Mit deiner hellblauen Vespa«, legt sie noch einen drauf.

Der Arno fühlt sich geschmeichelt und ist gleichzeitig traurig wegen seines verlorenen Untersatzes. Vor allem aber ist er so voller Liebe, dass ihm die Schmetterlinge schon fast mit Gewalt beim Bauchnabel herauswollen.

»Ruh dich aus. Wir reden später weiter. Gut?«, sagt sie, steht auf, nähert sich seinem Gesicht und gibt ihm einen Kuss. Nicht auf die Stirn, sondern mitten auf den Mund. Ihre vollen Lippen schmecken großartig, obwohl hundert Prozent Eva, kein Stift, keine Creme, wahrscheinlich gerade deswegen. Ihm wird schon nach viel, viel mehr, da hebt sie den Kopf wieder an. Aus der Nähe betrachtet wirkt sie noch viel hübscher, die unglaublich dunklen Augen, die süßen Sommersprossen und die langen schwarzen Haare, die ihm zum Abschied noch übers Gesicht streichen. In dieser Sekunde weiß er ganz genau, er will mehr und immer mehr davon.

»Ich …«, setzt er an, aber sie stoppt ihn: »Schschsch!«

Dazu legt sie kurz den Zeigefinger auf seine Lippen und verlässt dann den Raum. Gerade noch rechtzeitig, sonst wär's peinlich geworden. Nicht wegen Wörtern, die sich nicht mehr zurücknehmen lassen, sondern wegen Bettdecke und Wagenheber-Prinzip.

Eine halbe Stunde später hat sich der Arno im Bad des Ertl'schen Gästezimmers den Dreck vom Körper geduscht. Rasieren wäre überfällig, weil er mit den dunklen Stoppeln langsam ausschaut wie ein Verbrecher. Aber womit?

Nachdem er vergeblich nach einem Rasierer gesucht hat, hat er die frische Kleidung angezogen, die man offenbar für ihn hingelegt hatte. Feinrippunterwäsche, Wollsocken, kariertes Hemd und Latzhose, hinein in die groben Schuhe, und fertig ist der Bauer. Alles zu kurz und zu weit und genauso abgetragen wie Evas Dirndl. Mit einer Strohperücke gäbe er jetzt eine grandiose Vogelscheuche ab. Aber was soll's.

Zeit, weiterzukommen, denkt er, steckt noch seinen Schlüsselbund ein und geht hinaus auf den Gang. Er entdeckt viele Türen zu Zimmern, die alle in etwa gleich groß sein müssen wie seines. *Urlaub auf dem Bauernhof,* vermutet er. Praktisch in einer Notsituation wie dieser.

»Hallo?«, ruft er und horcht.

Keine Antwort. Als er es noch einmal versuchen will, hört er irgendwo unten aufgebrachte Stimmen, versteht aber kein Wort. Fast klingt's wie Hundegebell. Er schleicht runter, Stufe für Stufe, der Streit wird lauter, kommt aus einem Raum in der Mitte des Hausgangs. Aus der Stube, meint der Arno, sich noch von gestern Abend erinnern zu können. Er bleibt vor der Tür stehen und lauscht.

»Aber das ist doch alles ein ausgemachter Schmarrn, Mirella. Wie oft willst du's denn noch hören? Glaubst mir jetzt denn gar nichts mehr?«

»Da steht's schwarz auf weiß! Du hast mich belogen! Und betrogen! Wen hast du denn noch alles in die Welt gesetzt außer dem Franz und der Eva? Hast nicht genug gehabt mit mir? Was hab ich nur falsch gemacht, sag mir, *was*?«

Offenbar haben die Ertls Resis Brief an die Eva in die Hände bekommen. Womit für die Bäuerin natürlich die Welt zusammenbricht.

»Man kann sich's manchmal nicht aussuchen, wo die Liebe hinfällt«, erklingt plötzlich Evas Stimme.

»Ach, du armes Kind«, sagt die Bäuerin einfühlsam. »Das muss ja furchtbar sein für dich … Jetzt schau, Karl, was du angerichtet hast! Um ein Haar hätten deine beiden Kinder noch geheiratet! Sind's überhaupt nur zwei oder noch mehr? Ich hab's doch gleich gewusst, mit der Resi ist was am Laufen. So, wie du dich für sie starkgemacht hast.«

»Jetzt Herrschaftszeiten, ich hab nix getan! Gar nix. Nie hab ich mit der Resi, nie! Ich würd ja gar nicht wollen, selbst wenn ich … oh, entschuldige, Eva.«

Die Bäuerin schnieft. Weinerlich fährt sie fort: »Brauchst gar nicht so tun, als ob die Resi überhaupt keine weiblichen Reize gehabt hätt! Wirst halt wieder einmal besoffen gewesen sein und dich nicht mehr erinnern können. Wär ja nicht das einzige Mal gewesen, oder?«

»Das war ein einmaliger Ausrutscher, und der tut mir schon zum hunderttausendsten Mal leid! Aber ich schwör …«

»Nix schwören, Karl. Versündig dich nicht. Im Namen des Vaters, des Sohnes und des Heiligen Geistes. Amen.«

»Jetzt … Kruzifix! Ich war's nicht!«

»Natürlich willst du's nicht gewesen sein. Aber wer denn sonst? Der Heilige Geist ist jedenfalls nicht über die Resi gekommen. Nein, Karl, so eine Schande. … Mei, Eva, du armes, armes Kind!«

Dann ist's still. Der Arno will sich schon davonschleichen, da spricht die Mirella weiter: »Weißt was, Karl? Die Resi hat schon ganz recht mit dem, was sie da schreibt. Man ist für das verantwortlich, was man in die Welt setzt! Die Eva hat ein Recht auf ihren Anteil an allem, was uns gehört. Also steh zu deinem Mädchen!« Zum Schluss wimmert sie bloß noch: »In guten wie in schlechten Zeiten ... gelobt sei Jesus Christus!«

»In Ewigkeit, Amen«, sagt der Karl, jetzt ebenfalls weinerlich, und der Arno kann die Ertls förmlich vor sich sehen, wie sie gerade ihr Kreuzzeichen machen. »Jetzt heul halt nicht, Mirella. Es wird sich schon alles aufklären.«

»Nimm deine Händ' weg ... lass mich! Lass mich!«

Der Arno kann nicht länger vor der Tür stehen bleiben und sie belauschen. Er muss etwas tun. Und außerdem braucht er etwas gegen die Schmerzen. Also schleicht er leise drei Stufen hinauf und poltert sie mit Krawall wieder herunter, um sich bemerkbar zu machen, drückt die Tür auf und betritt die Stube.

»Griaß di, Arno!«, sagt die Bäuerin und wischt sich verstohlen die Tränen weg. »Aber was machst du denn da herunten? Du gehörst ins Bett!«

»Geht schon wieder. Sag, habt's ihr vielleicht ein Schmerzmittel für mich?«

»Ich bring dir gleich was rauf!«, übernimmt der Karl.

»Nein, ich kann mich nicht wieder hinlegen. Ich muss weiterkommen.« Damit ihm niemand widerspricht, wechselt er gleich das Thema: »Danke für die Sachen. Ich hoff, ich darf mir die überhaupt ausleihen?«

Die Bäuerin lacht. »Aber natürlich! Gut schaust aus, Arno! Viel besser als mit dem Glumpert aus der Stadt, das einem schon beim Anschauen auseinanderfliegt. Aber Hauptsache, teuer. Manchmal werd ich einfach nicht schlau aus euch Städtern.«

Er nickt nur. Er könnt sich jetzt nicht erinnern, übertrieben viel für sein Zeug bezahlt zu haben, und robust ist es ihm auch vorgekommen, jedenfalls robust genug für Wien. Aber die Kleidung ist gerade seine geringste Sorge.

»Komm, setz dich her, wenn du dich schon nicht ausruhen willst. Magst ein Schnapserl auf den Schreck?«

»Nein nein, Karl, aber ein Schmerzmittel wär …«

»Ja, logisch! Aber ich sag dir, du gehörst ins Bett! … Gut, ich sehe schon, du bist einer von den ganz Unverbesserlichen. Wart kurz«, sagt der Bürgermeister und geht zu einem Schrank. Dann dreht er sich um und fragt: »Was genau für Schmerzen?«

»Flanken«, antwortet der Arno und kommt sich vor wie siebengscheit, und auch die Eva grinst über das hochgestochene Wort. »Die Rippen«, erklärt er und zeigt hin.

»Stark oder halbstark?«

»Ziemlich stark«, meint er tapfer. Auf der Schmerzskala wär's eine glatte Acht von Zehn.

Der Ertl wiegt seinen Kopf und schaut in den Kasten hinein. »Dann bekommst du gleich das gute Zeug. Sieben Spritzer«, meint er, kommt zum Tisch zurück, nimmt ein Glas, drückt die Dosierpumpe des dunklen Fläschchens sieben Mal, gibt Wasser drauf und schwenkt, damit sich der Inhalt vermischt.

»Sieben?«, zweifelt die Mirella.

»Sieben, jawohl! Nicht weniger! Runter damit, Arno!«

»Was ist das?«

»Wurscht, was es ist. Helfen tut's. Wirst sehen.«

Er folgt. Es schmeckt süßlich und dabei bitter. Nicht schlecht eigentlich.

»In einer halben Stunde kannst den Wiener Walzer tanzen, dass dir die Sohle raucht. Ohne die Tropfen könnt ich schon lang nicht mehr gerade stehn, mit meinem Kreuz. Aber zeig her, ich schau mir deine Rippen lieber einmal an.«

»Nein, geht schon. Danke. Wie ist eigentlich der aktuelle Stand?«, versucht er, die Aufmerksamkeit von sich abzulenken.

»Stand ... Stand – die Frage ist, was überhaupt noch steht! Deine Wache ist dahin, das weißt ja eh«, fängt der Bürgermeister an, setzt sich wieder und fährt nach einem Seufzer fort: »Ich war ja immer gegen den Standort, eben wegen der Murengefahr. Vor ein paar Jahren haben wir die rote Zone auf das Haus ausgedehnt. Man hätte damals sofort ein Betretungsverbot aussprechen und alles schleifen müssen, aber das Innenministerium ...«

»Kann ich mir schon denken«, unterbricht der Arno, dem jetzt gar nicht danach ist, an den Qualtinger und Konsorten zu denken. Er muss nach vorne schauen und nicht zurück. »Das Tal ist noch immer nicht erreichbar, nehm ich an?«

Kopfschütteln.

»Strom?«

Kopfschütteln, die Zweite.

»Wenigstens schaut's aus, als ob der Regen bald nachlässt«, meint die Mirella. Dann wird sie plötzlich neugierig: »Hat die Kreuzveitl echt mit dem Herrn Pfarrer ... ich mein, so richtig auf ihm ...«

»Versündig dich nicht!«, tadelt der Karl.

»Du bleibst grad still!«, kontert sie.

»Jetzt!«, sagt die Eva unerwartet zackig, und schon ist Ruhe.

»Woher weißt du das mit dem Pfarrer, Mirella?«, fragt der Arno.

»Ja mein Gott, das redet sich halt so herum im Ort.«

»Ich hoff nur, das Pfarrhaus verlangt noch keinen Eintritt«, wirft die Eva ein, und der Arno findet ihren Witz so gut, dass er auf der Stelle laut loslachen könnt, Tragik hin oder her. Er traut den Leuten hier langsam alles zu.

Die Gesamtsituation ist verfahren wie nie. Der Unterberger zerstückelt, der Pfarrer getötet wie ein Vampir, die Polizeiwache Geschichte, die Vespa ebenso, von der Resi keine Spur und obendrauf soll irgendwo noch ein Mann mit schwarzer Skimaske herumlaufen.

Ein paar Momente lang sagt niemand etwas. Dann sieht der Arno eine Packung Spielkarten hinter dem Ertl liegen, womit ihm die Karten wieder einfallen, die überall in Bridams Bett und über seiner Leiche verstreut waren. Bisher hat er keine Lust gehabt, sich auf die Botschaft einzulassen. Jetzt findet er das Detail aber plötzlich so interessant, dass er die anderen fragt: »Hat Emil Bridam gespielt?«

»Was?«, tut die Mirella überrascht.

Dabei sieht er ganz genau, dass da mehr dahintersteckt. »Karten«, legt er nach. »In Hinterkitzlingen wird doch bestimmt auch gekartet, oder nicht?«, fragt er und schaut zwischen den Ertls hin und her.

Der Bürgermeister nickt langsam. »Das kann schon sein, dass manchmal im Dorfwirt gespielt wird, ja.«

Da wird's der Mirella zu viel. »Manchmal! Ha! Dass ich nicht lach! Ganze Höfe sind da drunten schon über den Tisch gegangen! Ein Fluch ist das! Ein …«

Fluch, vervollständigt er still und schlussfolgert: »Der Pfarrer hat auch gespielt.«

»Ja«, sagt der Bürgermeister. »Der Herr Pfarrer hat, wie

soll man das sagen, ein gewisses Problem gehabt mit dem Spielen. Nicht, dass er's nicht können hätt. Ich sag dir, mein lieber Schwan, der hat dir die Schuhe ausgezogen. Ein seltenes Talent vor dem Herrn! Aber er hat halt nie gewusst, wann genug ist.«

»Er hat Geld verloren«, sagt's der Arno geradeheraus.

»Auch, ja.«

»Jetzt sei still!«, fährt ihm die Mirella drüber und bekreuzigt sich.

Alle schweigen. Der Arno schaut abwechselnd der Mirella und dem Karl ins Gesicht, die sich alle Mühe geben, neutral dreinzuschauen, und damit das genaue Gegenteil erreichen. *So schlimm?*, wundert er sich über das Ausmaß der Sache, die wie ein Elefant im Raum steht. Aber was war's? Was hat ein Pfarrer schon so Großes zu verspielen gehabt? Da verknüpfen sich zwei Fakten in seinem Kopf zu einer wilden Theorie. »Emil Bridam hat die Tischlerei verspielt!«, platzt er heraus.

Der Mirella bleibt der Mund offen stehen.

»Du bist wirklich ein selten schlauer Fuchs, da von alleine draufzukommen, Arno. Was hat dich da jetzt drauf gebracht?«

»Nur geraten. War's so?«

Der Ertl nickt.

»Die Bridam-Tischlerei hat also dem Pfarrer gehört, Karl?«

»Mhm ... er war ja das einzige Kind. Seine Eltern sind vor einiger Zeit gestorben, bei einem Unfall, als der Emil gerade im Priesterseminar war. Zur Tischlerei ist er sozusagen wie die Jungfrau zum Kind gekommen. Aber Gescheites hat er mit dem Betrieb von den Eltern nicht anzufangen gewusst.«

»Karl!«

»Ja, stimmt's vielleicht nicht? Ein Waisenhaus wollt er aus der Tischlerei machen. Auf die Idee musst du erst einmal kommen! Typisch für das Pfaffenvolk!«

»*Karl!*«

»Jaja, Mirella. Passt schon.«

»Das hätt dem Unterberger in Vorderkitzlingen nicht gepasst, ein Waisenhaus, oder?«, hakt der Arno nach.

»Ha! Kannst dir ja vorstellen.«

»Also hat er sich als Bürgermeister gegen die Waisenhauspläne quergelegt.«

»Aber wie. Der Emil hätt ja die Umwidmung von der Gemeinde gebraucht. Aber die hätt er in tausend Jahren nicht bekommen.«

»Und dann?«

»Dann hat der Herr Pfarrer das Gebäude einfach brachliegen lassen. Aus Trotz sozusagen. Kann er ja machen. Niemand ist verpflichtet, ein Schmuckkastl aus seinem Besitz zu machen. Und als Gefahr im Verzug war, hat er einfach Bauzäune rundherum aufstellen lassen. Da hat der Emil einen ganz langen Atem gehabt.«

»Wann ist das alles denn gewesen?«

»Bestimmt schon vor zehn Jahren. Oder, Mirella? Gar schon länger her?«

Die Bäuerin zuckt mit den Schultern.

»Und jetzt bauen sie da ein großes Gemeindezentrum hin.«

»Mhm.«

»Nachdem der Pfarrer die Liegenschaft verspielt hat.«

Der Karl nickt. »Das war ein ganz ein ... wie sagt man?«

»Abgekartetes Spiel?«

»Genau das, Arno. Schau, der Emil war ein seltener Hund beim Karten, aber, wie gesagt, auch der beste Spieler wird leichtsinnig, wenn ihn die Gier packt. Es heißt, man habe ihn abgefüllt und angestachelt. Am Ende sei alles auf eine Wette hinausgelaufen: Gewinnt der Emil, bekommt er die Genehmigung fürs Waisenhaus. Verliert er ...«

»Hat ein anderer den Betrieb.«

»Genau, Arno. Und wie's ausgegangen ist, kannst dir vorstellen.«

»Der Unterberger hat den Bridam über den Tisch gezogen.«

»So erzählt man sich's, ja.«

»Aber wieso hat sich der Pfarrer hinterher nicht gewehrt?«

»Ja, was glaubst du, was der alles probiert hat. Aber der Unterberger hat ein ganzes Regiment von Zeugen aufgefahren. Es heißt, dass die Diözese eingreifen hat müssen, und dass es am Schluss irgendeinen geheimen Vergleich zwischen Kirche und Gemeinde gegeben hat. Aber die Tischlerei war er los, der Emil.«

Die Unterbergerin kommt bei der Stubentür herein. Womit das Gespräch natürlich erst einmal vorbei ist.

»Wie geht's dir, Carola?«, fragt die Mirella gleich.

»Besser. Danke für die Sachen.«

Auch sie ist neu eingekleidet, erstaunlich elegant. Sie trägt einen blauen Hosenanzug mit weißem T-Shirt. Das Haar ist nach hinten geföhnt. Hätte sie jetzt noch eine große Sonnenbrille auf, könnte man sie sich tatsächlich an der Seite von Fürst Albert von Monaco vorstellen. Ihre linke Hand ist verbunden, die Schrammen im Gesicht sind dick mit weißer Creme abgedeckt.

»Passt dir ausgezeichnet, das Kostüm. Der Franzl hat's mir von einer London-Reise mitgebracht, der gute Bub. Aber ich trag so was ja nicht. Kannst's gleich behalten, wenn du willst.«

»Danke, aber das kommt ja gar nicht infrage, dass du mir was schenkst, Mirella. ... Und?«

»Und was?«

»Wieso seid's ihr denn alle so schweigsam?«

»Wir äh ... haben grad besprochen, wie's draußen so läuft«, lügt der Arno. Er muss schnell ein neues Thema anschneiden – und da hat er auch schon eines. »Frau Unterberger, dieser Mann, der Sie im Wald den Abhang hinuntergestoßen hat, können Sie mir jetzt genauer beschreiben, wie der ausgeschaut hat?«

Die anderen wirken überrascht. »Ein Mann?«, fragt der Bürgermeister.

»Der schwarze Mann«, sagt die Witwe bedeutungsschwer. »Also dunkel ... drahtig und groß.«

Womit es die Resi nicht gewesen sein kann, die alles ist, aber nicht drahtig und groß.

»Was hast du denn überhaupt im Wald gemacht?«, fragt der Karl. Völlig zu Recht.

»Ich war laufen.«

»Bei der Sauerei?«, wirft die Mirella ein.

»Im Hotel war ja kein Strom. Die Gäste sind halb ausgeflippt deswegen. Besonders die Holländer. Wir haben das mit dem Mario geheim gehalten, aber irgendwann fangen die Leute an, nach dem Chef zu fragen, weil sie vor lauter Langeweile immer noch mehr zum Herumnörgeln haben. Mir ist die Decke auf den Kopf gefallen. Also bin ich raus und einfach in den Wald gelaufen, weiter und immer weiter ... bis er auf einmal aufgetaucht ist.«

»Komm, jetzt setz dich endlich, Carola«, fordert die Bäuerin.

Der Arno hat die Ohren gespitzt, als er *die Holländer* gehört hat. Lag er also richtig mit der Vermutung, dass sie im Hotel sind. Vielleicht ist ja einer von denen der »schwarze Mann«, quasi Kriminaltourist? »Aber irgendetwas müssen Sie mir doch sonst noch über ihn sagen können, Frau Unterberger.«

»Ja, wie denn, wenn er aus dem Nichts daherkommt?«

»Er ist immer noch da draußen«, meint der Bürgermeister.

»Wie die Resi. Sie ist ja auch immer noch da draußen. Oder?«, wirft der Arno ein.

Die Gesichter, die die anderen machen, sind Antwort genug. Keiner glaubt mehr, dass sie noch am Leben ist.

Da reicht's ihm. Mit Reden allein wird er den Täter nicht fassen – Zeit für neue Taten. »Karl, hast du eine Waffe? Und etwas zum Fahren?«

»Ja klar, hab ich, Arno! Komm mit.«

Die beiden verlassen die Stube und gehen in ein Zimmer, das der Ertl zuerst aufsperren muss. Trophäen an den Wänden. An einem Kleiderständer hängt dunkelgrünes Lodenzeug, dazu ein Hut mit Gamsbart. Im Eck steht der Waffentresor, aus dem der Karl eine Flinte holt und sie dem Arno entgegenstreckt. »Die Büchse hat noch meinem Großvater gehört!«, sagt er.

Der Arno glaubt's ihm aufs Wort. *Na bravo,* denkt er nur. Das Ding wird er höchstens anspitzen und wie einen Speer werfen oder jemandem drüberbraten können.

»Aber nicht, dass du dich jetzt täuschst, die schießt nämlich ausgezeichnet! Ich kenn keinen besseren Stutzen als den«, sagt der Karl, als könnte er Gedanken lesen. Einen Moment lang schaut er versonnen auf die Waffe, dann blitzen seine Augen auf. »Arno, weißt was? Ich komm mit!«

»Nein, auf gar keinen Fall! Du bleibst da und passt auf die anderen auf.«

»Das kann die Mirella viel besser als ich. Der Kerl, der versucht, an ihr vorbeizukommen, tut mir jetzt schon leid. Wo willst du denn überhaupt hin?«

»Keine Ahnung. Herumfahren. Vielleicht finden wir eine Spur von der Resi. Oder diesen Mann.«

Der Bürgermeister nickt. »Dann los!«, beschließt er, greift sich eine zweite Langwaffe samt Munition und schreitet so entschlossen aus dem Zimmer, dass nur mehr das Jagdhorngedudel fehlt.

18

»Unser alter Unimog ist zwar träge wie die sprichwörtliche Sau vorm Ferkeln, aber hinkommen tust du überall damit«, sagt der Ertl, während der Arno neben ihm überlegen muss, wo er sich festhalten soll, weil's nichts gibt, das nicht so ausschaut, als ob er's dann gleich in der Hand hätt. Der Unimog – ein halb offener Geländewagen, an dessen Vorderseite ein völlig unangemessener Mercedesstern prangt, gehört seit Jahrzehnten zu den beliebtesten Fahrzeugen auf Bauernhöfen. Vermutlich, weil man damit tatsächlich überall hinkommt – statt nur in den Werbeprospekten wie bei diesen ganzen SUV-Mogelpackungen.

Sie fahren vom Schnitzelparadies zurück, wo sie niemanden angetroffen haben, und rumpeln über die Straße vor der ehemaligen Wache. Sie hopsen über einen großen Ast, dass es den Arno glatt zehn Zentimeter aus seinem Sitz hebt. Er stößt mit dem Kopf ans Dach und ist froh, dass es aus Stoff ist.

Der Unimog vom Ertl ist einer aus den allerersten Modellreihen und wirkt, als wäre er für Kleinwüchsige gebaut worden. Mit seiner Verletzung wär's dem Arno fast nicht gelungen, hineinzuklettern. Noch dazu zieht's, ist laut und irgendwo tropft der Regen herein. Und Sicherheitsgurte gibt's sowieso keine.

Der Kitzlingbach ist bis zum Anschlag voll und an vielen Stellen schon über die Ufer getreten. Ganze Baumstämme blockieren die Fahrbahn. Mit einem gewöhnlichen PKW hätte man keine Chance, weiterzukommen – weshalb die Unterbergerin ja auch in Hinterkitzlingen hat bleiben müssen. Aber mit dem Unimog und Karls Fahrkünsten und Ach und Krach schaffen sie's. Als die gröbsten Hindernisse hinter ihnen liegen, fummelt der Karl mit dem Ganghebel herum. Eine halbe Ewigkeit später findet er den siebzigsten Gang und beschleunigt sein Gefährt auf sagenhafte fünfundzwanzig Stundenkilometer. Das mag jetzt alles ein bissl übertrieben sein, aber genau so fühlt sich's für den Arno an.

»Und, wohin jetzt?«, ruft der Karl. In normaler Lautstärke zu reden, wäre bei dem Lärm unmöglich.

»Geradeaus, und wir schauen einfach, ob uns was auffällt.«

»Dein Wunsch ist mir Befehl.«

»Du, Karl?«

»…«

»*Du, Ka-harl!*«

»Ja, Arno?«

»Wie war das denn jetzt mit dir und der Resi?«

»Ach, die Resi, ja meiomei! … Weißt, die ist halt immer schon ein bissi auf mich gestanden. Ich weiß auch nicht, was die so fasziniert hat, jedenfalls hat sie schon als Kind einen Narren an mir gefressen.«

»Und du?«

»Du hast ja selber gesehen, wie sie ausschaut. Ich will ja nicht gemein sein, die Resi ist schon eine gestandene Frau. Aber genau so gestanden war sie mit vierzehn auch schon.«

»Die Liebe war also einseitig«, murmelt der Arno, so leise, dass der Ertl ihn garantiert nicht hören kann. Er kennt das Problem mit dem einseitigen Verliebtsein nur zu genau.

»Hat sie nie einen Mann gehabt, die Resi?«

»Weiß ich nicht … keinen, mit dem sie fest gegangen wär jedenfalls! Aber mindestens einen muss sie ja … sozusagen … gehabt haben, oder?«

»Du meinst wegen der Eva?«

Der Karl nickt.

»Was hat's denn im Ort geheißen, wer der Vater von der Eva ist?«

»Mei, irgendein Dahergelaufener halt. Ein Motorradfahrer aus Deutschland oder so.«

Italien, verbessert der Arno in Gedanken, bleibt aber still. Es ist zu mühsam, sich hier in dieser Fahrerkabine anzubrüllen. Speziell die Rippen finden es gar nicht gut, wenn er das Zwerchfell immer wieder anspannt. Wobei die Schmerzen schon schlimmer waren. Fast scheint's, als ob die Medizin langsam wirkt. Außerdem scheint sich die Trostlosigkeit draußen nach und nach ins Gegenteil zu verkehren. Irgendwie wird's immer heller, im Tal, um den Arno herum, vor allem aber in ihm drin.

Als der Karl bremst und im Kriechgang durch eine tiefe Lache fährt, entschließt sich der Arno, doch noch die entscheidene Frage zu stellen. »Du, Karl?«

»Ja?«

»Könntest du nicht doch der Vater von der Eva sein?« Er versucht gar nicht, zu verheimlichen, dass er an der Stubentür gelauscht hat.

»Schmarrn!«

»Könnt doch sein.«

»Ach was!«

»Die Eva würd den halben Hof bekommen.«

»Schmarrn!«, wiederholt der Karl so einsilbig, dass man ihm fast einen Duden leihen möcht, und steigt wieder aufs Gas.

»Wozu soll die Resi die Eva denn anlügen, in ihrem allerletzten Brief?«, brüllt der Arno.

»Das musst du *sie* fragen, nicht mich!«

»Du warst gestern auf Resis Seite, wegen dem Unterbergerkopf und meinen Ermittlungen!«

»Was?«

»Wieso hast du dich so für die Resi eingesetzt? Gestern?«, brüllt der Arno noch lauter.

Der Bürgermeister hält an und schaut zu ihm herüber. »Was soll ich denn machen, Arno? Sie tut mir halt leid. Das Mindeste, was ich tun kann, ist, zu versuchen, dass sie bald wieder aufsperren kann.« Sagt's und fährt weiter.

Leuchtet auch wieder ein, denkt der Arno und schaut hinaus. Und hinaus. Und hinaus …

In Zeitlupe nähern sie sich dem Nachbarort. Dann passieren sie den ehemaligen Tischlerei-Betrieb mit dem halbierten Firmenschild.

»Halt einmal an!«, fordert der Arno, gleich darauf stehen sie wieder. »Wem genau gehört die Liegenschaft jetzt, Karl? Dem Unterberger, also quasi dessen Erben?«

»Nein, Arno. Ganz offiziell gehört alles der Gemeinde Vorderkitzlingen.«

»Die ein Gemeindezentrum draufbauen will.«

»Und: Veranstaltungszentrum!«

»Aber was hätt der Unterberger dann davon gehabt?«

»Das, lieber Arno, ist eine spannende Frage. Aber wir werden sie ihm nicht mehr stellen können, oder?« Ohne eine Antwort abzuwarten, fährt der Ertl wieder weiter.

Im Zentrum von Vorderkitzlingen sind kaum Schäden auszumachen. Der Ort scheint besser weggekommen zu sein – möglicherweise, weil man sich mit all dem Geld auch besser auf solche Ereignisse hat vorbereiten können.

Als sie das Ortsende erreichen und der Arno nach rechts oben schaut, folgt er einer spontanen Eingebung. »Zum Hotel!«, ruft er.

»Was?«

»Lass uns da rauffahren, Karl! Ich will mir das *Unterberger* einmal anschauen. Und den Waldweg dahinter. Vielleicht finden wir Spuren vom schwarzen Mann.« In Wahrheit hat er mindestens genauso große Lust, sich die Motorrad-Holländer endlich vorzuknöpfen.

Der Karl hält an der Abzweigung zum Zufahrtsweg an. »Ich weiß nicht.«

»Was meinst du? Was weißt du nicht, Karl?«

»Ob wir da hinaufkommen. Und dann wieder zurück. ... Ich glaub, es wird auch langsam zu dunkel.«

Ausrede, denkt der Arno sofort. Dem Unimog mag ja so ziemlich alles fehlen, wenn man ein modernes Auto danebenstellt, aber Licht hat er genug. »Probieren wir's einfach, Karl.«

Aber der hadert weiter. »Ich ... vielleicht ... ach, es lohnt sich bestimmt nicht.«

Hat er etwa Angst? »Was ist denn da oben, Karl?«

»Gar nichts.«

»Ja wenn nichts ist, dann können wir doch auch nachschauen, oder?«

»Pff ... also wenn's unbedingt sein muss«, sagt er widerwillig, legt den Gang ein, lässt die Kupplung ein bissl zu schnell kommen und biegt ab. Dann gibt er gleich viel mehr Gas, als der Arno erwartet hätte, überspringt ein paar Gänge, weil die Schwerkraft hilft, den Unimog den Hang hinunter zu beschleunigen. »Wir brauchen jeden Schwung, den wir kriegen können«, kommentiert der Ertl sein Tun und brettert dann mit Höchsttempo über die Bachbrücke drüber. Fünfundfünfzig Kilometer pro Stunde mögen sich jetzt nicht unbedingt nach viel anhören, aber in *diesem* Ding, bei *der* schmalen Brücke und *dem* reißenden Bach – aber dank Ertls Medizin ist ihm langsam echt alles egal.

Keine Minute später quält sich der brustschwache Unimog die Zufahrtsstraße zum Hotel hinauf. Der Regen wird wieder stärker. Der Arno schaut den winzigen Scheibenwischern bei der Arbeit zu und muss plötzlich lachen.

»Was?«

»Das da!«, zeigt er nach vorne und prustet.

»Lach meinen Unimog nicht aus, sonst gehst du zu Fuß!«

»Tschuldige!«, sagt er und holt tief Luft. Unglaublich, aber die Schmerzen sind weg. Anstatt des Höllenwehs, das er bisher ertragen hat müssen, spürt er nur mehr ein leises Kitzeln. Dafür fällt es ihm zunehmend schwerer, ernst zu bleiben. Einmal probiert er es noch: »Was hat den Unterberger denn dann angetrieben, dem Pfarrer seinen Besitz abzuluchsen?«

»Wie ich den kenn, war das vor allem ein Machtkampf,

Arno. Der hat's einfach nicht ausgehalten, dass der Bridam die Tischlerei aus Trotz einfach zum Schandfleck verfallen lässt. Aber das Schwein hat ja immer bekommen, was er wollt. Weißt eh!«

Das Badhaus, erinnert er sich, aber der Karl hat ja gerade immer gesagt. »Wann denn sonst noch?«, fragt er, und weil der Ertl im Lärm so tut, als hätte er es nicht gehört, wiederholt er seine Frage noch einmal.

»Wenn ich dir das erzähl, dann sind wir morgen noch nicht fertig. Man soll ja nicht schlecht von den Toten reden. Die Mirella mag das überhaupt nicht. Aber der Unterberger hat's einfach nicht anders verdient. Ein so ein Schwein war der, der hätt glatt noch seine Großmutter verpfändet, wenn es ihm etwas gebracht hätt. Nichts und niemand ist dem über Macht und Profit gegangen.«

»Wie wird man bloß so ein Mensch?«, fragt der Arno mehr sich selbst und rechnet gar nicht damit, dass sein Nachbar ihn hören kann, als der trotzdem antwortet: »Der Mario hat den besten Lehrmeister gehabt.«

»Wie meinst du das jetzt?«

»Wirst gleich sehen, Arno.«

Sie halten vorm *Unterberger,* dem Viersternehotel, das schon allein wegen seiner Größe wie ein Fremdkörper im Tal wirkt. Aus der Nähe betrachtet ist es deutlich in die Jahre gekommen. Eine der unzähligen in den Siebzigern oder Achtzigern des vergangenen Jahrhunderts errichteten Bettenburgen, die in der Zeit ihrer Errichtung stecken geblieben sind. Ab dem ersten Stock ist alles mit dunklem Holz verschalt, genau wie bei den Wohnhäusern dieser Zeit. Die

Lüftlmalereien an den Mauerflächen sind bestenfalls noch von historischem Interesse. Man kann förmlich riechen, dass hier wöchentlich die Blasmusik auftritt und goldene Wandermedaillen und Ehrenbürgerschaften für dreißig Jahre Urlaub am selben Fleck verliehen werden. Tourismus wie früher. Viel früher.

»Eine hundsalte Bude«, sagt der Karl beim Aussteigen, der schon wieder Arnos Gedanken gelesen haben muss.

»Ich hätt den Unterberger viel moderner eingeschätzt.« *Und die Carola auch,* denkt er sich dazu.

»Ja, siehst du, Arno, das ist halt so: Selbst die größten Schweine haben immer noch ein Schwein, das über ihnen steht.«

»Wie? Welches Schwein?«

»Das Oberschwein.«

»Oberschwein?«

»Mhm«, brummt der Karl und schaut zum Boden, wo er den Kies mit der rechten Fußspitze hin- und herstreicht.

Der Arno würde zu gerne nachbohren, aber er hört einen Harley-Zweizylindermotor aufheulen, wieder und wieder, irgendwo hinter dem Hotel. Endlich hat er sie, die frechen Holländer. Und dank der *sieben Spritzer* vom Ertl fühlt er sich, als könnte er es mit allen gleichzeitig aufnehmen. »Komm, Karl!«, sagt er, schultert die Ertl'sche Flinte und deutet zur Seite. Sein Chauffeur zieht das zweite Gewehr aus dem Unimog und folgt.

Der Arno wetzt um die linke Seite der Bettenburg herum, wo die Natur eifrig daran arbeitet, sich das Gebiet zurückzuholen. Der Wald reicht bis zum Zaun heran. Die Thujen, die bestimmt schon seit den Achtzigern wachsen, sind die größten und breitesten, die er je gesehen hat. Der Grünstreifen um das Gebäude herum ist schmal und ultrakurz gemäht, teilweise vermoost und von Unkraut durchzogen.

Es passt nicht, denkt er wieder. Vor allem nicht zur Witwe, die viel mehr Klasse ausstrahlt als ihr Hotel. In einem Wellnesstempel vom Stararchitekten, da könnte er sich die Carola vorstellen. Aber hier? Niemals.

Als er ums Eck biegt, sieht er bestimmt zehn von den Harleyfahrern auf ihren Maschinen herumlungern. Leere Bierdosen liegen auf dem Boden, die vollen halten die Biker vor sich in die Luft und prosten sich zu. Heizpilze sind um die Maschinen herum drapiert, alle Radios auf denselben Sender eingestellt, und fertig ist die Easy-Rider-Freiluft-Disco.

»Komm, Karl!«, ruft der Arno nach hinten und schleicht sich an die Gruppe heran. In der fortgeschrittenen Dämmerung sieht ihn keiner. Dafür entdeckt er seine Polizistenmütze, die wie eine Trophäe am Hinterteil einer Harley befestigt wurde, knapp über dem Nummernschild. Eine Verspottung ersten Ranges. Kurz überlegt er, das Gespräch mit den Easy Ridern mit einem Warnschuss zu eröffnen, aber erstens weiß er nicht, wie viel Munition der Karl mitgenommen hat, und zweitens ist er dank der Schmerztropfen zwar *high,* aber noch nicht high genug, um auf Clint Eastwood zu machen.

Er räuspert sich, als er die Holländer erreicht. Doch niemand bemerkt ihn. Also lauter: »Hallo! Hey!«

Zwei drehen sich langsam um. Wie sie dreinschauen, haben sie schon ordentlich getankt, und zwar nicht ihre Maschinen. Sie mustern ihn von oben bis unten.

»Yeeehaw!«, ruft einer, »Bussi!« der andere. Plötzlich hat er die ungeteilte Aufmerksamkeit.

»Bussi?«

»Oh, der Bussi?«

»Inspektor Bussi, jou!«

»Bussi Vogelverschrikker!«

Auf die letzte Ansage hin lachen sich plötzlich alle schief. Da muss man auch kein amtlich beeideter Dolmetscher sein, um zu verstehen, warum – dass er in der Ertl'schen Kleidung wie eine Vogelscheuche ausschaut, hat er ja selbst schon festgestellt.

Es reicht, denkt er sich und geht um die Maschinen herum, direkt zu jener, an der seine Kappe hängt. »Runtermachen!«, sagt er zu dessen Fahrer und kommt sich jetzt doch ein bissl wie Clint Eastwood vor.

Aber der Mann lacht nur.

»Runtermachen!«, fordert er lauter.

Da erhebt sich einer nach dem anderen von seiner Maschine. Auf ein Kommando des Anführers hin machen alle die Radios aus. Ein Holländer stellt seine halb volle Bierdose auf den Boden und stampft drauf, dass es nur so spritzt, ein anderer verschränkt seine Finger und lässt die Gelenke krachen, so laut, dass man ihm gleich den Orthopäden rufen möcht.

»Vielleicht sollten wir doch lieber gehen«, wirft der Karl ein, der sich in Arnos Windschatten versteckt hält.

»Nö!«, antwortet dieser nur und legt sein Gewehr über den linken Unterarm.

»Runter mit der Mütze«, fordert er noch einmal und streichelt dabei seine Waffe.

»Uuuuh!«, geht's durch die Gruppe.

Der Kerl mit der Mützenharley zeigt auf die Flinte. »Hast de aus Museum gestoulen, jou?«

Plötzlich Schritte von hinten.

»Runter mit dem Ding!«, befiehlt eine heisere Männerstimme, die den Arno sofort an einen anderen Leinwandhelden erinnert. Vor lauter Überraschung tut er erst einmal gar nichts, dreht sich nur langsam um – und findet sich im Visier eines Gewehrs wieder, das ein alter Mann im Anschlag hält.

»Die Waffe auf den Boden, oder ich pumpe dir eine Ladung Blei in die Eingeweide, du räudiger Hund!«

Marlon Brando, genau!, staunt er. Dann flüstert er zum Ertl: »Wer ist das?«

»Das Oberschwein«, flüstert dieser zurück.

Fünf Minuten später sitzen sie in einem düsteren Hinterzimmer des Hotels, besagtes Oberschwein ihnen gegenüber. Die Ertl'schen Jagdflinten liegen entladen auf dem Tisch. Zwei Holländer stehen hinten an der Tür und passen auf, dass der Karl und der Arno nicht abhauen.

Inzwischen sind die Identitäten geklärt. Natürlich ist der Ertl als Bürgermeister des Nachbarorts allgemein bekannt. Das Oberschwein und er können sich aus irgendeinem Grund nicht leiden. Dass der Arno Polizist ist, scheint auch nicht bezweifelt zu werden.

Das Oberschwein ist Konrad Unterberger, Vater des Toten, Hotelier der ersten Generation. Groß, dürr, alt. Ein Patriarch, wie er im Buche steht. Obendrein gäbe er noch ein fabelhaftes Hausgespenst ab, so blass und zerbrechlich, wie er ausschaut.

Der Seniorchef zündet sich erst einmal in aller Gemütsruhe die gewaltigste Zigarre an, die der Arno jemals gesehen hat, macht einen Lungenzug und sagt dann heiser: »Bussi, Bussi ... was habe ich getan, dass ihr mich so respektlos behandelt? Ihr kommt in *mein* Hotel und bedroht *meine* Gäste, nur einen Tag, nachdem *mein* lieber Sohn tot aufgefunden wurde. Sagt mir, womit habe ich das verdient? Womit?«

Der Arno findet die Imitation von Don Vito Corleone so überzeugend, dass er erst einmal gar nichts sagen, sondern nur fasziniert vor sich hin starren kann. Ihm ist schwindlig. Vielleicht vom Zigarrenqualm, wahrscheinlicher aber von Ertls Medizin.

»Sagt's mir, Bussi! Womit?«

Er versucht, sich zusammenzureißen. »Äh ... Herr Unterberger, ich bin vom Bundeskriminalamt und sollte ursprünglich Ihren Sohn suchen. Es steht ja inzwischen leider fest, was mit ihm passiert ist. Mein Beileid. Aber es gibt noch einen zweiten Toten, und fast hätte es einen dritten gegeben. Außerdem ist jemand spurlos verschwunden. Im Tal ist die Hölle los, ich wär Ihnen daher dankbar, wenn wir aufhören könnten, Spielchen zu spielen, und zur Sache kämen.«

»Spielchen?«, tut das Oberschwein, als wüsste es nicht ganz genau, was der Arno meint. »Einen dritten ... fast?«, fragt er dann.

»Ihre Schwiegertochter.«

»Pah!«

»Was?«

Er nimmt einen weiteren Lungenzug, bevor er – aus mehreren Körperöffnungen zugleich qualmend – antwortet: »Diese ... wie sagt man heute? *Dramaqueen*? Was hat sie sich denn jetzt wieder getan? Den Finger in ihrer Tausend-Euro-Handtasche eingeklemmt?«

So gehässig, wie der Senior seine schmale Nase rümpft, weiß der Arno genau, wie er zum Spitznamen Oberschwein gekommen ist.

»Sie wäre fast abgestürzt. Wir konnten sie gerade noch retten. Auf dem Waldweg, der nach Hinterkitzlingen führt. Jemand hat sie gestoßen. Dunkel gekleidet, in etwa Ihre Größe.«

»Wollen Sie damit etwas andeuten, Bussi?«

Will ich?, fragt er sich selbst und findet die Idee gar nicht schlecht. »Wo waren Sie denn heute, so gegen drei am Nachmittag?«

»Wollen Sie mir jetzt ernsthaft unterstellen, ich hätte es auf jemanden aus meiner Familie abgesehen?«

»Ich will nichts außer der Wahrheit. Also?«

»Also, also. ... Wisst ihr, was euch jungen Menschen heutzutage fehlt? ... Die Geduld. Alle wollen immer alles sofort haben. Niemand wartet mehr, bis er an der Reihe ist!«

»Mag sein. Aber noch einmal: Wo waren Sie heute Nachmittag?«

Sein Augenlid zuckt. »Ich war hier! Wie immer. Das ist *mein* Haus, und auf das achte ich. Seit sechsundvierzig Jahren, rund um die Uhr! Sie können meine Gäste fragen. Oder, Piet, Marco? Wie lange kennen wir uns schon? Seit ihr ein Baby wart und noch mit euren Eltern auf Urlaub gekommen seid, so lange. Habt ihr mich irgendwann schon einmal nicht im Hotel gesehen? Irgendwann?«

Der Arno ahnt, dass die beiden Holländer gerade synchron ihre Köpfe schütteln. *Genau so schaut der Alte auch aus,* denkt er. Wie jemand, der diesen Käfig seit den Siebzigern nicht verlassen hat.

»Mein Sohn hat nichts getaugt«, philosophiert das Oberschwein weiter. »Mit dem Gast unter ein und demselben Dach schlafen? Das kam für ihn nicht infrage. Dafür war er sich zu schade, und die Carola schon zweimal. Haben sich lieber eine Villa gebaut und sind zur Arbeit gekommen wie beim Finanzamt. Als wäre das alles hier nicht gut genug für sie. Schaut das etwa nicht gut genug aus, Bussi? Hm?«

Wie soll er reagieren – Kopfschütteln oder Nicken? Er kann sich nicht entscheiden, also tut er lieber gar nichts und denkt über das Gehörte nach. Sohn Mario durfte offensichtlich nur nach außen hin den Starhotelier spielen, während sein Vater in Wahrheit das Zepter schwingt.

»Wir müssen Ihr Alibi überprüfen, Herr Unterberger.«

»Sie können prüfen, bis Sie schwarz werden. Aber gehen Sie jetzt. Und kommen Sie nicht wieder. Niemals. Haben Sie verstanden?«

»Wer hätte Ihrem Sohn etwas antun wollen?«, fragt der Arno, der ja gar nicht daran denkt, ausgerechnet jetzt klein beizugeben.

»Du, vielleicht sollten wir lieber ...«, fängt der Karl an, sich einzumischen, und wird vom Oberschwein unterbrochen.

»Piet! Marco!«, sagt der und zeigt mit der Zigarre auf seine ungebetenen Gäste.

Keine fünf Sekunden später spürt der Arno zwei kräftige Hände unter seinen Achseln und wird in die Höhe gezerrt. »He!«, protestiert er noch, da spaziert er schon ganz wie von selbst aus dem Zimmer. »Das wird ein Nachspiel haben!«

»Ich spiele nicht. Niemals!«, behält das Oberschwein das letzte Wort.

Als der Karl und der Arno sich draußen in den Spielzeug-Unimog zwängen, sagt keiner etwas. Die Mission ist völlig in die Hose gegangen. Sie haben sich den Waldweg nicht anschauen können, Arnos Polizistenmütze klemmt immer noch an einer der Harleys und Karls Waffen sind auch futsch.

»Du hast das mit dem Alten kommen sehen, oder?«, fragt der Arno, als sie den Weg hinuntertuckern.

»Ja, Arno.«

»Tut mir leid wegen der Gewehre.«

»Mhm.«

»Kennt's ihr zwei euch eigentlich gut, der Senior und du?«

»Gut genug.«

»Woher denn?«

»Ach, Arno ... Schau, ich hab in dem Hotel einmal ein paar Monate lang gearbeitet. In meiner Jugendzeit.«

»Als was?«

»Als Fußabtreter«, antwortet der Ertl und legt einen kleineren Gang ein, der den Motor zum Aufbrüllen bringt.

Arnos Gedanken fließen zäh, aber trotzdem muss er versuchen, Ordnung hineinzubringen. Das Hotel. Der Senior, der tote Junior, die beinahe tote Schwiegertochter. Pfarrer Bridam hätte wohl das stärkste Motiv gehabt, Mario Unterberger zu beseitigen, wegen der verlorenen Tischlerei. Allerdings wäre das eine reine Racheaktion gewesen, denn der Betrieb war ja schon verloren. Und weil der Heilige Bimbam jetzt tot ist, kann er diese Theorie gleich wieder einpacken.

Auch der Mann neben ihm hätte wohl ein gewichtiges

Motiv gehabt – das abgeluchste Badhaus –, hat zudem einst im Hotel Unterberger gearbeitet und so bestimmt tiefere Einblicke in die Familienverhältnisse gehabt. Rivalen waren sie wahrscheinlich noch dazu, die Bürgermeister. Aber wie passt dann der tote Pfarrer ins Bild?

Wer käme sonst noch infrage? Die Resi natürlich. Sie hat ja schriftlich gestanden, den Unterberger getötet zu haben. Aber das wird auch nicht so richtig rund. Welches Motiv soll sie denn gehabt haben? Außerdem würde sie den Unterbergerkopf wohl kaum in die eigene Truhe packen und ihn von der Kreuzveitl auch noch finden lassen. Oder ist die Resi in Wahrheit viel raffinierter, als er meint? Fehlt da nur ein Puzzlestück, um das Rätsel zu durchschauen?

Er grübelt und grübelt. *Irgendetwas passt nicht. Etwas stimmt da nicht zusammen …*

»Fahren wir heim?«, schlägt der Karl vor, als sie schon wieder über den Bach sind und sich der Landesstraße nähern. Es ist jetzt beinahe dunkel. Rechts, Richtung Talausgang, spiegeln sich Blaulichter in den nassen Baumwipfeln.

»Wie schaut's da unten eigentlich aus, Karl?«

»Gar nicht gut. Sie arbeiten sich von beiden Seiten vor, aber was willst du machen, wenn immer wieder neues Zeug vom Berg herunterkommt? Der Bach unterspült dir die ganze Sache noch dazu. Da weißt du gar nicht, wo du anfangen sollst. Und gefährlich ist's hoch drei.«

»Glaubst du, morgen schafft's jemand ins Tal herein?«, fragt er.

»Keine Chance. Vielleicht per Hubschrauber, wenn das Wetter besser wird. Die Feuerwehr hat immerhin Kontakt zum Bundesheer.«

»Bundesheer?«, wird er hellhörig.

»Der Franz hat rausfunken können. Sie wissen Bescheid, keine Sorge.«

»Hm ... und wie wahrscheinlich ist das mit dem Hubschrauber?«

»Auch das ist nicht so leicht. Sie haben schon mehrmals versucht, hereinzufliegen, aber überall hängt der Nebel, und gleich darüber schon die Wolken. Sie sehen die roten Luftwarnkugeln an den Seilen nicht, so dicht ist alles. ... Aber jetzt gräm dich nicht, Arno. Morgen ist ja auch noch ein Tag. Komm, lass uns heimfahren. Was meinst? Die Mirella kocht uns was und wir machen uns alle zusammen einen feinen Abend.«

Als sich's der Arno vorstellt, knurrt sein Magen plötzlich. Da fällt ihm die Eva ein, das Gefühl ihrer Lippen auf seinen, der wunderbare Duft ...

»Meinetwegen«, versucht er, sich seine plötzliche Vorfreude nicht anmerken zu lassen.

19

Also manchmal sind die Dinge viel schöner, wie sie zuerst ausschauen, manchmal aber auch nur halb so schön. Zum Beispiel der Abend mit der Eva, den Ertls, der Kreuzveitl und der Witwe Unterberger. Man stellt sich das ja weiß Gott wie romantisch vor, mit schlechtem Wetter, Bauernhof, Kaminofen und guten Sachen zum Essen, aber dann …

… sind sie alle um den großen Tisch herumgesessen, hundemüde und trübselig. Die Eva war total am Sand, wegen der Resi und der Sache mit dem Franz. Der Arno ist direkt neben ihr gesessen, hat ihre Aura schon wieder spüren können, aber über die Aura-Phase sind sie hinaus. Auch die anderen waren ziemlich missmutig. Die Mirella und der Karl haben kaum miteinander geredet. Aber klar. Da ist das Vertrauen erst einmal dahin, wenn eine unbekannte Tochter hereinspaziert. Mehr Stimmungskiller geht ja gar nicht.

Die Gesprächsthemen waren auch zum Vergessen. Der Arno hat sich hauptsächlich darauf konzentriert, nichts Wichtiges auszuplappern, so benebelt, wie er war. Karls Tropfen sind ein Teufelszeug. Zwischendurch ist's emotional geworden, als sich die Carola nach dem Franz erkundigt hat, wie's ihm und der Feuerwehr bei den Arbeiten geht. Wie aufs Stichwort hat die Eva zu weinen begonnen, also hat er heimlich die rechte Hand an ihren Rücken gelegt und ganz schnell ein neues Thema angeschnitten, den Karl gefragt, wie es denn mit den Dieselvorräten im Ort ausschaut, wegen der Generatoren für die Melkmaschinen und so weiter. Der Ertl hat gemeint, für ein, zwei Tage sollt's schon noch reichen, dann werde es aber langsam knapp.

Und dann war's auch schon vorbei. Zuerst haben sie die Kreuzveitl in ihr Zimmer gebracht und dort eingeschlossen. Der Arno hat sich eine von Karls Ersatzwaffen geben lassen, denn schließlich rennt da draußen jemand herum, der Menschen den Kopf abschneidet, sie rituell pfählt oder Abhänge hinunterstößt. Da muss man mit allem rechnen. Die Schrotflinte sei zwar nicht präzise, aber sehr effizient, hat der Hofherr gemeint.

Wieder in der Stube zurück, hat die Witwe Unterberger den Karl gebeten, sie nach Hause zu bringen, nachdem sie ja wusste, dass man mit dem Unimog nach Vorderkitzlingen durchkam. Als Nächste hat sich die Eva in ihr Gästezimmer verabschiedet. Und weil der Arno nicht mit der Mirella allein hat herumsitzen wollen, liegt er jetzt auch schon oben im Bett, das ihm die Bäuerin frisch überzogen hat und das ganz wunderbar nach Lavendel riecht.

Die Waffe liegt geladen unter seinem Bett. Er hat das Fenster aufgemacht und atmet tief durch. Nachtluft, klar und kalt.

Er ist müde. Bald schon wird alles schwer sein, alles ruhig, die Gedanken werden zur Ruhe kommen. Er weiß, er braucht morgen all seine Kraft, will gar nicht daran denken, was er heute schon alles hat schaffen müssen ...

Da hört er ein sanftes Klopfen. Zuerst glaubt er, es sei vom Windzug, doch dafür ist es zu rhythmisch und zu ausdauernd. Und es wird lauter.

Er richtet sich halb auf, um das Klopfen orten zu können. Eindeutig die Tür. Sein Herz schlägt schneller. Er nimmt die Schrotflinte zur Hand, schleicht barfuß zur Tür und lauscht.

Da hört das Klopfen plötzlich auf. Draußen knarzt der Boden.

»Hallo?«, sagt er gerade so laut, dass es hinausdringen kann.

Wieder ächzt der Bretterboden. Dann lehnt sich etwas – *jemand* – von außen an die Tür. Der Arno bekommt Gänsehaut, als er hört, wie die Klinke heruntergedrückt wird, der Schlossriegel aber die Öffnung verhindert.

»Hallo?«, wiederholt er.

»Hallo«, flüstert der andere.

»Wer ist da?«

» …«

»Wer ist da?«, fragt er lauter.

»Die Eva.«

Er holt Luft und versucht, sich jetzt nicht zu sehr von seinen Gefühlen leiten zu lassen. Dann müsste er nämlich die Tür aufreißen und sie sofort in die Arme nehmen. Aber ist sie's wirklich? Sie hat ja nur geflüstert. Jeder könnte es sein, auch ein Mann.

»Was ist?«

»Ich bin so allein«, sagt die Person draußen, und ihm geht das Herz fast über, aber er muss vernünftig …

Da dringt ein Hauch durch den Spalt, so himmlisch, dass der Arno allein davon glücklich werden könnt. Evas Duft, eindeutig. Er senkt die Waffe, dreht den Schlüssel leise um und öffnet die Tür. Draußen ist es genauso stockdunkel wie im Zimmer, aber er fühlt, wie sie hereinschleicht, sich ihm nähert, wie sich ihre Körper berühren und sie ihre Arme um ihn legt ...

Er kann gerade noch die Tür schließen und die Flinte irgendwo hinstellen, Hauptsache weg. Dann umarmt er sie, fühlt ihr Nachthemd, will zunächst nur den Kopf neben ihren legen, vielleicht verstohlen an ihrem Hals herumschnuppern, aber sie will mehr, viel mehr. Sie sucht sein Ohr, findet es, atmet hinein, beißt ins Ohrläppchen, und der Arno in seinem Pyjama weiß gar nicht mehr wohin mit seiner Erregung. Doch sie weicht nicht zurück, im Gegenteil, drängt eines ihrer Beine zwischen seine. Er streichelt ihren Rücken und stellt fest, dass sie unter dem Nachthemd nichts anhat, keinen BH, keinen Slip. Sie legt ihren Kopf in den Nacken, küsst ihn, öffnet ihren Mund, ihre Zungen finden sich, eröffnen ihr Spiel, während die Beine den Weg zum Bett suchen, synchron und zielstrebig, keiner führt den anderen, sie fallen zusammen auf die Matratze, und während er noch lacht, liegt die Eva schon nackt, splitterfasernackt in seinen Armen, und nichts wäre er jetzt lieber, als ebenfalls nackt, aber ...

»Wir können das nicht tun, Eva«, sagt er, setzt sich auf und könnte sich dafür ohrfeigen. Doch er weiß, dass er die Situation nicht ausnutzen darf. Niemals. Die Eva würde es bereuen, und er genauso. Der Franz würde ihn hassen, Halbbruder hin oder her. Er darf nicht. Nicht in diesem Hof, nicht mit dieser Frau. Wohin so etwas führt, hat er bei der Sache mit der Qualtingerin ganz genau gesehen.

Die Eva atmet schnell. Sie will ihn auf sich ziehen, doch

er bleibt und sagt: »Das ist alles viel zu viel für dich. Ich kann nicht.«

Und wie er könnte. Die Hormone ringen mit dem Verstand, und es ist noch gar nicht so lange her, da hätte sein Verstand nicht die geringste Chance gehabt. Aber man wird ja klüger.

»Ich will dich spüren, Arno. Ich brauch dich. Jetzt.«

Und aus ist's mit dem Klugsein.

Vierter Tag

20

Er steht in einem riesigen Maisfeld. Oder ist nur er so klein? Die Pflanzen überragen ihn jedenfalls bei Weitem. Er kann keinen Anfang und kein Ende sehen, der Mais so dicht gesetzt, dass er ihn mit aller Gewalt zur Seite biegen muss, um weiterzukommen.

Unter ihm ist kein Erdboden, sondern rosa Masse, schrecklich klebrig, bis zu den Knöcheln. Nur mit Mühe schafft er es, einen Fuß herauszuziehen, aber Fäden bleiben dran haften. Es muss Kaugummi sein ... Kaugummi mit stinkendem Beerenaroma.

Neben ihm ... nein, hinter ihm raschelt etwas. Er reißt den Kopf herum, entdeckt aber nichts, und genau in dem Moment kommt das Geräusch von vorne, dann von oben, von rechts, von links. Aber egal, wo er hinschaut, es ist immer woanders, als wollte es ihn absichtlich an der Nase herumführen.

Das kann er auch, denkt er sich, und täuscht links an, dreht seinen Kopf aber in Wahrheit nach rechts, und sieht ...

»Hä?«, entfährt's ihm. Er muss zweimal hinschauen, aber Tatsache: Da schwebt ein Augenpaar in der Luft ... ganz ohne Gesicht! Blitzblau ist es, schielt ihn an, dann springt es davon wie ein aufgeschreckter Spatz.

Er hört eine Kreissäge, irgendwo weit vorne, ganz leise nur. Sie läuft an, ihr Blatt fährt kreischend durchs Holz, dann verlangsamt sich ihr Singen, gleich darauf holt sie wieder Schwung. Er weiß: Wo Sägen sind, ist auch Hilfe nicht weit. Mit aller Kraft hebt er das linke Bein und setzt es einen Schritt voraus, drängt die Maispflanze direkt vor ihm weg, dann muss auch das rechte Bein nach vorne. Er ahnt schon, dass es ihm dieser Kaugummi nicht leicht machen wird, vorwärtszukommen. Wieder die Säge, dann ein neues Rascheln, ähnlich wie vorhin und doch anders. Dieses Mal geben sich die fliegenden Augen keine Mühe, sich vor ihm zu verstecken. Aber jetzt sind sie nicht mehr blau, sondern grün, tiefgrün wie Smaragde. Er runzelt die Stirn. Da verschwinden sie eilig im Dickicht.

Blaue Augen, grüne Augen ... was soll das?

Egal. Er muss hier raus. Noch ein Schritt. Nur noch ein paar weitere, dann wird er aus dem Maisfeld sein.

Aber es ist so schrecklich anstrengend. Mit jeder Bewegung wird er schwächer. Er will aufgeben und sich frustriert zu Boden sinken lassen, als es plötzlich knattert und röhrt, oben im Himmel, dazu kracht's mit der Wucht von Kanonenschlägen, links, rechts, vorne, hinten. Der Schreck durchjagt ihn, als er aufschaut und sie entdeckt: fliegende Holländer! Nicht etwa in geisterhaften Segelbooten, sondern auf funkelnden Harleys. Sie schneiden Grimassen und strömen unablässig aus den Wolken, Hunderte, nein, Tausende, bösartig wie ein aufgescheuchter Bienenschwarm, alle direkt auf ihn zu! Sie werfen faule Marillen herunter, kein gewöhnliches

Obst, sondern Früchte aus dem Riesenland, der Kern einer einzigen groß genug, um einen Menschen damit zu erschlagen.

Er muss weg! Die Bedrohung verleiht ihm neue Kraft. Weiter, weiter, weiter! Doch da verliert er das Gleichgewicht, er macht einen Ausfallschritt ... und steckt fest.

Eine übergroße Marille schlägt knapp neben ihm ein. Vom Gestank der zerplatzten, überreifen Frucht wird ihm schlecht. Die Holländer holen auf, er hat keine Chance, genauso gut kann er sich jetzt dem Schicksal ergeben ...

Plötzlich raschelt es wieder, links, dann rechts, die schielenden blauen und die normal stehenden grünen Augen sind direkt vor ihm, deuten ihm, mit ihnen zu kommen, aber wie soll er denn?

Da teilen sie sich auf, jeweils ein Augapfel legt sich in seine Handflächen, die anderen beiden formen ein neues Paar und fliegen nach oben davon, kommen wieder zurück, entfernen sich erneut. Da ahnt er, was sie wollen: ihn befreien! Also umschließt er die anderen beiden mit seinen Händen. Zuerst ekelt er sich, weil sie seltsam glitschig und weich sind, doch dann spürt er, wie viel Kraft in ihnen steckt, und packt noch fester zu. Sie ziehen ihn hoch, aus dem Boden heraus, er zieht Kaugummifäden, ist schon gut zehn Meter in der Luft, als ein Holländer heranrauscht. Der, der seine Mütze trägt! Er lacht teuflisch, wird größer und größer, hinter ihm eine riesige Rauchwolke. Gleich werden sie kollidieren, und es ist völlig logisch, wer den Aufprall überlebt und wer nicht.

Er starrt auf seine Hände, öffnet die Fäuste, das grüne und das blaue Auge fliegen davon. Da verdunkelt sich der Himmel, rasend schnell kommt die Harley näher. Er fällt! Noch hundert Meter ...

Noch fünfzig ...

Noch ...

»Aaah!«, schreit der Arno und fährt hoch. Er hat sein Bettzeug nass geschwitzt, ist völlig außer Atem, seine linke Seite tut weh, viel mehr noch als vor ein paar Stunden. Die Wirkung der *sieben Spritzer* ist eindeutig vorbei.

Ein Sonnenstrahl kommt durchs Fenster, doch er bemerkt ihn nicht. Er ist höchstens zur Hälfte hier, zur anderen noch in dieser merkwürdigen Traumwelt gefangen, mit Kaugummi, Maisfeld, fliegenden Holländern, faulen Marillen und verschiedenfarbigen Augenpaaren ...

Was für ein merkwürdiger Trip, denkt er, als er nach und nach zu sich kommt und die linke Rumpfseite abtastet, die noch geschwollener ist als gestern und zudem druckempfindlich – schon die Finger draufzulegen, schmerzt.

Dann fällt ihm die Eva ein. Und mit ihr natürlich das gemeinsam Erlebte. Es war eine der unglaublichsten, leidenschaftlichsten Nächte seines Lebens. Trotz aller Erschöpfung, vielleicht sogar gerade deswegen. Keine Worte. Nur Liebe. Liebe und wahnsinnige Lust.

Er schaut neben sich. Doch da liegt sie nicht mehr. Das Letzte, was er weiß, ist, dass sie in seinen Armen eingeschlafen ist, während er an ihren Haaren gerochen hat, vor ein paar Stunden erst. Und nein, das mit ihr und ihm kann ganz und gar kein Traum gewesen sein, wie die zerwühlte zweite Bettseite beweist. Was für ein Glückspilz er ist!

Aber warum ist sie nicht geblieben?, fragt er sich und beschließt, dass er es herausfinden muss. Wo mag sie nur stecken?

Er springt auf, ignoriert die Schmerzen und steht da, wie Gott ihn erschaffen hat. Die Sonne scheint ihm auf den Allerwertesten, doch er registriert die Wetterbesserung immer noch nicht, ist im Kopf ganz und gar bei seiner Traumfrau. Er zieht sich eilig sein Vogelscheuchenkostüm an. Ein Ertl'scher Wollsocken fehlt, er überlegt, ob er drauf verzichten soll, sucht dann doch, weil der Boden eiskalt ist, denkt nach, schaut sich um ...

Da fällt ihm etwas anderes auf.

Die Schrotflinte ist weg!

Die Eva weg und die Schrotflinte weg! War jemand hier und hat sie entführt, und die Flinte gleich mit? Unwahrscheinlich. Eher hat die Eva die Waffe mitgenommen. Aber wozu? Und was hat sie jetzt damit vor?

Er muss Alarm schlagen. Jetzt sofort! Also trampelt er in den Gang und ruft: »Karl! Karl, wo bist du?«, bleibt stehen und horcht.

Auf der anderen Seite des Flurs knarzt ein Bodenbrett, dann gleich noch einmal und wieder, im Takt langsamer Schritte. Das Schloss dreht sich, die Tür geht auf, und heraus schaut ein verschlafener Bürgermeister mit Zipfelmütze.

»Was? Oh, Arno, du bist's!«, sagt er und gähnt erst einmal ausgiebig. »Was gibt's?«

»Ich brauch deinen Unimog! Und sieben Spritzer! Sofort!«

»Ach, Arno ...«

»Nix Arno! Zack, zack!«

Zehn Minuten später sitzt er im Ertl'schen Unimog und plagt sich mit dem Schrotthaufen herum. Neben ihm sitzt kein Karl und kein Franz und auch sonst niemand. Der Bürgermeister wollte gleich wieder den Chauffeur spielen, aber keine Chance. Wenn da draußen ein Mörder herumläuft, vielleicht sogar während der Nacht in den Ertl-Hof eingedrungen ist, dann muss jemand auf die anderen aufpassen. Der Arno hat dem Ertl geraten, die Türen gleich zweimal zuzusperren.

Für ihn gibt's jetzt erst mal nur eins: Er muss die Eva finden. Natürlich auch die Resi und diesen schwarzen Mann, aber zuallererst die Eva. Am wahrscheinlichsten hat sie die Waffe mitgenommen. Wieder fragt er sich, was sie damit will. Sich schützen? Aber vor wem? Weiß sie etwas, das er nicht weiß? Und wo mag sie stecken?

Im Schnitzelparadies?, überlegt er, als er die Zufahrtsstraße vom Ertl-Hof runterfährt. Und dann fallen ihm zwei Nebensächlichkeiten auf. Erstens: Die Sonne scheint. Zum ersten Mal seit Tagen. Hat sie schon den ganzen Morgen, aber er nimmt's erst jetzt wahr. Und zweitens: Schon wieder kein Kaffee! Aber er ärgert sich nicht mehr. Sollen sie doch alle ihren Kaffee behalten und selber trinken.

Er hat sich dieselbe Schmerzmitteldosis wie gestern geben lassen und hofft, dass das Mittel bald wirkt. Der Karl wollte ihm noch erzählen, worum es sich handelt, aber der Arno hat abgewunken. Es reicht, wenn's hilft.

Bald hat er das Ertl'sche Museumsstück bergab auf die Höchstgeschwindigkeit von sagenhaften fünfundfünfzig Kilometern pro Stunde gebracht. Was will man machen, mit fünfundzwanzig PS. Jeder Kleinwagen hat heute mehr als doppelt so viel. Seine gute, liebe, treue Vespa hatte allein schon zweiundzwanzig ...

Seine hellblaue Dreihunderter GTS ...

»Aaaahverdammtundzugenähtzumdonnerwetter!«, schreit er sich den Frust heraus, das Brüllen des Unimogs übertönt sowieso alles. Vor lauter Wut und Trauer bleibt er voll auf dem Gas stehen, als er in die Hauptstraße einbiegt, aber es geht sich trotzdem locker aus.

Er atmet einmal, zweimal, dreimal durch. Was hilft's, die Nerven zu verlieren. Lieber an etwas Schönes denken. Etwas Schönes ... das kann gerade nur die Eva sein, die gemeinsamen Stunden, die raffinierten Sachen, die sie mit ihm angestellt hat ... nein, lieber an gar nichts denken. Nur fahren. Und fahren. Und fahren ...

Der ganze Ort liegt noch zwischen ihm und dem Schnitzelparadies. Rechts kommen der Dorfplatz und das Gemeindeamt, links der Mega-Hügel, unter dem die Wache begraben liegt. Er schleicht in gefühlter Zeitlupe daran vorbei. Die Sonnenstrahlen sind schon überraschend stark. Noch ist alles dunkel gefärbt, die Abhänge, die Wiesen, der gigantische Geröllhaufen, aber die Straße trocknet langsam. Die gröbsten Brocken, die es draufgespült hat, wurden von irgendwem über Nacht auf die Seite geräumt, vermutlich von der unermüdlichen Feuerwehr.

In all dem Sonnenlicht bekommt auch alles ein freundlicheres Gesicht. Bald könnt's einem vorkommen, als gäbe es in diesem Tal noch etwas anderes als Kälte, Nässe und den Tod.

Womit er beim Stichwort ist: Tod. Und damit beim Pfarrhaus, an dem er jetzt vorbeifährt. Er will sich gar nicht vorstellen, wie der Heilige Bimbam immer noch da droben in seiner Kammer liegt und langsam zu verwesen beginnt. Wobei auch der Unterbergerkopf in Resis Tiefkühltruhe bald zu tauen beginnen dürfte. Und damit vielleicht auch der Rest der Leiche.

Als er endlich aus dem Ortskern ist und das Schnitzellokal

sieht, registriert er, wie viel Wasser der Kitzlingbach immer noch mit sich führt. Links und rechts liegen Geröll, Steine, Bruchholz, auf der Straße nasser Schlamm, viel mehr als hinten im Dorf. Die Schäden zu beseitigen und das Bachbett wieder auszugraben, wird garantiert Monate dauern. Aber das ist nicht sein Bier.

Er muss die Eva finden. Und den schwarzen Mann.

Und ja, gut, die Resi auch.

Vorm Schnitzelparadies fädelt er sich aus dem Unimog und rennt zum Eingang. »Eva? Hallo, Eva? Resi? Eeevaaa!«, schreit er so laut es seine Rippen zulassen. Dazu hämmert er gegen die Eingangstür, gegen die Fensterscheiben und gegen alles, was irgendwie Krach macht. Aber er bekommt keine Antwort.

Normalerweise würde er akzeptieren, dass niemand da ist, und woanders weitersuchen. Wäre da nicht der Dreck auf dem Fußboden, den er durch das Glas in der Eingangstür sieht. Schlammige Fußspuren, und einen solchen Schlamm kann nur ein Unwetter wie das gestrige mit sich gebracht haben. Was bedeutet: Jemand war seit gestern noch einmal hier. Wahrscheinlich sogar heute, denn die Abdrücke glänzen im Zwielicht, sind also noch nicht trocken.

Wenn die Eva im Haus ist, warum meldet sie sich dann nicht? Duscht sie? Hätte sie doch auch bei den Ertls können. Aber das ist Blödsinn. Vielleicht ist … *Mein Gott, der schwarze Mann ist hinter ihr her!,* durchfährt es den Arno. Niemand, nichts, aber schon überhaupt gar nichts auf dieser Welt darf seiner Eva auch nur ein einziges Haar krümmen! Vor lauter Sorge wird er fast wahnsinnig, er zittert, sucht etwas, womit er das Glas einschlagen kann, aber hier ist nichts außer dem Unimog, und den kann er wohl kaum hochheben und ...

Moooment!, denkt er, rennt hin, zwängt sich in die Kabine, nimmt ein paar Meter Anlauf und brettert mit Riesenkrach durch die Eingangstür. Unimog gegen Pforte zum Schnitzelparadies: Eins zu null. Er setzt zurück, springt raus und läuft hinein, prüft den Schlamm, fast wie ein Fährtenleser, und ist sich jetzt völlig sicher: Der liegt erst seit Kurzem hier. Aber die Spuren werden schnell schwächer und verschwinden dann ganz.

Da sieht er die verschlammten Schuhe. Es sind ihre, besser gesagt gehören sie der Mirella – die, die sie der Eva gestern geliehen hat. Aber was hat die Eva hier gesucht? Und wo ist sie jetzt? Ist sie alleine? Geht es ihr gut?

Er rennt die Treppen hinauf, ohne Rücksicht auf die blöden Schmerzen, reißt die unversperrte Tür zu Evas Wohnung auf, durchsucht auch hier alle Räume, aber ohne Erfolg.

Bleibt noch die Resi. Besser gesagt, deren Wohnung, die er hinter der gegenüberliegenden Tür vermutet. Diese steht einen Spalt weit offen, und so tritt er abwechselnd nach Eva und Resi rufend ein.

Keine Reaktion, kein Lufthauch. Nichts.

Er betritt das Wohnzimmer, das wirkt, als hätte hier ein Messie gehaust. Alles ein einziges Chaos. Die Kästen offen, der Inhalt rücksichtslos auf dem Boden verstreut: Dokumente, Krimskrams, Fotoalben. Wie er die Resi und ihren Sauberkeitsfimmel kennt, hätte sie das niemals so hinterlassen. Also war jemand hier und hat nach etwas gesucht. Die Eva?

Er bückt sich hinunter und durchstöbert die Sachen. Und bekommt immer größere Augen, als er die Dokumente liest. Aber der Zusammenhang bleibt ihm völlig schleierhaft. Vor allem bringen die Informationen keine neue Spur zur Eva. Er will schon aufgeben und mit seiner Suche nach dem Zufallsprinzip weitermachen, als er ein Foto sieht, das etwas abseits liegt, mit dem Rücken nach oben. Er hebt es der Vollständigkeit halber auf, dreht es um ...

Und dann weiß er plötzlich, was er als Nächstes tun wird.

Er rennt zum Unimog hinunter, will schon einsteigen, als er zugleich sieht und riecht, dass Diesel ausläuft. Und wie. Unter dem Fahrzeug schillert schon eine riesige Lache. Ein Blick auf den seitlichen Tank reicht, um zu sehen, dass der die Kollision mit der Eingangstür nicht überlebt hat.

Er braucht ein anderes Fortbewegungsmittel. Also eilt er einmal ums Schnitzelparadies herum und findet auf der Rückseite die offen stehende Garage. Im Inneren befindet sich ein alter Jeep Grand Cherokee. So ein Riesenbock kann ja nur der Resi gehören, da ist er sich sicher. Der andere Stellplatz ist frei, aber man sieht, dass auch dort ein Auto gestanden hat. Womit der Arno annimmt: Die Eva ist damit weggefahren.

Ihr Auto ...

Nein, es wäre zwecklos, ein Auto zu suchen, von dem man nicht einmal weiß, welche Farbe es hat, vom Modell ganz zu schweigen.

Aber der Arno weiß ja bereits, wohin er muss. Er läuft zum Jeep, zieht am Griff – und die Tür geht auf. »Ja!« Der Schlüssel wär jetzt natürlich super. Doch der steckt nicht im

Zündschloss, nicht unter der Sonnenblende, nicht in einem der Innenfächer, auch nicht unterm Fahrersitz. Aber dann: Im Motorraum, am oberen Ende des Ölmessstabs, klebt der Ersatzschlüssel. Trick siebzehn. Allerdings nur sinnvoll, wenn man sein Auto unversperrt lässt. Was er der Resi auch außerhalb ihrer Garage zutraut. Der Arno springt zurück auf den Fahrersitz, steckt den Schlüssel ins Zündschloss und dreht. Als der V8 kraftvoll zum Leben erwacht, kann er sich das Grinsen nicht verkneifen. Im Nu braust er aus der Garage, ums Eck und quer über den Parkplatz auf die Landesstraße zu.

Er muss zu einem Haus in Vorderkitzlingen. Wie genau alles zusammenhängt, ist ihm noch ein Rätsel, aber die Eva denkt bestimmt dasselbe wie er. Er hofft nur, dass sie nicht so wahnsinnig ist, den Täter auf eigene Faust stellen zu wollen.

Er rast durch Hinterkitzlingen, kommt ans Ortsende, räubert über Hindernisse und Geröll. Dann die lange Gerade zwischen beiden Orten. Er lässt den V8 aufbrüllen. Die Landschaft fliegt nur so an ihm vorbei, die Felder, die Hänge, die Berghöfe – alles wirkt freundlicher als die letzten Tage, aber sein Blick geht nur nach vorne. Im Nu passiert er das Ortsschild, die Tischlerei-Ruine, das Gemeindeamt. Er wirft einen Blick auf die Hausnummern. Er muss die Adresse *Vorderkitzlingen 145* finden.

79 ... 81 ... 89 ...

»Wieso können die keine ordentlichen Straßennamen verwenden?«, schimpft er und fährt weiter, ist fast schon am Ende der Gemeinde angelangt, als ihn ein Schild mit der

Aufschrift *Vorderkitzlingen 141–145* rechts von der Hauptstraße führt. Der Weg verläuft einige Zeit parallel und dann schräg abwärts zu einer Gruppe von drei Anwesen, die von meterhohen Mauern umgeben sind und mit ihren prächtigen Gärten schon Villen genannt werden dürfen. Eindeutig die Nobelgegend.

Vor dem Tor zur letzten Einfahrt entdeckt er Evas Auto. Ganz ohne es je zuvor gesehen zu haben. Es kann nur ihres sein. Fiat 500 Cabrio in Cremeweiß mit weinrotem Stoffdach. Keinen Menschen auf der Welt kann er sich besser in dieser Knutschkugel vorstellen als seine Traumfrau. Okay, zugegeben, auch das Berliner Kennzeichen hat ihm bei der Identifikation geholfen. Er weiß ja, dass sie bis vor zwei Jahren dort gelebt hat, wundert sich nur, dass sie ihr Auto seither nicht umgemeldet hat.

Er parkt seinen Jeep direkt daneben und steigt aus.

Die Villa am Ende der gekiesten Einfahrt wirkt, als wär sie aus den amerikanischen Südstaaten geholt und hierher verpflanzt worden. Viel zu groß für Vorderkitzlingen. Mächtige Säulen rundum, drei Geschoße, grün gestrichene Fensterläden und schmiedeeiserne Balkone. Drei mannshohe Dachgauben thronen auf dem Dach. Der Garten, der das Anwesen umgibt, ist perfekt in Schuss und sieht nach unglaublich viel Arbeit aus.

An der Seite des schneeweißen Einfahrtstors befindet sich eine Gegensprechanlage. Der Arno geht hin und drückt die Klingel, erwartet sich nicht viel, wegen des Stromausfalls, überlegt schon, wie er sich sonst bemerkbar machen soll, und wird überrascht: Auf die Betätigung der Taste hin folgt leises elektrisches Brummen, dazu leuchtet das Namensschild auf. Ist der Strom wieder da, oder hat die Villa auch eine Notversorgung? Egal.

Aber niemand reagiert. Also läutet der Arno eine Minute später Sturm.

»Hören Sie mit dem Blödsinn auf, oder ich ruf die Polizei!«

»Ich *bin* die Polizei!« Das hat er übrigens schon immer einmal sagen wollen.

»Ja, was ist denn?«

»Arno Bussi. Lassen Sie mich herein. Ich hab da ein paar Fragen an Sie.«

Er hört einen erstickten Seufzer. »Wenn's unbedingt sein muss. Aber schnell!«

Das Einfahrtstor öffnet sich. Er entscheidet sich, zu Fuß zu gehen, und stapft über den gekiesten Weg. An der Tür wird er bereits erwartet und hereingewunken.

»Kommen Sie, kommen Sie!«

Der Arno betritt das Atrium der Villa, achtet ganz besonders auf Spuren von der Eva, aber leider ist hier keine so grazile Schlammfährte zu entdecken wie im Schnitzelparadies.

Dafür kommt es ihm fast vor, als könne er sie …

»Also, was kann ich für Sie tun? Welche Fragen haben Sie?«

Er antwortet nicht, geht einen Schritt weiter und riecht … hat er sich etwa getäuscht? Er inhaliert die Luft und meint … nein, doch nicht.

»Herr Bussi? Bitte? Was wollen Sie jetzt?«

Dann muss er wohl. »Sagen Sie … können Sie mir erklären, warum die Schupfgruber Resi Fotos von Ihnen gemacht hat?«

»Von mir?«

»Mhm«, murmelt er nur, weil er es überhaupt nicht leiden kann, wenn ihm jemand mit Gegenfragen kommt.

»Sie ist schon eine schrecklich neugierige Person, oder nicht?«

»Das mag schon sein. Aber ich frage mich …«

»Was?«

»Ist die Eva hier bei Ihnen?«

»Die Eva? Welche Eva?«

»Schupfgruber.«

»Wieso sollte denn ausgerechnet *die* hier bei mir sein?«

Er schluckt seine Wut über die nächste Gegenfrage hinunter, geht weiter durchs Atrium, an der Garderobe vorbei, alle Sinne auf Empfang …

Da war etwas. Im Schirmständer. Ein Schirm, der keiner ist. Eher hat es ausgesehen wie ein … ein Gewehrkolben?

Der Arno dreht sich um.

Da pfeift etwas durch die Luft.

Und aus.

21

Wieder diese seltsamen Augen. Grüne und blaue. Nicht mehr im Maisfeld, wo sie ihn vor fliegenden Holländern bewahren wollen, sondern vor pechschwarzem Hintergrund. Wie in diesen Schattentheatern, in denen die Schauspieler schwarz vermummt sind und verschiedene, von grellem Licht angestrahlte Sachen ins Licht halten und ihnen Leben einhauchen.

Die grünen und die blauen Augen. Zwei Paare, sie sehen sich an, dann zu ihm, dann wieder zueinander. Plötzlich trennen sie sich in vier einzelne Augen auf, wirbeln wild durcheinander und formen zwei neue Paare, grün, blau, grün, blau, dann tanzen sie weiter.

»Was wollt ihr?«, ruft er ihnen zu. »Was wollt ihr mir sagen?«

Plötzlich schießen sie mit Karacho auf ihn zu und halten erst Zentimeter vor seiner Nase an. Dann machen sie Platz für ein weiteres Paar ... und das ist dunkel.

Tiefbraun und wunderschön ...

Alles sechs Augen schielen ihn an, er schielt zurück, sieht blau, sieht grün, sieht braun, sieht blau, sieht grün ...

Sinnlos.

Irgendwo zischt es. Ihm ist heiß. Viel zu heiß. Er öffnet die Augen und sieht: rein gar nichts. Absolute Dunkelheit, als wäre er blind.

Sein Hinterkopf tut weh, was ihn irgendwie überrascht. Er möchte seinen Brummschädel betasten, aber es geht nicht – er kommt nicht dran. Seine Arme sind taub. Zudem hat er überhaupt keine Ahnung, wo sie sein könnten, oben, unten oder an seiner Seite. Er spürt sie nicht.

Aber er ist sich ziemlich sicher, wach zu sein. Das mit den Augen hat er geträumt. Jetzt sind seine Sinne wieder auf Empfang, liefern aber nach wie vor völlig surreale Informationen ans Oberstübchen. Es zischt und blubbert. Er bewegt den Kopf, sofort werden die Schmerzen größer, sie hämmern, lassen ihn stillhalten.

Dunkel, nass und drückend schwül … er muss versuchen, sich bemerkbar zu machen und mehr herauszufinden. »Hmmhmm?«, kommt's aus ihm, dabei hat er doch *Hallo?* sagen wollen. Es kitzelt an seinen Lippen. Er versucht, den Mund zu öffnen, aber es geht nicht. Da versteht er: weil irgendetwas draufklebt! Sofort muss er schneller durch die Nase atmen, meint plötzlich, zu wenig Luft zu bekommen, fürchtet, er werde elendiglich ersticken, wenn ihm nicht sofort jemand dieses Zeug abreißt. »Hmmmhmmmm!«, krächzt er panisch.

Nichts.

Und dann doch. »Hmmmhmmmm!«, echot es von irgendwoher.

Er versucht, bei Sinnen zu bleiben. *Keine Panik!* »Hmmhmmm!«

»Hmmhmmm!«, kommt's dieses Mal sofort.

Also der Arno hat ja schon viel erlebt, aber ein Echo mit variabler Antwortzeit, das wär ihm neu. Was bedeutet: Noch jemand ist hier!

»Hmmhmmm! Hmmm!«, hört er wieder, jetzt zweistimmig.

Zweistimmig?

»Hmmhmmm! Hmmhmmm!«, versucht er's erneut und wiederum reagieren zwei andere. Aber große Gespräche lassen sich auf diese Weise natürlich nicht führen. Er muss einen anderen Weg finden, mit ihnen zu kommunizieren.

Er macht die Augen zu, die er unnötigerweise weit aufgerissen hat. *Ruhig,* spricht er sich in Gedanken zu, *ruhig!* Er atmet ganz langsam aus, dann wieder ein, wieder aus, Pause.

Da merkt er erst, wie sehr es hier stinkt, bestialisch fast: nach faulen Eiern. Schwefel?

Heiß, nass und dunkel, Zischen und Blubbern, Schwefel … vieles erinnert ihn an eine Grotte, in der er einmal war, in einem Thermalbad in Abano.

Eine Therme …

Das Badhaus!, realisiert er.

Da erscheinen ihm wieder diese Augen …

Grün, blau, braun … wunderschön dunkel … genau wie die Augen von der Eva. »Eva«, *sagt er zu ihnen, und sie springen aufgeregt auf und ab.*

Darum geht's hier? Ist er jetzt beim heiteren Augenraten, oder was?

Gut, dann grün … grün wie die grünen Augen vom Ertl Karl? Plötzlich tanzen auch diese vergnügt herum. Zwei von dreien hat er. Jetzt blau. Aber ausgerechnet blau … nein, er kommt nicht drauf.

Was soll das?, denkt er, als die Augen verschwinden und er wieder die aufgeregten Stimmen der anderen hört.

Was ist real und was nicht? War er gerade ohnmächtig? Er schüttelt den Kopf und lässt's sofort wieder bleiben, weil sich die Schmerzen davon verstärken.

Er muss unbedingt mit dem schnellen Atmen aufhören. Aber das ist leichter gesagt als getan bei diesem penetranten Schwefel, der seine Schleimhäute anschwellen lässt.

Dann schon die nächste Hiobsbotschaft: Das Wasser steigt. Zuerst ist es ihm bis zu den Oberschenkeln gestanden, jetzt bereits über dem Bauchnabel.

Über ihm ist nicht viel Platz. Nein, er verfügt nicht über das Sonar einer Fledermaus, aber gerade hat er realisiert, dass er sich hochziehen kann, wenn er seinen Bizeps anspannt. Was bedeutet: Die Arme, aus denen jedes Gefühl entwichen ist, sind hochgestreckt und an irgendetwas befestigt.

Ich bin gefesselt.

Er versucht, einen Klimmzug zu machen, kommt vielleicht zwanzig Zentimeter nach oben, weiter schafft er's nicht, also lässt er sich wieder zurücksinken. Er probiert, mit seinen Fingern etwas zu ertasten, aber er könnte nicht einmal sagen, ob sie sich überhaupt bewegen.

Er schwitzt wie verrückt. Sein Herz schlägt bis zum Hals. Er ahnt, dass er nicht mehr lange wird durchhalten können, dass er bald ertrinken wird, und wenn's noch ein wenig heißer wäre, auch weich gekocht, und die anderen mit ihm. Ausgerechnet jetzt fällt ihm der dämliche Frosch ein, der nicht aus dem Topf springt, wenn man das Wasser ganz langsam erhitzt, und zack! Ist er so al dente wie tot ...

»Mmmmhmmmm!«

»Mmmmmhmmhmmmm!«

Ja, ja, ich hab's ja auch gemerkt, jetzt sei doch einmal still!, will er zu der Kreissägenstimme sagen, die ihm das Denken unmöglich macht, so penetrant wie sie durch Mark und Bein fährt.

Moment. Kreissäge, Kreissägenstimme, durch Mark und Bein ... die Resi! Und wenn noch jemand bei ihr ist, dann vielleicht die Eva?

Niemand darf seiner Eva ein Haar krümmen! Plötzlich ist er so wütend wie selten. Vor lauter Raserei könnt er Bäume ausreißen, er pfeift auf seine Kopfschmerzen und die anderen Plagen und rüttelt und zerrt mit aller Kraft an den Fesseln, zieht sich hoch und noch einmal, die Füße gleich mit. Wie eine Fledermaus stemmt er sich gegen die niedrige Decke, rüttelt, zieht, dreht, zerrt ...

Da gibt etwas nach, reißt mit lautem Knall, und der Arno plumpst ins Wasser zurück. Zuerst findet er keinen Grund, versucht, mit den Händen zu rudern, aber die sind immer noch taub. Die Beine haben keinen Widerstand. Das Wasser schießt ihm die Nase hinauf und den Rachen hinunter. Er schluckt und spürt, wie seine Nasenhöhlen schmerzen. Sein ganzer Körper schreit nach Luft. Er weiß, er darf nicht nachgeben, windet sich, dann berührt sein linkes Knie etwas Hartes, der Arno balanciert sich aus und stößt sich mit beiden Beinen ab.

Sein Kopf kommt aus dem Wasser. Er schnappt nach Luft, muss gleich darauf heftig durch die Nase husten, eine völlig überflüssige Erfahrung. Tatsächlich schwellen die Schleimhäute jetzt noch mehr an, er schafft es kaum, genug Luft in die Lungen zu pumpen, und die, die er hineinbringt, will sofort wieder aus ihm heraus, und das Ganze von vorne.

Er muss den verflixten Klebestreifen loswerden.

Beidhändig fährt er zum Mund, hat immer noch kaum Gefühl in den Fingern, kann aber anhand des Widerstands an seinen Nägeln einen Rand vermuten, fummelt dran, kratzt, aber immer wieder rutscht er ab. Dieses Zeug pappt wie Baumharz.

»Mmmhmmm!«, macht eine der Stimmen, die jetzt immer mehr wie die Eva klingt.

Sie gibt ihm neue Motivation. Er darf nicht aufgeben. Wieder kratzt er links, dann rechts, dann über dem Mund und darunter, endlich findet er eine Stelle unterm Kinn, bekommt einen kleinen, abstehenden Teil des Klebebands zwischen die Fingerkuppen. Sofort reißt er dran, es schmerzt, aber der Kopf schmerzt noch viel mehr. Bald sein kleinstes Problem, wenn er nicht schneller macht. Zentimeter für Zentimeter zerrt er das Band weg, weil's mangels Kraft nicht ruckartig geht. Er stöhnt ein letztes, nasales »Mmmm!«, dann hat er plötzlich Luft, viel Luft. Er schnauft, hustet, schnappt, ächzt.

Dann versucht er gleich, sich zu orientieren. In einer Richtung scheint die Grotte anzusteigen, und wenn ihn nicht alles täuscht, kommt von dort auch Licht, ganz schwach nur, aber doch. Der Ausgang? Der wird vermutlich blockiert sein. Aber er kann jetzt nicht nachschauen. Er muss zuerst die anderen befreien!

»Eva?«, ruft er in die Dunkelheit zurück.

»Mmhmmm!«, kommt die Antwort und klingt eindeutig nach Bestätigung.

Das Wasser steht ihm inzwischen bis zum Hals, und was

dem Arno bis zum Hals steht, reicht der Eva garantiert schon bis zum Mund, und der Resi ... der Resi bis über den Kopf! Und als er das denkt, bemerkt er, dass die Kreissäge seit einiger Zeit ziemlich still ist.

»Resi!«, ruft er.

»Hmmm hmm-hmm hmm-mmm hmm-hmm-mmm!«, kommt Evas Antwort.

Er glaubt, *Die-Re-si-er-trinkt-ge-ra-de!* zu hören, quasi per Gedankenübertragung. »Ich komme!«, ruft er und bewegt sich in Richtung des Geräuschs, stößt mit dem Ellenbogen gegen einen weichen massigen Körper und ahnt sofort: Das war der Resi-Bauch, oder gar noch delikatere Stellen. Sie hat schon längst keinen Halt mehr unter den Füßen, macht einen permanenten Klimmzug, um Luft zu bekommen. Zum Glück hat sie Schnitzelkräfte in ihren mächtigen Oberarmen, und noch dazu ... er würde das ja niemals laut sagen, aber: Fett schwimmt oben.

Plötzlich kräht sie ihm ein »*Mmmmhmm!*« ins Ohr, dass es ihm fast die Zehennägel aufringelt.

»Jetzt seid's halt einmal still!«, schimpft er und fummelt an der Stelle herum, wo ihre Handfesseln an der Decke befestigt sind, merkt jetzt, dass es sich um eine Art Gewebeband handelt, das durch einen eisernen Ring gefädelt wurde. Mit bloßen Fingern hat er keine Chance, es abzureißen. Er braucht irgendein Werkzeug ...

Da fällt ihm ein, dass sich ja ein Schlüsselbund in seiner Hose befinden müsste. Mit dem könnt er garantiert an den Fesseln scheuern. Er klopft sich beidhändig auf die linke Hosentasche. Nichts. Rechts ... Da sind sie!

Jetzt soll einmal einer versuchen, mit zusammengebundenen Händen unter Wasser in die eigene Latzhosentasche hineinzufahren und etwas herauszuziehen. Das klingt viel, viel einfacher, als es ist. Der Arno muss eine halbe Ewigkeit lang fischen, nesteln und fummeln. Und dann gleitet ihm der Schlüsselbund auch noch durch die Finger und sinkt auf den Grund. Hilft nichts, er braucht ihn unbedingt, also muss er tauchen. Er hört noch, wie die Resi durch die Nase zu husten beginnt. Keine zwanzig Zentimeter bleiben ihnen jetzt mehr zwischen Thermalwasser und Grottendecke – er muss das Gesicht fast schon in den Nacken strecken, um überhaupt noch Luft zu bekommen.

Er taucht ab, tastet den rauen Boden ab, findet aber nirgends einen Schlüssel. Sein Körper will atmen, er muss rauf, runter, wieder rauf und wieder runter, aber der Bund ist wie vom Erdboden verschluckt. Oben sind noch zehn Zentimeter Luft, noch fünf …

Im letzten Versuch, mit dem letzten Sauerstoff, findet er die Schlüssel doch noch. Er kommt hoch, tastet sich zu Resis gefesselten Händen, fühlt das Plastikband. Er legt einen der Schlüssel an seinen rechten Zeigefinger, feilt, sägt, zieht, versucht, selbst neue Luft zu bekommen, aber da ist nur mehr ein winziger Spalt. Fast verschluckt er sich, weiß, das Ertrinken ist nah. Aber nichts, rein gar nichts rührt sich …

Und dann doch! Mit einem festen Ruck bekommt er das Paar Hände frei, Resis massiger Körper berührt seinen, er schubst sie in die Richtung, in der die Grotte ansteigt – dorthin, wo sich nicht nur Atemluft, sondern auch der Ausgang befinden müsste. Gleich darauf dreht er sich herum und sucht nach Evas Armen, aber er findet sie nicht, wie soll er auch in dieser Dunkelheit. Er hört unter Wasser ein

»Mmm!«, versucht es zu orten, dreht sich zur Seite, tastet sich voran – und kann sie plötzlich fühlen. Gleiche Prozedur, jetzt aber eindeutig mit allerallerletzter Kraft. Er reißt brutal an ihren Händen, sägt mit dem Schlüsselbart und hat dabei noch Angst, sie zu verletzen, atmet den Rest seiner Atemluft aus, weiß, von nun an gibt's nichts mehr, keinen Sauerstoff, keine Kraft, kein Leben, gleich ist alles vorbei.

Aber er *muss doch*, er *will nicht*, die Eva *darf nicht* …

Als die seltsamen Augen wieder auftauchen, weiß er: Er hat verloren.

Braun, grün, blau tanzen die Augenpaare um ihn herum. Die dunklen von der Eva, die smaragdgrünen vom Karl und …

Da erkennt er's plötzlich: Die strahlend blauen können ja nur der Resi gehören! Das letzte Paar springt vergnügt, als sei das Rätsel jetzt gelöst. Aber wozu? Und welches Rätsel?

Dann verschwinden die Augen, ein Schleier legt sich um ihn und verschluckt ihn …

Ein Licht.

Er sieht ein Licht. Das Licht? Es schimmert, fasziniert ihn, zieht ihn magisch an. Er will hin. Der Weg zum Licht führt durch einen Tunnel. Den Tunnel?

Da weiß er: Er ist tot. Gleich wird er sich selbst von oben sehen, seine sterbliche Hülle, und dann wird er vor die Himmelstür treten und sich in die Ewigkeit verabschieden. Schade eigentlich, aber nicht zu ändern.

Auf zum Licht …

Doch das Licht wird kleiner … und kleiner … und …

22

Der Arno und der Tod – nein, die beiden will man sich gar nicht zusammen vorstellen. Er ist ja noch so jung, und eine große, erfüllte Liebe sollte einem Menschen schon auch vergönnt sein ...

Also spürt der Arno fremde Lippen auf seinen Lippen. Jemand hält seine Nase zu und beugt ihm den Nacken. Dann strömt Luft in ihn hinein, warm und kraftvoll. Sofort denkt er an die Eva, an die Nacht mit ihr, an ihren wunderbaren Mund ... doch Halt!

Bartstoppeln?

Bartstoppeln hat sie keine gehabt!

Sofort ist er wieder bei sich, krümmt sich, dreht sich, hustet, spuckt Wasser aus, keucht und krümmt sich gleich noch einmal, als er erkennt, wer ihn da gerade beatmet hat: der Franz. Ausgerechnet der Franz! In Feuerwehruniform noch dazu. Heldenhafter geht's kaum noch.

Im Liegen dreht er seinen Kopf nach links und rechts und sieht die Resi eineinhalb Meter weiter sitzen. Bis auf den Schreck scheint's ihr halbwegs gut zu gehen. Im gleißenden Licht schaut sie ziemlich schrumpelig aus, dazu qualmt ihr ganzer Körper wie ein gekochter Tafelspitz, aber das kommt vermutlich von der kalten Umgebungsluft. Ein anderer Feuerwehrmann reißt ihr gerade das Klebeband vom Mund, so rabiat, dass einem schon vom Zuschauen schlecht wird.

»Ja, spinnst du, du Sauhund, du elendiger? Kruzefix, du damischer Dolm! Willst mir vielleicht die Lippen wegreißen, du Hammelschwanz, du!«, keift die Resi ihren Retter an, betastet ihren Mund und wirft dem armen Mann gleich noch ein paar Beschimpfungen hinterher, die man gar nie in ein Buch drucken könnte.

Aber die Schnitzelwirtin kümmert den Arno nur am Rand. Er will unbedingt wissen, wie's der Eva geht. Aber er sieht sie nicht. Bevor er ein Wort sagen kann, muss er noch einmal kräftig husten. Dann fragt er: »Wo ist die Eva? Ist die Eva draußen? Sie war immer noch ...«

Der Franz schaut weg, fast so, als wollte er ihm etwas verheimlichen.

Nein! Sie wird doch nicht ... Warum sie? Warum sie und nicht ich?, hadert er. »Ist sie ...?« Er kann's nicht aussprechen. Nichts wäre schrecklicher als das. Er zittert.

Der Franz reagiert nicht. Immer noch schaut er über Arnos Kopf hinweg nach hinten, als könnte er ihm nicht in die Augen sehen.

Nein!, schreit alles in ihm. Abgrundtiefe Traurigkeit überkommt ihn, dazu ein Schmerz, als risse ihm jemand bei lebendigem Leib das Herz heraus. *Nicht die Eva!*

»Mir geht's gut, Herr Arno«, hört er von hinten. Eindeutig neckisch.

»Was?«, stammelt er, setzt sich eilig auf und dreht sich um.

Da ist sie. Direkt hinter ihm, eine Decke um ihren Körper gelegt, so schön wie eh und je, selbst nach dieser stundenlangen Schrumpelpartie im Thermalwasser. Ein Naturwunder.

»Eva! Du lebst!«, sagt er, und es mag schon geistreichere Sätze in solchen Situationen gegeben haben, aber garantiert keine, die so schön geklungen haben.

Sie lächelt ihn an. Er lächelt zurück. Ihre Augen, diese wunderschön dunklen Augen ...

»Ein Glück, dass wir's dampfen gesehen haben!«, geht der Franz dazwischen. »Mein Kollege und ich waren gerade auf dem Weg zur Feuerwache nach Hinterkitz, um ein Gerät zu holen, das wir am Taleingang brauchen, da hab ich gesehen, dass Uropas Badhaus dampft. Dabei ist die Quelle ja eigentlich abgedreht. Also sind wir hin und haben gesehen, dass sich das Wasser hinter der Tür schon gestaut hat. Wir haben sie aufgebrochen und dann ist uns ein riesiger Schwall entgegengeschossen. Und die Resi. Und du, Arno. Ich bin ja so froh, dass wir euch alle retten haben können, Evi.« Der Franz lehnt sich halb über den Arno drüber und gibt ihr einen Kuss auf den Mund. Offensichtlich hat der Franz noch keine Gelegenheit gehabt, sich mit seinem Stammbaum auseinanderzusetzen. Aber das ist jetzt nebensächlich.

»Eva, hast du die Waffe aus dem Zimmer mitgenommen?«, fragt er stattdessen. Er muss ja in Gegenwart vom Franz nicht sagen, aus welchem Zimmer.

»Ja ... ich wollte unbedingt noch einmal in Mamas Sachen nachschauen wegen ... bitte entschuldige ... ich hab halt Angst gehabt!«

»Schon gut. ... Der Fiat 500 ist deiner, oder?«

»Mhm. Wieso?«

Alles andere hätte ihn auch überrascht. »Nur so«, sagt er

knapp, weil er unbedingt loswill. »Franz, ich brauch den Wagen da!«, sagt er und zeigt auf das Feuerwehrauto.

»Was? Wieso?«

»Ich kann dir das nicht lang erklären. Ich muss jetzt sofort nach Vorderkitz!«

»Dann fahr ich dich!«

»Nein, ich fahr selbst. Du passt mir auf die Schupfgrubers auf, bis Verstärkung kommt.«

»Willst du dir nicht erst einmal was Trockenes anziehen?«, rät der Franz und hat natürlich recht – mit dem Vogelscheuchen-Outfit, das nass an seiner Haut klebt, wird er sich noch den Tod holen. Aber woher nehmen, wenn nicht …

»Im Wagen sind genug trockene Sachen«, scheint jetzt auch der junge Ertl seine Gedanken lesen zu können.

Polizist, Zivilermittler, Vogelscheuche, Feuerwehrmann. Der Arno wechselt sein Erscheinungsbild, als wär er die Helene Fischer auf Konzert. Aber was soll er machen, wenn seine Kleidung schneller patschnass ist, als er bis drei zählen kann? Da soll ihm noch einmal einer kommen und sagen, es gäbe kein schlechtes Wetter, nur schlechte Kleidung. Dem wird er dann den Kitzlingmarsch blasen.

Er schlüpft noch schnell in ein Paar Gummistiefel, das ihm ordentlich zu groß ist. Aber egal. Feuerwehr-Einsatzhose und Jacke hat er schon an.

»Soll ich dich wirklich nicht fahren, Arno?«

»Ich werd's schon schaffen, Franz«, wiegelt er ab und klemmt sich hinters Steuer des Löschwagens. Das Ding schaut aus wie eines dieser hochmodernen Feuerwehrfahrzeuge, die man von Flughäfen kennt.

»Äh ... wo ist der Gang?«, fragt er leicht verschämt, und der Franz zeigt ihm das Wahlrad der Automatik. Zwei Sekunden später setzt er zurück, wendet das Fahrzeug und gibt Gas, donnert über die Brücke, die es gestern tatsächlich nicht fortgerissen, sondern bloß überspült hat.

Als er zur Landesstraße hochfährt, fügen sich die Ereignisse der letzten Stunden in seinem Kopf zusammen. Er denkt an das Durcheinander in Resis Wohnung zurück. Was die Frau alles gesammelt hat! Jede Information, die es über die Unterberger-Dynastie zu finden gab. Grundbuchsachen, Auszüge aus dem Firmenbuch, öffentliche Urkunden wie zum Beispiel den Kaufvertrag für das Badhaus und die Thermalquelle. Aber auch ausländische Registerabfragen. Die Schnitzelwirtin war regelrecht besessen davon, möglichst viel über Unterbergers Geschäfte und sein Vermögen herauszufinden. Warum, weiß der Arno noch nicht.

Aber die Kitzling-Bank schien eine Schlüsselrolle zu spielen. Genau wie der Ertl Karl behauptet hat. Wenn die Unterlagen in die richtigen Hände kämen, hätte wohl auch der Geschäftsleiter der Kitzling Bank, Stefan Preis, einiges zu erklären gehabt. Noch dazu hätte die Beschreibung des »schwarzen Mannes« auf ihn gepasst. Deshalb wollte der Arno auch zuerst zur Bank fahren, in der Hoffnung, dass die Eva dort sein würde, um Antworten zu bekommen.

Aber dann hat er dieses Foto entdeckt. Eines, das die Vorgänge in diesem gottverlassenen Tal in einem völlig neuen Licht erstrahlen lässt ...

Er jagt das Löschfahrzeug der Feuerwehr die Landesstraße entlang und wundert sich, wie leicht es zu bewegen ist. Dank der Automatik und allerlei Fahrassistenz wird er schon bald an seinem Ziel ankommen. Sein Kopf ist nicht wirklich besser als vorhin. Wenigstens scheint der Schlag keinen größeren Dachschaden verursacht zu haben. Zudem geben seine Rippen Ruhe. Er will sich gar nicht vorstellen, wie sich das jetzt ohne Ertls sieben Spritzer anfühlen würde.

Er wirft einen flüchtigen Blick durch den Innenraum der Fahrerkabine. Manches Teil – nein, eigentlich alles birgt den Stoff, aus dem Kinderträume sind. Natürlich hat auch der Arno irgendwann einmal Feuerwehrmann werden wollen. Deshalb bleibt er sofort am Kontrollpult für die fernsteuerbare Feuerwehrspritze auf dem Dach hängen, drückt den Einschaltknopf und grinst, als er das Kamerabild mit Fadenkreuz sieht.

Er stellt sich den Täter im Zentrum des Visiers vor. Um ein Haar hätte der drei Menschen auf einen Schlag getötet. Wieso, weiß er noch nicht so richtig. Aber er ahnt, dass dieser Täter keine Ruhe geben wird. *Weil sich die Schlinge zuzieht und er nicht fliehen kann.* Es geht hier nicht um irgendeinen großen Plan oder einen psychopathischen Serienkiller. Alles, was sein Gegner will, ist unerkannt entkommen und seinen Hals retten. Durch die Unwetter ist ihm das nicht möglich. Und so manövriert er sich immer tiefer in den Strudel hinein.

Weil ich ihn jage.

»Ich finde dich«, sagt er laut, als er zur Abzweigung kommt, an der er vor ein paar Stunden schon einmal von der Hauptstraße abgebogen ist.

Da entdeckt er noch etwas.

Resis Jeep. Wie er, schräg versetzt, auf der anderen Talseite, die Zufahrtsstraße zum Unterberger-Hotel hinaufrast.

»Meinetwegen.« Der Arno bremst und schlägt ein, räubert übers Bankett, setzt zurück, wieder vor, wieder zurück, bis er das Löschfahrzeug gewendet hat, und gibt Gas.

Kurze Zeit später steht er vorm Hotel, direkt hinter Resis Geländewagen, der den Weg blockiert.

»Kommen Sie mit erhobenen Händen raus!«, spricht der Arno ins Mikrofon der Lautsprechanlage, die andere Hand an den Pumpknopf der Spritze gelegt, das Eingangsportal des Viersternehauses *Unterberger* im Fadenkreuz.

Keine Reaktion. Wäre wohl auch zu einfach, angesichts dessen, was schon alles passiert ist. Aber er denkt nicht im Traum daran, auszusteigen und hineinzugehen. Der Täter soll gefälligst herauskommen. Und das muss er, früher oder später.

»Wir wissen alles! Widerstand ist zwecklos. Geben Sie endlich auf!«

Zu gern würde er diesen kleinen, verführerisch rot leuchtenden Knopf der Wasserspritze drücken, sobald sich irgendetwas bewegt. Wirklich schrecklich gern. Andererseits weiß er natürlich, dass er damit nicht leichtfertig umgehen darf.

Er wartet und grübelt ...

Alles hat mit dem toten Unterberger begonnen. Die Resi hat dem Arno den abgetrennten Kopf gezeigt und den Mord später schriftlich gestanden. Dabei ist sie gar nicht abgehauen, um sich vor lauter Schande umzubringen, sondern war die ganze Zeit gefangen und wäre vorhin fast mit der Eva und ihm zusammen ertrunken.

Bürgermeister Ertl hat sein Badhaus und die Thermalquelle an den Unterberger verloren. Bestimmt hat auch der Heilige Bimbam nicht gerade heilig vom Unterberger gedacht, nachdem der ihm für die Gemeinde Vorderkitzlingen die Tischlerei abgeluchst hat. Und wenn der Arno in so kurzer Zeit schon auf zwei Opfer der dubiosen Geschäfte stößt, gibt es wahrscheinlich noch viele weitere Geschädigte. Fix ist: Der Unterberger war ein Mensch, dem einige hier ein schlimmes Schicksal vergönnt hätten.

Dann war plötzlich der Pfarrer tot, was lange Zeit überhaupt nicht ins Bild gepasst hat. Bis zu diesem Foto in Resis Wohnzimmer ...

Er könnte sich selbst in den Allerwertesten treten. Gestern hat er seinen Gegner schon einmal direkt vor der Nase gehabt. Mehr noch: Er hat ihn gerettet!

»Carola Unterberger, kommen Sie heraus!«

Ja, die Witwe. So viel steht fest: Sie steckt ganz tief in der Sache mit drin. Das beweist das Foto. Und die Eva und er haben sie *gerettet,* diese Schauspielerin. Bestimmt hat sie auch die Resi gezwungen, ihren eigenen Abschiedsbrief zu fälschen ...

Wir haben sie gehabt, denkt er wieder, und der Frustpegel steigt weiter.

Er hat sich von ihrem Ablenkungsmanöver täuschen lassen. Die *arme Frau,* die angeblich von einem unbekannten *schwarzen Mann* den Abhang hinuntergestoßen wurde, wollte sie in Wahrheit nur vom Badhaus weglocken, in dem die Resi schon gefangen war. Vermutlich hat die Unterbergerin die Eva und ihn mit dem Lada kommen sehen, ist die Böschung hinaufgeklettert und hat dann um Hilfe geschrien. Bevor sie tatsächlich vom Weg abgekommen ist und fast in ihr Verderben gestürzt wäre. Denn die Szenen, die sich bei ihrer Rettung abgespielt haben, lassen sich von der besten Schauspielerin nicht vortäuschen.

Wir haben ihr das Leben gerettet!

»Carola Unterberger, wir wissen alles! Kommen Sie sofort heraus, oder ...«

Ja, was »oder«? Was kann er noch tun? Er überlegt und kratzt sich mit dem Mikrofon am Kinn, wobei er sich versehentlich ein Barthaar ausreißt.

»Aua!«, kommt's über die Lautsprecher.

Sein Zeigefinger juckt. Soll er? Einmal nur ganz kurz spritzen und schauen, was passiert? Das Kind im Mann jubelt: *Jaaa!*

Da gleitet die Schiebetür des Hotels auf und heraus kommt ...

... kommt nichts ...

... kommt das Oberschwein. Konrad Unterberger, der Seniorchef. Wieder hat er eine gewaltige Zigarre im Mund, und wenn der Arno richtig sieht, auch eine Flinte im Arm. Er geht schnurstracks am Jeep vorbei, bleibt stehen, stößt eine beachtliche Rauchwolke aus und nimmt den Feuerwehrwagen ins Visier der Jagdflinte.

Der Arno versucht abzuschätzen, wie viele Meter er diesen Spargel wohl durch die Gegend spritzen könnte, wenn er jetzt einfach nur mit dem Finger tippt. Vermutlich bis an die Hauswand. Aber das würde für den Senior nicht gut enden. Zu versuchen, nur seine Zigarre auszulöschen, quasi Wilhelm Tell, wäre bestimmt etwas für einen Fernsehkrimi, aber nicht für die Realität.

Also bleibt ihm nur eines übrig: die hohe Kunst der Diplomatie. »Unterberger, nehmen Sie das Ding runter, sonst spritz ich Sie über den Haufen, ich schwör!«

Der Alte schreit etwas, das er nicht hören kann.

»Hören Sie: Carola hat etwas mit den Morden zu tun! Wollen Sie jemanden beschützen, der Ihren Sohn auf dem Gewissen hat? Runter mit der Waffe, oder ich spritz!«

Er könnte sich ohrfeigen. Wenn ihm jemand zuhört! *Oder ich spritz!* Da lachen ja die Hühner. Aber das Oberschwein lacht nicht. Zögerlich, Zentimeter für Zentimeter, sinkt der Lauf der Waffe zu Boden. Möglicherweise wird sie dem Hausgeist auch einfach nur zu schwer. Oder er schläft gerade weg, Stichwort Narkolepsie.

Unwichtig, weil im selben Moment etwas passiert, hinten, wo der Parkplatz ist. Es ist … der Arno glaubt es nicht, aber doch: Es ist tatsächlich Carola Unterberger, die auf einer chromfunkelnden Harley ums Eck biegt und auf ihn zufährt!

Das Oberschwein stellt sich ihr in den Weg, doch sie schlägt einen Haken, geschickter, als man ihr zutrauen würde, und schon ist sie an ihrem Schwiegervater vorbei, der gerade noch so auf den Beinen bleibt. Der Arno will sie ins Visier nehmen, aber sie ist schneller aus der Zielerfassung der Spritze, als er diese neu ausrichten könnte.

»Mist!«, schimpft er, und während er noch überlegt, wie er das riesige Fahrzeug an dieser Engstelle am besten wenden könnte, ist sie schon an ihm vorbei und röhrt die einspurige Zufahrtsstraße hinunter.

Damit hat er nicht gerechnet. Er hat sich extra so hingestellt, dass sie mit dem Jeep nicht mehr hätte abhauen können. Ein Motorrad ist natürlich etwas ganz anderes.

Und jetzt? Bis er das Riesending, in dem er sitzt, gewendet

hat, ist sie längst über alle Berge. Wenn er es überhaupt schaffen würde. »Verflixt und zugenäht!«, flucht er.

Da wird es schon wieder hektisch. Die Holländer schwärmen aus. Einer nach dem anderen kommen sie ums Eck und steuern mit wütenden Mienen auf ihn zu. Logisch – die Unterbergerin hat einen ihrer Untersätze geklaut, und das lassen sie sich natürlich nicht gefallen.

Aber was sie kann, kann er auch.

Er setzt das Löschfahrzeug in Bewegung und stellt es so quer, dass nur ein kleiner Spalt zwischen Hang und Frontscheibe seines Ungetüms übrig bleibt. Dann schnappt er sich die Feuerwehraxt, die er in weiser Voraussicht auf den Sitz neben sich gelegt hat, stößt die Fahrertür auf und stellt sich den Bikern in den Weg. Diese donnern auf die Lücke zu, scheinen kaum langsamer zu werden … aber er wird nicht weichen. Niemals!

Da bremst der Erste und kommt knapp vor ihm zum Stillstand. Hinter ihm müssen auch die anderen anhalten. Die Motoren brüllen im Leerlauf, die Fahrer schreien allerlei Holländisches, das sich gar nicht freundlich anhört, aber der Arno lässt sich nicht davon beeindrucken. Wie ein schnaubender Stier steht er da, winkt dem Kerl ganz vorne mit seiner Hacke und schreit: »Runter!«

Aber der Biker denkt nicht daran. Im Gegenteil. Er fletscht die Zähne, offenbart allerlei oralen Goldschmuck, zeigt dem Arno seinen Mittelfinger und brüllt: »Aus dem Weg, du Bussi!« Und der Arno ist sich gar nicht sicher, ob er das wirklich mit weichem B gesagt hat.

Da kommt ihm das Oberschwein zu Hilfe. »Absteigen, Piet!«, sagt der nur.

Einen kaum merkbaren Wink mit dem Waffenlauf später folgt der liebe Piet auch schon.

»Kaufen Sie sich dieses elende Miststück, Bussi!«, ruft Don Konradone, da ist der Arno schon aufgestiegen, nickt, legt den ersten Gang ein, gibt Gas und lässt die Kupplung kommen, dirigiert die *Fat Boy* um den Löschtruck herum und lässt die Pferdchen fliegen.

Was soll man jetzt dazu sagen? Der Arno, Vespafahrer aus Leidenschaft, auf einer Harley-Davidson. Noch dazu in Feuerwehr-Einsatzkleidung und mit klobigen Gummistiefeln. Eigentlich eine Aneinanderreihung unverzeihlicher Stilbrüche. Aber da eilt schon das nächste Sprichwort zu Hilfe: *Not kennt kein Gebot.*

Im Nu ist er unten über den Bach und braust auf der anderen Seite zur Landesstraße hinauf. An der Einmündung bleibt er kurz stehen und überlegt. Links oder rechts? Rechts geht's nicht, der Taleingang ist ja nach wie vor blockiert. *Ich wette, sie will nach Hinterkitz,* denkt er und biegt links ab.

»Bingo!«, ruft er gleich darauf, als er die lange Gerade zwischen beiden Orten erreicht und die Unterbergerin entdeckt, wie sie weit vor ihm auf Hinterkitzlingen zurast. Er dreht den Gasgriff ganz durch, sechzig, siebzig, fünfter Gang, achtzig Stundenkilometer und schneller.

Was hat sie nur vor?, rätselt er. Sie kann ihm nicht davonfahren, und sich vor ihm zu verstecken, wird ihr auch nicht gelingen.

Der Pass. Sie will über den Pass! Aber das ist doch genauso unmöglich wie unten beim Tal hinaus. Jeder Versuch wird scheitern, nein, muss scheitern. Da oben liegt doch Schnee!

Und wer je versucht hat, mit einer normal bereiften Harley einen verschneiten Anstieg hinaufzukommen, weiß, dass das nicht geht.

Er rast an der Abzweigung zu den Ertls vorbei. Links hinunter geht's zum Badhaus, wo immer noch mehrere Personen stehen, unter anderem die Eva, die sich bestimmt gerade fragt, was die rasenden Harleys sollen. Er duckt sich und gibt gleich noch mehr Gas. Quasi Eva schau her: Superheld Arno im Einsatz.

Geradeaus donnert er durch den Ort, vorbei am neuen Riesenhügel zum anderen Ortsende, links vorne das Schnitzelparadies, dann die Passstraße. Und die Witwe. Sie rast auf die ersten Serpentinen zu. Wenige Hundert Meter über ihr leuchtet bereits der erste Schnee. Sie ist wahnsinnig. Er könnte jetzt genauso gut anhalten, sich von der Sonne anscheinen lassen und warten, bis sie, zu einem Eiszapfen erstarrt, freiwillig zurückkommt.

Aber dann hat er plötzlich Zweifel. Wie gut kennt er diese Straße wirklich? Doch nur von seinen sommerlichen Schönwetter-Genussfahrten. Vielleicht ist die Unterbergerin ja eine Motorrad-Artistin, die das Unmögliche schafft, über den Pass rüberkommt – und ein paar Stunden später schmuggelt sie sich in Triest unerkannt an Bord eines Frachtschiffs nach Übersee. Sie ist für immer verschwundibus und er der Blöde …

Er seufzt. Doch als er die Harley wieder beschleunigt, fühlt er noch etwas anderes als seinen Frust. Jagdfieber.

Er rast auf den steil ansteigenden Hang zu, der wie eine gigantische Barriere wirkt. Die Straße verläuft im Zickzack-

Muster nach oben, links, rechts, links, rechts, als hätte sie der Murmelriese mit Nadel und Faden in den Berg genäht. Schon bei besten Bedingungen sind die vielen Kehren eine fahrerische Herausforderung, aber mit Arnos Aufregung und seiner mangelnden Routine auf dieser Harley könnten sie schnell zur Todesfalle werden.

Aber was nützt's. Er sticht mutig in die Serpentinen, zirkelt die Maschine um die erste Rechtskehre herum, dreht den Gasgriff ganz durch, schaltet hinauf, Gas, Gang, Gas, bremst, lenkt nach links. Noch eine Haarnadelkurve und noch eine, das Motorrad zieht ihn mit brutaler Energie in die Höhe. Aber wie weit wird es noch gehen? Und was dann?

Immer wieder sieht er die Witwe auf ihrer Maschine, wenn sie sich höhenversetzt passieren. Er macht überhaupt keine Zeit auf sie gut, im Gegenteil: Die Witwe nimmt die Kehren, als wäre sie Valentino Rossis Schwester. Der Abstand wird größer und größer ...

Bis knapp unterhalb der Baumgrenze Schnee kommt. Zuerst liegt er nur neben der Straße, dann wie ein Schleier auf der Fahrbahn, und schnell wird er dicker und dicker. Der Arno fährt in eine geschlossene, mehrere Zentimeter hohe Schneedecke hinein. Sofort dreht der Hinterreifen durch. Der Motor röhrt auf, die Maschine gerät ins Schlingern. Er fährt beide Beine aus, um besser balancieren und sich abstützen zu können, aber er kommt trotzdem kaum noch weiter.

Carola Unterberger, vielleicht fünfzig Meter vor ihm, rudert jetzt genauso. Ihre Harley schlingert ähnlich beängstigend wie seine. Und dann, von einer Sekunde auf die andere, verliert sie das Gleichgewicht und fällt um. In Gedanken reckt der Arno die Fäuste. Sie mag vielleicht eine ausgezeichnete Motorradfahrerin sein, aber das Hunderte Kilo schwere Ding auf glattem Untergrund wieder aufzustellen, wird ihr niemals gelingen.

Hab ich dich!, denkt er schadenfroh – aber aufgepasst, wieder so ein Karma-Sprichwort: *Kleine Sünden bestraft der liebe Gott sofort.* Arnos *Fat Boy* kippt genauso unrettbar zur Seite und begräbt ihn fast unter sich. Nur dank eines Reflexes schafft er es, sein rechtes Bein in Sicherheit zu bringen, gerade bevor es die schwere Maschine unter sich einklemmt.

Er stöhnt auf. Die Rippen protestieren, der Kopf stimmt mit ein, Ertls Medizin hin oder her. Er schafft es auf die Knie, steht auf und meint, langsam zur Witwe gehen und auf Verstärkung warten zu können. Und die naht: Schräg unterhalb hört er schon die Holländer heraufdonnern.

Aber die Unterbergerin gibt nicht auf, das zähe Luder. Sie lässt die Harley einfach liegen und rennt die Straße weiter bergwärts, gerade so, als wollte sie jetzt zu Fuß über den Pass.

So dumm kann sie doch nicht sein!

Da biegt sie plötzlich ab, direkt auf die Leitplanke zu, steigt über sie drüber und verschwindet ins steil abfallende Gelände.

»Mist, verdammter!«, schimpft er. Dabei fasziniert ihn die Unterbergerin immer mehr. Knallhart ist sie. Und stark. Und bei all ihrer Eleganz zäh wie ein Lederschuh. *Dazu wahrscheinlich eine mehrfache Mörderin!*, drängt sich der Gerechtigkeitssinn vor und lässt ihn noch schneller hinter ihr herlaufen.

Als er sich der Stelle nähert, an der sie die Straße verlassen hat, sieht er, was sie gesehen haben muss: einen Waldweg, der nach unten führt. Ein alter Steig vielleicht.

Er verliert schon wieder fast die Balance, als er über die Leitplanke klettert. »Frau Unterberger, jetzt bleiben'S endlich stehen!«, ruft er ihr hinterher, aber sie reagiert nicht, hastet weiter und verschwindet hinter der nächsten Biegung im Gelände.

Er schaut zum Himmel. Egal, welche Sünden der Arno in seinem Leben schon angehäuft hat, er ist sich ziemlich sicher, dass er demnächst vom Malus in den Bonus wechselt, wenn man bedenkt, welchen Einsatz er da gerade für die Allgemeinheit erbringt. Geschunden, geschlagen, gedünstet und beinahe ertränkt. Und was tut er? Stapft durch den verschneiten Wald, als wär nichts gewesen, einer Verrückten nach.

»Stehen bleiben!«, brüllt er, rennt ums Eck, bremst ab, aber nicht schnell genug, denn schon stößt er mit der Witwe zusammen, die vor einem Hangrutsch hat stehen bleiben müssen.

»Uaaaah!«, schreit er noch auf, da haben sie sich bereits aneinandergekrallt, bekommen Übergewicht und kippen um. Auch die Unterbergerin schreit in Panik, als sie ins Bodenlose fallen. Der Sturz fühlt sich nach einer Ewigkeit an. Doch die Landung ist erstaunlich sanft. Weiches Erdreich vom Hangrutsch vermutlich. Aber schon geht es weiter abwärts, der Arno rutscht direkt auf ein Waldstück zu. Er sieht sich schon gegen den nächsten Baumstamm knallen. Als er einen Purzelbaum schlägt, drückt er die Lider zusammen und wartet auf die Titelsequenz des Lebensfilms …

Dann ist es plötzlich still.

Bis jemand heftig stöhnt.

Und weil sein Lebensfilm bei aller Liebe kein Erotikstreifen sein kann, erlaubt er sich, die Augen wieder zu öffnen. Er sieht den blauen Himmel. Und ein Wölkchen.

Er dreht den Kopf zur Seite. Wenige Meter rechts von ihm liegt die Unterbergerin mit schmerzverzerrtem Gesicht auf dem Rücken. Wie ein Käfer, der sich nicht mehr selbst auf die Vorderseite drehen kann.

Als sich ihre Blicke treffen, klagt sie völlig unvornehm: »Ich glaub, ich hab mir den Arsch gebrochen.«

Und da platzt es plötzlich aus ihm heraus. Er lacht, nein, er brüllt vor Lachen, krümmt sich vor Lachen und kann überhaupt nicht mehr aufhören.

Oben auf der Straße knattern die Harleys im Leerlauf, doch keiner von den Holländern ist so wahnsinnig, zu ihnen hinunterzusteigen.

Aber dann hört der Arno noch etwas anderes: die Rotorblätter eines Hubschraubers. Er glaubt schon, dass er wieder halluziniert, als er einen Punkt am blauen Himmel entdeckt, der rasch größer wird. Es ist ein dunkles, schweres Fluggerät. Ein Black Hawk des österreichischen Bundesheeres.

Die Verstärkung ist da.

23

Jaja, wer hätte gedacht, dass es in diesem gottverlassenen Tal doch noch einen Lichtblick für den Arno geben würde. Er hätt ja schon fast alle Hoffnung begraben. Aber irgendetwas tief in ihm drin hat ihn trotzdem immer weitermachen lassen. Hätt er nie von sich selbst gedacht. Aber um ehrlich zu sein, hat er auch noch nie so einen haarigen Fall gehabt. Und es heißt ja, am besten lernt man sich selber kennen, wenn es Spitz auf Knopf steht.

Er genießt gerade den ersten Kaffee seit Tagen. Er schlürft zunächst die Crema ab, weil: Vorfreude ist ja bekanntlich die schönste Freude. Aber dann. Dann nimmt er den ganzen Inhalt der Espressotasse auf einmal in den Mund, spült ihn bis in den hintersten Winkel seines Mundraums, schluckt – und jubelt innerlich auf: *Viva, Espresso!* Es geht einfach nichts über einen heißen Espresso aus einer italienischen Barmaschine. Wie zum Beispiel aus jener in Resis Schnitzelparadies.

»Na, Herr Inspektor, noch einen?«, fragt die Wirtin, die hinter der Bar steht und fast den Eindruck macht, als hätte ihr das Thermalwasser gutgetan. Die Haut, die vorhin so schrumpelig war, ist jetzt rosig und glatt. Zudem schaut sie ungeschminkt zehn Mal besser und obendrein jünger aus. Aber er wird sich hüten, ihr das zu sagen.

»Ja, bitte!«, antwortet er und stellt ihr das Tässchen hin.

Während er wartet, erinnert er sich an die Szenen im Hubschrauber zurück. An die spektakuläre Seilbergung, die nötig war, weil das Gelände zu steil gewesen wäre, um Carola Unterberger mit der Trage herauszuholen. Der Flugretter hat ihr wegen ihrer Verletzung noch an Ort und Stelle einen Zugang legen und diverses Zeug spritzen müssen. Nach der Unterbergerin hat man praktischerweise auch den Arno per Seil aus dem Hang geholt. Dann der kurze Flug direkt auf den riesigen Parkplatz des Schnitzellokals, wo bereits ein weiterer Helikopter stand.

»Sind Sie der Kollege vom Bundeskriminalamt?«, hat ihn eine Frau beim Aussteigen begrüßt, und ein Blick hat ihm genügt, um zu sehen, dass es sich bei ihr nur um diese Streng handeln kann, mit der er telefoniert hat.

»Frau Streng?«

»Genau. Das da ist mein Kollege, Herr Blau.«

Streng und Blau!, hat er gedacht und schon wieder lachen müssen.

»Was? ... Was ist so lustig?«

»Nichts, gar nichts.«

Die Resi klemmt den mit Kaffeepulver gefüllten Siebträger in die Maschine und lässt sie zischen. Wie einfach das Leben ist, wenn man nur Strom hat! Der ist übrigens schon seit einiger Zeit wieder da. In all dem Trubel hat er es gar nicht mitbekommen.

»Bitte schön, Herr Inspektor!«, sagt sie und grinst übers ganze Gesicht.

Das Schnitzelparadies, besser gesagt der große Parkplatz

rundherum, wird gerade zum Basislager für die Hilfseinheiten des Bundesheers umfunktioniert. Auch Flugrettung, Forensik, LKA und weitere Einheiten sollen von hier aus operieren. Kaum hat die Resi davon Wind bekommen, haben schon die Dollarzeichen in ihren Augen aufgeleuchtet. Am liebsten hätte sie sofort den Kochlöffel geschwungen. Was natürlich nicht geht, weil immer noch der Unterbergerkopf in ihrer Truhe liegt, um den sich gerade Leute von der Spurensicherung kümmern. Weitere Kollegen sind zum Pfarrhaus unterwegs, wo sie Emil Bridams Leiche finden werden. Plötzlich läuft alles wie von selbst.

Aber trotz der positiven Entwicklung weiß der Arno, dass er noch nicht am Ende seiner Suche angekommen ist.

»Sagen Sie, Frau Schupfgruber ...«

»Ja, Herr Inspektor?«

»Die Frau Unterberger hat Sie gezwungen, diesen Abschiedsbrief zu schreiben, oder?«

Plötzlich wirkt die Resi nicht halb so tatendurstig wie eben noch, sondern gar nicht mehr. »Ja«, sagt sie eisig.

»Wieso? Ich mein: Wie sind Sie denn überhaupt aufeinandergetroffen? Und was hat sie gegen Sie, dass sie Sie umbringen wollt?«

»Das, äh ...«, stammelt die Wirtin herum, und ihre Gesichtshaut wird gleich noch viel rosiger.

Er denkt an die vielen Unterlagen in Resis Wohnzimmer zurück. An ihre Besessenheit, Informationen zu sammeln von allem, was den Unterbergers gehört, besser gesagt: was jetzt der Witwe gehört. In Windeseile reimt er sich eine neue Theorie zusammen. »Sie haben etwas von den Unterbergers haben wollen!«, behauptet er einfach einmal.

Ihre Überraschung ist überdeutlich. Sie wendet sich ab, schaut sich um, ob es nicht irgendeinen anderen Ausweg gibt, als zu antworten. Dann murmelt sie schnell: »Blödsinn!«

Aber da hat der Arno schon Blut geleckt. »Das Schnitzelparadies ist in Schwierigkeiten, oder? Bis auf die Eva, die nur Ihnen zuliebe wieder da ist, gibt's keine Angestellten mehr. Ihnen steht das Wasser bis zum Hals.«

Die Resi weicht seinem Blick jetzt ganz bewusst aus.

Fast ist's dem Arno peinlich, sie so anzugehen, aber er muss weitermachen. »Sie haben die Unterbergers unter Druck setzen wollen. Und weil der Mario tot war, halt die Carola. Da hat sie rotgesehen. Aber warum? Was war so schlimm?«

Da fängt die Resi zu weinen an, ein ganzer Damm bricht los, und sie sagt überhaupt nichts mehr.

»Was ist denn hier los?«, staunt Kollegin Streng, die plötzlich neben dem Arno auftaucht, Kollege Blau neben ihr.

»Nichts«, sagt der Arno schnell. Jetzt ist's ihm tatsächlich peinlich, dass er die Resi so aufgewühlt hat, hinter ihrer Theke in der Gaststube.

Die Streng wendet sich ihm zu und sagt: »Herr Bussi, wir würden die Frau Unterberger dann jetzt gleich nach Innsbruck bringen. In Ordnung?«

Es ist nicht zu übersehen, dass sich die beiden LKA-Polizisten in diesem Tal nicht wohlfühlen. Aber das könnte ihnen so passen. Niemand wird ihm diesen Fall unter der Nase wegziehen, nachdem er drei Tage lang mutterseelenallein durch den Dreck hat müssen. Jetzt will er es auch zu Ende bringen.

»Nein, ich will noch mit ihr sprechen.«

»Das erledigen wir schon.«

»Das erledige ich!«

Einige Momente lang schauen sich die beiden an, so geladen, dass fast schon die Blitze fliegen.

»Also gut«, gibt die Streng schließlich klein bei.

»Ich versteh das ja alles nicht«, sagt sie auf dem Weg zum Sanitätszelt. »Carola hat Sie und die beiden Schupfgruberdamen fast umgebracht? Und den Bürgermeister und den Pfarrer auch noch? Diese Frau? Ganz alleine?«

»Genau das will ich ja herausfinden«, antwortet der Arno und hängt an: »Sagen Sie, Sie haben doch bestimmt so etwas mit Diktierfunktion, oder? Ein Handy von mir aus.«

»Ja, hab ich, Moment … ich halte es ihr einfach hin.«

»Nein, ich will alleine mit ihr reden.«

»Was?«

»Sie können von mir aus hier stehen bleiben und mithören«, sagt er, nimmt ihr das Handy ab und geht ins Zelt. Er stellt sich an Carola Unterbergers Liege und legt das Gerät neben sie.

»Wieso?«, fragt er nur, weil er es wieder genauso machen will wie vorhin bei der Resi: so tun, als ob er eh schon längst Bescheid wüsste.

Sie schüttelt den Kopf und schaut weg.

»Wie und warum haben Sie Ihren Mann umgebracht?«

»Das war ich nicht!«

»Kommen Sie. Das Spiel ist aus!«

»Ich! War's! Nicht!«

»Wer dann?«

»...«

»Frau Unterberger? Der Heilige Geist wird's nicht gewesen sein, oder?«, sagt er im Scherz.

Doch da funkelt etwas in ihrem Gesicht auf. Ist sie überrascht? »Wieso?«, fragt sie nur.

Der Arno ist kurz verwirrt. Aber er bleibt bei seiner Strategie. »Jetzt kommen'S schon. Stellen Sie sich nicht dumm.«

Sie bleibt still.

Der *Heilige Geist* hat eindeutig zu einer Reaktion geführt. Seit der Arno dieses Foto in Resis Unterlagen gefunden hat, ist ihm einiges klar, doch vieles auch weiterhin rätselhaft. Er will den Sack zumachen, bevor die Witwe noch auf die Idee kommt, einen Anwalt zu verlangen.

»Warum haben Sie Emil Bridam getötet?«, kommt er auf den Pfarrer zu sprechen.

»Das war ich nicht!«

»Und dann wollten Sie den Mord noch Helga Kreuzveitl anhängen.«

»*Sie* war es!«, schreit die Witwe plötzlich.

»Kommen Sie, Frau Unterberger, ersparen Sie uns den Blödsinn. Sie kann es nicht gewesen sein.«

»Wieso nicht?«

Ja, wieso eigentlich nicht? Das wüsste er auch gerne. Aber er lässt sich's nicht anmerken, sondern fragt nur: »Wie lange ist das mit Ihnen beiden schon gegangen?« Dann tastet er die Taschen seiner Feuerwehrhose ab und zieht das Foto heraus. Er hält es ihr wortlos hin.

Sie hebt den Kopf und schaut. Wieder gelingt es ihr nicht, ihre Überraschung zu verbergen. »Wer hat das gemacht? Wo haben Sie das her?«

»Wie lange ist das mit Ihnen beiden schon gegangen?«, wiederholt er die Frage von eben.

Ihre Züge erschlaffen. Dann dreht sie ihren Kopf weg, als wüsste sie, dass sie keine Chance mehr hat, ihn aus der Schlinge zu ziehen.

»Wie lange waren Sie und Emil Bridam schon ein Paar?«

Da reißt sie den Kopf wieder zu ihm hin. »Ein Paar!«, spuckt sie ihm vor die Füße. »Das kann man wohl kaum *ein Paar* nennen.«

»Was dann? Schaut für mich nach einem Paar aus«, sagt er und mustert die Aufnahme demonstrativ. Das Foto ist so eindeutig wie abstoßend. Der scheinheilige Pfarrer und die Carola, kaum bekleidet und in eindeutiger Pose in Emil Bridams Kammer.

»Wir haben uns ... getröstet.«

»Getröstet?«, echot er.

»Sie haben meinen Mann nicht gekannt«, klagt sie. »Ein Scheusal war das, ein Schwein durch und durch. Alle hat er in der Hand gehabt, alle! Der Emil und ich, wir haben uns einfach ... aneinandergehalten.«

Das hat sie jetzt aber schön gesagt!, denkt er. Der Bridam hätte es nicht gesalbter formulieren können. »Sie haben miteinander geschlafen«, holt er sie auf den Boden der Tatsachen zurück.

»Ja.«

Tränen. Aber Tränen sind vor Gericht nicht verwertbar. Will er es zu Ende bringen, muss sie gestehen.

»Er war so ein Schwein«, schluchzt sie, und der Arno geht der Einfachheit halber davon aus, dass sie jetzt von ihrem Mann spricht.

»Wenn er wirklich so schlimm war, wieso haben Sie sich dann nicht einfach scheiden lassen?«

»Einfach! Ha! Wie Sie sich das vorstellen! Nichts ist einfach. Mir wäre doch überhaupt nichts geblieben!«

Er lässt ihre Aussage verhallen, hebt nur eine Augenbraue und hofft, dass sie von selbst weitererzählt.

Sie tut ihm den Gefallen. »Meine besten Jahre hab ich ihm geopfert und nichts, rein gar nichts hätte ich nach einer Scheidung gehabt! Dafür hat er schon gesorgt, im Ehevertrag. Keine Kinder, kein Geld.«

»Sie hatten keine Kinder«, wiederholt der Arno rhetorisch, weil er nachdenken muss.

»*Ich* nicht, nein«, reicht sie ihm unerwartet einen ganz neuen Faden.

»Der Mario schon?«

Sie bewegt den Kopf hin und her. Aber das ist kein Nein. Fast macht es den Eindruck, als würde sie trauern.

»Frau Unterberger? *Er* hatte Kinder?«

»…«

»Einen Sohn? Eine Tochter?«

Bei der Tochter zuckt sie.

»Ihr Mario hatte eine außereheliche Tochter.«

»Er ist nicht *mein* Mario«, keift die Witwe.

»Und Sie? Wollten Sie keine Kinder?«

Keine Reaktion.

»Frau Unterberger?«

»Ich kann keine Kinder bekommen, okay?«, blafft sie. Dann wird ihr Gesicht weich. Und mit einem Mal schluchzt sie los, so herzzerreißend wie abgrundtief.

Der Arno darf darauf keine Rücksicht nehmen. Er überlegt. Als Witwe steht die Carola natürlich wesentlich besser da denn als Geschiedene, was ein hervorragendes Mordmotiv abgäbe. Aber der Mario hat offensichtlich ein Kind. Und das kann seinen gesetzlichen Erbteil beanspruchen. Womit der Carola nur mehr ein Drittel bliebe, wenn er sich richtig ans österreichische Erbrecht erinnert. Er denkt an die Unterlagen in Resis Safe zurück, an die Vermögensaufstellungen, an Resis mutmaßliche Erpressungsversuche ...

Er kann die Lösung fast greifen, es fehlt nur mehr das allerletzte Puzzlestück. Er starrt eine sonnenerleuchtete, weiße Fläche des Sanitätszelts an. Da fliegt eine Mücke. Nicht im Raum, sondern in Arnos Augen. *Glaskörpertrübung* ist der medizinische Fachbegriff. Nicht besorgniserregend, aber lästig. Die herumschwirrenden Punkte erinnern ihn wieder an seine Träume, an die fliegenden Augen ... an blau, an grün, an braun, an die Resi, den Karl, die Eva ...

Da macht es plötzlich klick.

Und klick. Und noch mehr klick. Die Hinweise fügen sich zu einem Gesamtbild zusammen, das ihm überhaupt nicht gefällt. Im Gegenteil. Am liebsten würde er es so weit von sich wegschieben wie möglich.

»So ein verdammtes Schwein!«, presst die Witwe zwischen ihrer Schluchzerei heraus, und der Arno könnte vor lauter Verzweiflung mit einstimmen, wobei er mehr sein eigenes Schicksal beweinen müsste als die Schlechtigkeit vom Unterberger. Denn er hat gerade etwas erkannt, das wohl große Auswirkungen auf sein eigenes Leben haben wird.

Er erinnert sich zurück ...

Vierte Klasse Bio, Vererbung von Augenfarben. Spannende Sache, besonders dann, wenn eine Mitschülerin überhaupt erst durch den Biologieunterricht auf die Idee gebracht wird, nicht das biologische Kind ihrer Eltern sein zu können. Also stellt sie ihre vermeintlichen Erzeuger zur Rede und kommt drauf, dass sie adoptiert wurde. Peinlich, es so zu erfahren, aber Tatsache. Und natürlich einprägsam für jeden Mitschüler. Seither weiß der Arno ganz genau: *Grün und Blau sind rezessiv.* Soll heißen: Zwei Eltern mit diesen Augenfarben können gar kein leibliches Kind mit braunen Augen haben.

Womit feststeht: Resi Schupfgruber und Karl Ertl, beide durch und durch blau und grün, können die Eva gar nicht gezeugt haben. Heißt weiter, vorausgesetzt, dass die Resi Evas leibliche Mutter ist: Der Karl kann nicht ihr Vater sein. Damit ist der Franz auch nicht ihr Halbbruder. Und was nicht miteinander verwandt ist, darf sich natürlich verlieben, verloben und verheiraten.

Und schon geht's weiter mit dem Kombinieren. Wenn der eine Vater nicht passt, muss ein anderer her, und so kommt der tote Unterberger ins Spiel. Wenn sich der Arno recht an das Foto aus der Vermisstenakte erinnert, hat der braune Augen gehabt. Und das geht. Resi blau, Mario braun, fertig ist die Eva.

Deshalb hat die Resi die Unterlagen gesammelt und die Unterbergers erpresst! Weil sie an das Vermögen wollte, das der Eva als Marios Tochter irgendwann zustehen würde!

»Das verdammte Geld!«, schimpft die Unterbergerin so ansatzlos wie passend. »Die blöde Kuh hat doch nichts anderes mehr im Schädel gehabt!«

»Die Resi«, sagt er frustriert. Er macht gleich weiter: »Die Resi hat Evas Anteil haben wollen. Weil die Eva die Tochter ist, von der Sie vorhin gesprochen haben.« Jedes einzelne Wort, das er von sich gibt, fühlt sich für ihn an wie ein Nadelstich.

Der Carola bleibt der Mund offen stehen.

»So war es doch, oder? Frau Unterberger?«

Ihr »Ja!« ist die Höchststrafe. Am liebsten würde er das Verhör jetzt abbrechen und sich ein dunkles Eck suchen, in dem er sich selbst bemitleiden kann.

»Wie haben Sie's erfahren?«, fragt er noch, rein dienstlich, weiß aber, dass er nur mehr wegwill, weit weg von allem hier.

»Die blöde Kuh hat den Mario erpressen wollen!«

»Wieso jetzt? Ich mein, das hätt sie schon längst können, warum ausgerechnet jetzt?«

»Nicht ausgerechnet jetzt. Schon vor Monaten. Weil sie ihren Hals retten wollt! Die ist ja so knapp vorm Bankrott, dass sie jeden Cent für ihren Betrieb braucht. Also hat sie meinem Mann … hat sie dem Mario einen Deal angeboten.«

»Geld oder Eva«, sagt der Arno und kann überhaupt nicht über den spontanen Witz lachen.

»Dreihunderttausend wollt sie haben, sonst hätt sie mir das mit der Vaterschaft gesagt.«

Der Arno ahnt schon, wie's weitergegangen ist. »Aber der Mario hat sich nicht erpressen lassen.«

»Nein. Ausgelacht hat er sie, und dann hat er's mir noch am selben Abend erzählt. Völlig teilnahmslos. ›Ach, übrigens, die Eva Schupfgruber ist meine Tochter, so eine blöde Zeltfest-Gschicht' damals, und die Resi will mich jetzt deswegen erpressen, ha, ha, ha!«, äfft sie ihn nach, und der Arno kann sich gleich noch viel besser vorstellen, wie unsympathisch der Mario Unterberger gewesen sein muss.

»Deshalb hat er sterben müssen.«

Sie zögert ... und schüttelt den Kopf.

»Kommen Sie, machen Sie's nicht unnötig kompliziert.«

»Ich habe den Mario nicht getötet!«

»Wer sonst?«

Sie schweigt.

Er erinnert sich an vorhin, an ihre Reaktion beim Heiligen-Geist-Scherz – und wieder macht es klick. »Der Heilige ...«

Die Witwe zuckt.

»... Bimbam?«

Und zuckt.

»Bridam? Emil Bridam? Der Pfarrer?«

Zuck, zuck, zuck.

»Dieser Trottel! Ich hab ihm die Sache erzählt. Das mit der Eva, spät in derselben Nacht, als ich davon erfahren hab. Nie wär ich auf die Idee gekommen, den Mario umzubringen. Nie! Ich war einfach nur verzweifelt. Aber dann hat er mir das mit der Tischlerei gesagt, die er an meinen Mann verspielt hat. Ich habe nichts davon gewusst, gar nichts!«

»So sind Sie zueinandergekommen. Als Leidensgenossen. Und dann haben Sie sich ... *getröstet*.«

»Ja.«

»Wie lange ist das gelaufen?«

»Ein paar Wochen halt.«

»Und eines Tages haben Sie dann gemeinsam beschlossen, dass der Mario sterben muss.«

»Das war ich nicht! *Er* hat es vorgeschlagen.«

»Er allein? Jetzt kommen Sie!« Die Dreistigkeit ihrer Aussage empört ihn.

»Der Emil war auf einmal Hals über Kopf in mich verliebt. Er hat sogar davon gesprochen, für mich die Kirche aufzugeben.«

»Sie haben von ihm gefordert, er solle den Mario umbringen.«

»Nein! Wieso hören Sie mir nicht zu? *Er* war es! Er wollte unser gemeinsames ... Problem ... beseitigen.«

»Und Sie?«

» ...«

»Sie haben nicht Nein gesagt, oder?«

Sie reagiert nicht.

»Dann hat er's getan.«

»Ja.«

»Und Sie haben davon gewusst.«

Wieder bleibt sie still.

»Wie und wo hat er den Mario umgebracht?«

»Das weiß ich nicht.«

»Geh, bitte. Natürlich wissen Sie's.«

Der Arno hat schon so einen Verdacht, und der hat mit der Tischlerei-Ruine und den Plänen fürs neue Gemeindezentrum zu tun. Die Chance, im ehemaligen Bridam'schen Betrieb auf die fehlenden Teile vom Unterberger zu stoßen, dürfte recht groß sein. Aber das ist ein Nebenschauplatz, der sich jederzeit aufklären lässt, auch ohne die Witwe. Weil die nicht reagiert, macht er einfach mit der nächsten Frage weiter. »Wie ist der Kopf Ihres Mannes dann ins Schnitzelparadies gekommen? Und wozu?«

Sie bleibt beim Schweigen.

»Sie wollten die Resi für ihre Erpressung bestrafen. Sie wollten ihr den Mord unterschieben, damit sie verschwindet.«

»…«

»Sie haben den Kopf in die Truhe gepackt, Frau Unterberger.«

»Nein, habe ich nicht! Das war auch der Emil. Der hat ja die Schlüssel gehabt. Vom Schnitzelparadies. Das heißt, nicht er, sondern …«

Die Kreuzveitl! Genau!, kombiniert er.

»Die Kreuzveitl«, bestätigt sie. »Die hat ja bei den Schupfgrubers geputzt. Er hat sich den Schlüssel heimlich ausgeliehen und den Kopf hingebracht.«

Der Arno kann gar nicht anders, als sich den Heiligen Bimbam vorzustellen, wie der im Schutz der Dunkelheit, mit dem Unterbergerkopf im Arm, durch Hinterkitzlingen schleicht, ins Schnitzelparadies eindringt, die Truhe öffnet … Er muss sich schütteln. Dann hört er, wie sich ein weiterer Hubschrauber dem Parkplatz nähert. Die Wände des Zelts wackeln beängstigend, als das Ding landet. Schließlich kann man sein eigenes Wort wieder verstehen, was er gleich nützt, um zum entscheidenden Schlag anzusetzen: »Und dann haben Sie Emil Bridam getötet.«

»Nein!«

»Die Kreuzveitl hat Sie auf die Idee gebracht. Am Abend in der Kirche, bei dieser Horror-Show.«

»Nein!«

Der Arno macht einfach weiter und weiter. »Es ist Ihnen bestimmt nicht schwergefallen, Bridam noch einmal ins Bett zu bekommen, zu fesseln und dann auf Kreuzveitl-Art zu töten.«

Sie sagt nichts mehr, schaut geradeaus, durch ihn hindurch.

»Ich bin mir sicher, wir finden in Bridams Zimmer und an ihm selbst ausreichend Spuren von Ihnen. Unglaublich, die moderne DNA-Analyse. ... Frau Unterberger, machen Sie's nicht unnötig schwer. Ich will weg, und Sie wollen auch weg. Also, kurz und schmerzlos: Sie haben den Pfarrer ermordet.«

»...«

»Haben Sie, oder ...«

»Ja, verdammt!«, schreit sie urplötzlich, und der Arno tät sich überhaupt nicht wundern, wenn ihre Augen rot aufleuchten würden, so teuflisch schaut sie drein.

Er lässt ihr Geständnis nachhallen, also im übertragenen Sinn, weil: So ein Sanitätszelt hallt ja nicht. Aber er will ein paar Momente vergehen lassen, bevor er weitermacht.

Wenn er sich vorstellt, wie brutal Emil Bridam dahingemeuchelt wurde, könnte ihm angst und bange vor dieser Frau werden. Dass sie Kraft hat und zäh ist, weiß er ja aus eigener Erfahrung. Aber das mit dem Pfarrer übertrifft alles. Warum nur? Eine Rache für den Mord am Ehegatten scheidet aus. Womöglich ein Ablenkungsmanöver – aber dafür wäre die kriminelle Energie viel zu groß. Es muss noch etwas anderes gegeben haben. Der Arno erinnert sich an Emil Bridam zurück, wie er mit seiner Erscheinung und dem ganzen Singsang doch sehr wie einer von den ganz Heiligen gewirkt hat. Er war kein gefühlloser Psychopath. Er muss innerlich zerrissen gewesen sein, zwischen seinem Gott, dem Zölibat, dem unbarmherzigen Unterberger und dessen attraktiver Gattin ...

»Er wollte gestehen«, sagt er plötzlich völlig überzeugt. »Emil Bridam wollte den Mord am Mario Unterberger gestehen. Er hat das alles nicht mehr mit seinem Gewissen ausmachen können.«

Die Witwe nickt.

»Sagen Sie es.«

»Ja, wollte er.«

Mit einem Mal fällt die ganze Anspannung vom Arno ab. Die Morde sind geklärt. Alles Weitere wird die Rekonstruktion ergeben. Und ein bissl Arbeit will er der Streng und dem Blau ja auch noch lassen.

Natürlich hat Carola Unterberger Zugang zum Badhaus gehabt, das sich ihr Mann unter den Nagel gerissen hatte. Und natürlich war der ominöse schwarze Mann, der sie gestoßen haben soll, nur ein Ablenkungsmanöver. Dass sie auf der vorgetäuschten Flucht fast abgestürzt wär, war nichts anderes als ein unglücklicher Fehltritt. Sie hat die Resi zum Schreiben des Abschiedsbriefs gezwungen. Unbequem, aber wahr: Nur wegen der Fehlinformation mit dem Ertl Karl als Evas Vater hat er überhaupt mit der Eva schlafen können.

Der Arno fühlt sich unglaublich müde. Er merkt erst jetzt wieder, wie sehr ihn dieses und jenes Teil seines Körpers schmerzt.

»Die Vernehmung ist beendet«, sagt er und lässt die Unterbergerin liegen, nimmt Strengs Handy, hinkt aus dem Zelt und drückt es seiner Besitzerin in die Hand. »Machen'S den Mund wieder zu, Frau Streng, hier im Tal kann's ordentlich ziehen«, sagt er, und: »Wenn's die Reste vom Unterberger sucht's, wär übrigens die alte Bridam-Tischlerei in Vorderkitz ein heißer Tipp. Wiederschaun.«

Ohne einen weiteren Gedanken an Pfarrer, Bürgermeister und rotierende Sägeblätter zu verschwenden, lässt der Arno die LKA-Beamten aus Innsbruck stehen, geht ein paar Schritte und schaut sich ein letztes Mal um. Der Hubschrauber, der vorhin gelandet ist, gehört dem größten TV-Sender des Landes. Logisch, dass sich die Medien auf die Ereignisse im Kitzlingtal stürzen werden wie die Aasgeier. Ein Kameramann filmt bereits eifrig herum, hinter ihm dackelt jemand mit einem großen Mikrofon her.

Bald wird es hier nur so wimmeln von Journalisten, denkt der Arno, sucht einen Fluchtweg, der ihn an der Kamera vorbeibringt, und schaut zur Seite, wo sich etwas bewegt. Und dieses Etwas ist jemand. Die Eva. Sie winkt ihn heran. Schnell geht er zu ihr und sie verschwinden hinterm Eck.

»Eva.«

»Hallo, Herr Arno«, sagt sie und lächelt bezaubernd.

»Wie geht's dir?«

»Ich bin okay.«

»Das ... das tut mir alles so leid für dich, Eva.«

»Ach was«, sagt sie tapfer. »Jetzt weiß ich es endlich.«

Sie stehen sich gegenüber, berühren sich aber nicht.

»Wie bist du draufgekommen?«, fragt er. Dem Arno hat das Foto von Bridam und der Witwe gereicht, um Verdacht zu schöpfen. Schließlich hat er gesehen, wie die beiden am ersten Abend in der Pfarrstube miteinander umgegangen sind. Aber für die Eva wäre das Foto allein zu wenig gewesen.

»Da!«, antwortet sie und hält ihm ein gefaltetes Blatt hin.

Er schlägt es auf. Es ist das Ergebnis eines Vaterschaftstests, das die genetische Verwandtschaft von Mario Unterberger und Eva Schupfgruber bestätigt.

»Das war in Mamas Unterlagen«, erklärt sie.

»Und dann bist du zur Unterbergerin gefahren. Wie ich.«
»Mhm.«

Er seufzt. Soll er ihr das mit Resis Erpressungsversuchen erzählen? Dass die Eva schon davon erfahren hat, schließt er aus. Die Resi muss völlig verzweifelt gewesen sein, als sie ihr Lebenswerk – das Schnitzelparadies – um jeden Preis hat retten wollen. Hätte das auch bedeutet, dass sie die Eva weiterhin im Unklaren über ihren wahren Vater gelassen hätte, wenn der Unterberger bezahlt hätte? Oder hätte sie ihrer Tochter einen Teil abgegeben, damit diese zurück nach Berlin hätte können? Hätte, hätte, hätte … fix ist nur, dass Mutter und Tochter Schupfgruber erheblichen Gesprächsbedarf haben dürften.

Und was wird jetzt überhaupt aus der Eva? Als Haupterbin Mario Unterbergers dürfte sie keine Geldsorgen mehr haben. Aber was macht sie dann mit dem unverhofften Vermögen?

»Ich wollt mich noch bei dir bedanken, Arno. Für … alles«, sagt sie, zieht ihn am Kragen seiner Feuerwehrjacke an sich und drückt ihm ein dickes Bussi auf die Wange.

»Äh … bitte«, stammelt der Arno, als sie auseinandergehen. Er ist einerseits geschmeichelt, andererseits enttäuscht, wenn er an die magische Nacht zurückdenkt, und damit an all die Grenzen, die sie längst überschritten hatten.

»Wie geht's jetzt weiter?«, fragt sie ihn leise.
»Ich … äh … fahr nach Wien zurück, glaub ich. Und du?«
»Ich weiß es noch nicht.«
»Mhm.«
»Mhm.«
»Hm.«
»Pass auf dich auf, Arno Bussi.«

Vier Wochen später

Das ganze Kitzlingtal ist gekommen, um Arnos Leistungen zu würdigen. Der hat versucht, sich zu wehren, weil: Für solche Feiern ist er eigentlich viel zu bescheiden. Und außerdem: Was hätt er denn machen sollen? Er war ja der einzige Polizist im Tal. Unterm Strich sind zwei Menschen tot. *Nichts, das man noch extra betonen sollte,* hat er gedacht. Aber schließlich ist ihm nichts anderes übrig geblieben, als den Weg von Wien hierher ein weiteres Mal zu machen – dieses Mal halt per Bahn statt mit seiner geliebten Vespa.

Karl Ertls Stimme scheppert aus einem Megafon, das die Hinterkitzlinger sonst wahrscheinlich für katholische Prozessionen nehmen – so ein Behelfsding mit Besenstiel dran. »Liebe Leute, wir sind heute hier, um einen Mann hochleben zu lassen, dem wir alle viel zu verdanken haben. Ein Held ist er. Nein, da brauchst du gar nicht so bescheiden dreinschauen, lieber Arno. Jawohl, ein Held, ein ganz ein seltener, das bist du! Unter schwierigsten Verhältnissen hast du es geschafft, die Ruhe zu bewahren, und hast damit Schlimmeres von uns allen abgehalten. Ein dreifacher Lebensretter, ein vierfacher gar, wenn du dich selber mitzählst – das bist du!«

Einzelne Leute lachen, alle klatschen.

Jetzt muss er doch schmunzeln. Einerseits vor Verlegenheit, aber auch, weil die Eva ihm gerade ganz diskret zugewunken hat. Sie steht neben dem Franz. Ja, leider. Aber so ist das Leben halt.

Sie haben telefoniert, die Eva und er. Sie und die Frau Mama hätten sich ausgesprochen, hat sie ihm erzählt. Die Resi sei untröstlich gewesen, aber die Schulden und der drohende Verlust ihres geliebten Schnitzelparadieses hätten sie keinen anderen Ausweg sehen lassen, als den Unterberger zu erpressen. Sie wollte der Eva ermöglichen, das Tal wieder zu verlassen. Hat sie zumindest behauptet.

Aber der Arno kann die Resi schon irgendwie verstehen. Eine alleinstehende Wirtin in einem engen Tal zieht ihre bildhübsche Tochter auf, bekommt vom Vater nie einen Cent und tut alles, um die Schmach über die ganzen Jahre zu verheimlichen. Wär das mit dem Unterberger jemals herausgekommen, kann man sich leicht vorstellen, wie eng das Kitzlingtal für die Resi und auch für die Eva geworden wäre. Also erfindet sie einen Italiener auf Durchreise und muss ihr Kind über die ganzen Jahre belügen, wenn es nach seinem Vater fragt. Aber alles sucht sich irgendwann ein Ventil, und zusammen mit Resis finanziellen Problemen hat sie irgendwann keinen anderen Ausweg mehr gesehen, als zu versuchen, den Unterberger zu erpressen. Genau das wirft ihr der Staatsanwalt in Innsbruck jetzt vor. Streng und Blau haben die Resi deswegen schon vernommen. Der Arno hat der Eva am Telefon leichtsinnig versprochen, ein gutes Wort für ihre Mutter einzulegen, und es dann auch tatsächlich getan. Ob's was bringt, wird sich zeigen.

Aber nicht, dass die Eva jetzt zurück nach Berlin oder gar zu ihm nach Wien hätte wollen. *Ich kann nicht ewig davonlaufen, Arno!*, hat er sie noch im Ohr. Sie wolle der Mama helfen, ihren Betrieb zu retten – und ihrer frischen Beziehung zum Franz eine Chance geben. Auweh, auweh. Da hat der Arno erst einmal gar nichts Gescheites zu sagen gewusst, und ehrlich gesagt heute immer noch nicht. Er fragt sich langsam, wieso er eigentlich immer um dieses winzige bissl zu spät dran sein muss, rein herzenstechnisch gesprochen. Jaja, auch andere Mütter haben schöne Töchter. Aber wie wahrscheinlich ist es schon, wieder einer Tochter wie der Eva zu begegnen?

Er seufzt so unwillkürlich wie abgrundtief und der Bürgermeister redet weiter: »Vielleicht fragst du dich, warum wir ausgerechnet hier an diesem Platz die Ehrung vornehmen, lieber Arno?«

Ja, das tut er tatsächlich. Wie bei einer Bergmesse stehen sie alle auf dem riesigen Hügel, unter dem die Polizeiwache liegt. Erstes Grün sprießt hier und da aus dem Boden. Komisch, dass nicht längst die Bagger aufgefahren sind.

»Jetzt pass einmal auf!«, ruft der Bürgermeister und winkt zwei Buben heran, die etwas tragen, das wie ein Gipfelkreuz ausschaut. »Kommt's schon, kommt's schon, bringt's es her! ... Also, lieber Arno: Dieser Erdhaufen wird, so wahr ich Karl Ertl heiße, und auf einstimmigen Beschluss des Gemeinderats, für immer und alle Zeiten als *Monte Bussi* erhalten bleiben!«

Der Arno erschrickt. *Monte Bussi?* Darf er bitte spontan im Boden versinken? Weich genug wär der ja bestimmt noch.

Jubel und Applaus aus allen Richtungen. Der Ertl drückt das Kreuz in den weichen Boden. Tatsächlich steht »Monte Bussi« drauf, darunter noch weiterer Text, den er aus der Entfernung aber nicht lesen kann.

Der Karl trägt die Inschrift vor: »In Erinnerung an die Heldentaten des Polizisten und Ehrenbürgers von Hinterkitzlingen, Arno Bussi, der unsere Gemeinde in der Zeit schlimmster Not todesmutig beschützt hat.«

Mit dem Ehrenbürger haben sie ihn erwischt. Auf einmal schießen ihm die Tränen quasi waagerecht heraus. Er simuliert einen Hustenanfall, um davon abzulenken, und vergräbt den Kopf in seinen Händen. Natürlich macht er's damit bloß schlimmer. Einzelne Leute johlen, ein lang gestrecktes »Oooooh!« zieht sich durchs Publikum.

»Ja, liebe Kitzlinger, ihr seht's, wie angetan er ist, unser Arno, ein echter, ein bescheidener Held durch und durch«, gießt der Karl noch Öl ins Feuer.

Ihn zerreißt's fast, und dem Volk gefällt's.

Als es sich wieder etwas beruhigt hat, redet der Ertl weiter. »Jetzt wissen wir ja, lieber Arno, dass du dir von so einem Hügel und der Ehrenbürgerschaft kein Blumenkisterl kaufen kannst. Deshalb haben wir für dich gesammelt, um dir einen kleinen Teil deines Verlusts zu vergelten. *Gentlemen, start your engines!*«, sagt er in ungelenkem Englisch, legt demonstrativ eine Hand an sein Ohr und lauscht.

Da startet ein Motor, den der Arno unter Tausenden heraushören würde. Dreihunderter-Vespa. Und dann sieht er sie auch schon, die Schönheit, haargenau so blassblau wie seine. Oder ist sie's gar? Auf Hochglanz poliert rollt sie zwischen den Leuten hindurch und bleibt einen Meter vor ihm stehen. Der Franz steigt ab und hält sie fest.

Der Karl spricht wieder. »Lieber Arno, die alte Wache ist hin, und wenn du mich fragst, ist's überhaupt nicht schad drum. Was nicht heißt, dass wir keinen Polizisten bräuchten, oh nein! Höchste Zeit, dass wir wieder einen bei uns im Tal haben. Und wenn, dann würden wir uns ausdrücklich so jemanden wie ... nein, nicht jemanden wie, sondern *dich* würden wir uns wünschen, nur damit das einmal gesagt ist.« Der Bürgermeister unterbricht sich und schickt dem Herrn Landespolizeidirektor, der in Vertretung vom *leider verhinderten* Innenminister Qualtinger erschienen ist, einen strengen Blick. Der lacht genauso falsch, wie Amtsträger und Politiker es immer tun, wenn sie im Fasching vor versammeltem Volk durch den Kakao gezogen werden. »Und damit du, lieber Arno, trotzdem regelmäßig bei uns vorbeischauen und nach dem Rechten sehen kannst, hat die Eva uns auf die Idee gebracht, dir genau die Maschine wieder zu besorgen, die hier unter uns begraben liegt. Also, lieber Arno: Diese schneidige Vespa sei dein!«

Die Eva kommt aus der Menge heraus, nimmt ihn an der Hand und führt ihn hin.

Mehr als ein »Danke!« schafft er nicht mehr.

Dabei geht es noch weiter. Es folgen: Das Ehrenabzeichen vom Landespolizeidirektor. Das lebenslange Recht auf Gratisschnitzel im Schnitzelparadies. Die Urkunde mit der Ehrenbürgerschaft. Fotoposen und Marschmusik. Viele, viele Dankesbekundungen. Und nach ausgiebigem Feiern, bei dem auch das eine oder andere Schnapserl nicht fehlt, spendiert ihm der alte Unterberger doch tatsächlich noch die beste Suite in seinem Hotel.

Spät am nächsten Vormittag braust der Arno aus dem Kitzlingtal.

Auf seiner neuen Vespa.

Er hat sie *Eva* getauft.

Danksagung

Liebe Leserin, lieber Leser,

ich hoffe, Sie konnten eine Zeit lang mit mir ins Kitzlingtal abtauchen, mit Arno Bussi rätseln und dabei auch mal herzhaft lachen? Ein Lachen auf Reisen zu schicken, gehört für mich zum Schönsten (und jedenfalls Gesündesten), was Autoren und ihre Bücher bewirken können. Ich wäre glücklich, wenn es gelungen ist. Danke für jede Rückmeldung, jede Bewertung und jede Weiterempfehlung. Ich hoffe, wir sehen uns im nächsten Spezialauftrag für Arno Bussi wieder.

Danke all jenen, die daran mitgewirkt haben, dass Arno Bussi in meinem Traumverlag erscheint. Ganz besonders:
Romy Fölck
Stephanie Kratz
Martin Breitfeld
Lars Schultze-Kossack

Liebes Verlagsteam von Kiepenheuer & Witsch, die Zusammenarbeit mit euch ist mir eine große Freude. Ich danke euch allen!

Danke Gabriele, danke meinen Eltern und den Menschen, die mein Schreiben unterstützen. Dank euch habe ich den schönsten Beruf der Welt.